W0055267

Friedrich Wilhelm Graf

Götter global

**Wie die Welt zum Supermarkt
der Religionen wird**

C. H. Beck

Originalausgabe
© Verlag C.H. Beck oHG, München 2014
Satz: Janß GmbH, Pfungstadt
Druck und Bindung: Pustet, Regensburg
Umschlagentwurf: Geviert, Grafik & Typografie, Benjamin Zirnbauer
Gedruckt auf säurefreiem, alterungsbeständigem Papier
(hergestellt aus chlorfrei gebleichtem Zellstoff)
Printed in Germany
ISBN 978 3 406 66023 8

www.beck.de

Inhalt

Prolog

Der 7. August 2013 war in weiten Teilen Europas ein kalter, regnerischer Tag. Am Tag zuvor hatte es vom Atlantik kommend heftige Stürme gegeben, die starke Regenschauer mit sich brachten. An der Südseite der Alpen, im Tessin und im Wallis etwa, fiel gar schon Schnee. Die Lufttemperatur stand in keinem ordnungsgemäßen Verhältnis zur mittleren Jahrestemperatur. Es war kein schöner Augusttag des Jahres 2013. Auch die Lektüre der Tageszeitungen vermochte keinerlei sommerliche Freude zu erwecken. Viel war zu lesen von Männern mit allzu dunklen Eigenschaften. Die *Süddeutsche Zeitung* berichtete von dem bekannten russisch-orthodoxen Priester und Kirchenkritiker Pawel Adelgejm, der im Nordwesten Russlands von einem religiös erregten jungen Mann erstochen worden sei. «Adelgejm hatte unter anderem den Prozess gegen die Frauen-Punkband Pussy Riot scharf kritisiert und sich damit gegen die Kirchenführung gestellt. Er rief zudem die Gläubigen auf, homosexuelle Paare zu tolerieren.» Auch im Bericht über die politische Lage in Tunesien ging es um religiös motivierten Mord. Im Februar sei der «linke Aktivist Chokri Belaid», ein Jurist, der «für die strenge Trennung von Staat und Religion» gekämpft habe, vor seinem Haus ermordet worden, und Ende Juli der ebenfalls linke Politiker Mohamed Brahmi. Die «islamistische Regierungspartei Ennahda» weise die Vorwürfe, hinter den Anschlägen zu stehen, zurück «und macht radikale Islamisten für die Tat verantwortlich. Das Innenministerium sieht den 30-jährigen, in Frankreich geborenen Boubaker Hakim als Täter an. Er soll der radikalen Gruppe Ansar a-Scharia (Helfer der Scharia) angehören. ... Ennahda gerät gleich von zwei Seiten unter Druck: Weltlich orientierte Kräfte werfen ihr vor, die schleichende Islamisierung der Gesellschaft zu betreiben. Radikale religiöse Gruppen wie die Salafisten werben dagegen um enttäuschte Ennahda-Anhänger, denen die Partei zu moderat auftritt.» In der Besprechung des Fotobandes *Iranian Living Room* wurde die Frage gestellt, inwieweit die westlichen Bilder von «Gottesstaat und Mullah-Diktatur» die privaten Lebenswelten der Menschen im Iran zu erfassen vermögen. «Alle Macht der Religion und kaum ein Recht den Frauen – Iran gilt im Westen als Ayatollah-Staat. Doch wird diese Vorstellung dem Leben in dem Land gerecht?» Die Antwort fiel zwiespältig aus.

Zwei Seiten weiter las man von neuen Spannungen im französischen Kopftuchstreit. «Soll das Kopftuchverbot auf die Universitäten ausgeweitet werden? Seit 2004 dürfen französische Schüler nicht mehr mit bedecktem Haar am Unterricht teilnehmen. Nun empfiehlt der Integrationsrat *(Haut Conseil à l'intégration)*, ein ähnliches Gesetz auch für die Hochschulen einzuführen. Am Montag veröffentlichte die Zeitung *Le Monde* einen Bericht, in dem der Integrationsrat den zunehmenden Einfluss religiöser Gruppen an den Universitäten beklagt. Von Bekehrungseifer ist dort die Rede, von Studenten, die sich weigern, an gemischtgeschlechtlichen Kursen teilzunehmen, und davon, dass immer mehr Studenten Ausnahmeregelungen und Unterrichtsbefreiung fordern, um ihre Religion ausüben zu können. Dabei geht es um muslimische Gruppen genauso wie um christliche Kreationisten und Neobaptisten, die die Theorien Darwins ablehnen und die sich gegen die Lektüre des eigentlich unantastbaren Kanons von Voltaire bis Camus einsetzen.» Noch mehr an Glaubensnachrichten an diesem einen Tag: Auch in Niedersachsen wurde ums Kopftuch gestritten. Die *Süddeutsche Zeitung* brachte dazu eine dpa-Meldung: «Die Muslime sehen den Start des islamischen Religionsunterrichts in Niedersachsen durch das Kopftuchverbot an den Schulen behindert. Zur Einführung des Islamunterrichts als Regelfach zum Schuljahresstart gebe es einen Lehrermangel, der auch mit dem Kopftuchverbot zusammenhänge, sagte Firouz Vladi, der Geschäftsführer des Beirats für den Islamischen Religionsunterricht. An Grundschulen, wo vor allem Frauen unterrichten, gebe es für muslimische Lehrerinnen mit Kopftuch eine Zulassungshürde. ‹Darüber reden wir noch mit der neuen Landesregierung, wie wir zu einer Lösung kommen können.› Bislang dürfen die Frauen das Kopftuch nur während des Religionsunterrichts tragen.» Und zur «Lebenslüge schwuler Priester» wurde berichtet, dass der Berliner Jesuit Klaus Mertes den Begriff der «schwulen Lobby» für einen Begriff «aus dem Arsenal der homophoben Kampfsprache» hält. Zum Streit um ein Asylantenheim in Berlin-Marzahn, gegen das eine wohl rechtsradikale Bürgerbewegung protestiert hatte, konnte man lesen, dass sich Anfang August «Vertreter von Kirchen, Polizei und Flüchtlingsinitiativen getroffen» hätten, «die das Heim befürworten». In der Klatschspalte über die «Leute» teilte die *Süddeutsche Zeitung* schließlich die wahrlich wichtige Nachricht mit, dass «Franziskus, 76, Papst … als bekennender Fan des argentinischen Fußballvereins San Lorenzo weiterhin jeden Monat seinen Mitgliedsbeitrag» zahle – «pünktlich per Lastschrift».

An jenem kalten Augusttag informierte die *Neue Zürcher Zeitung*, die NZZ, über den Streit um Pakistans Trickfilmserie *Burka Avenger*. Auch die *Frankfurter Allgemeine Zeitung* bot «zum pakistanischen Burka-Streit» einen größeren Bericht. «Burkas seien islamische Verpflichtung, erklärt Kuser Firaus von der fundamentalistischen Dschamaat-e-Islami-Partei. ‹Sie für Charaktere in Comics zu benutzen, ist eine Beleidigung für eine Religion und ihre Symbole.›» Zudem berichtete die FAZ über den neu eingeführten islamischen Religionsunterricht in Hessen, Niedersachsen und Nordrhein-Westfalen. Auch fand der aufmerksame Leser einen Bericht über den Angriff auf einen in Hessen lebenden muslimischen Islamkritiker, der wenige Tage zuvor im Auftrag eines «islamistischen Aktivisten» von zwei Männern überfallen worden war. Der angegriffene Zahid Khan, ein aus Pakistan eingewanderter Sufi-Mystiker, hatte Ende Juni sein Buch *Der Islam gehört nicht zu Deutschland* auf dem Offenbacher Marktplatz vorgestellt. «Dagegen protestierten mehr als hundert Muslime. Khan wurde bespuckt, mit Münzen und einer Flasche beworfen. Die Polizei beendete daraufhin die Kundgebung.» Auf der Leserbriefseite teilte ein Deutscher aus Bremen mit, wegen des «Familienpapiers der EKD» aus der bremischen Landeskirche ausgetreten zu sein: «Die EKD droht im Strudel des Relativismus zu versinken. Sie ist führungslos. Mit Nikolaus Schneider steht ein Zeitgeist-Theologe an der Spitze, der den Überblick verloren hat. ... Ich habe jetzt nach 58 Jahren die evangelische Kirche verlassen. Eine solche Kirche ist nicht mehr meine Kirche. Und wenn sie diesen Weg fortsetzt, wird sie nicht mehr lange Kirche sein.» Mittwoch, der 7. August, war wirklich kein schöner Sommertag des Jahres 2013.

Mord aus Glaubenshass, Dauerstreit um Kopftücher, Kirchenkampf um homosexuelle Priester, Blasphemie durch einen Burka-Comic, ein Papst der Armen als Fußballfan, die theologische Schwäche der EKD – all das gehört zur religiösen Signatur der Gegenwart. Religion zieht vor allem dann mediale Aufmerksamkeit auf sich, wenn sie Meinungsstreit und politischen Konflikt schürt. Gerade politisierte Religion führt in vielen Ländern der Welt zu ganz harten Kulturkämpfen und immer neuem Streit um die Grundlagen der politischen Ordnung. Braucht der Staat eine religiöse oder religiös-sittliche Grundlage, ein in Gottes Gesetz selbst verankertes Wertefundament, um eine von vielfältigen Modernisierungskrisen zutiefst verunsicherte Gesellschaft integrieren zu können? Müssen staatliche Verfassungen nicht uralten religiösen Rechtsvorstellungen entsprechen? Sollte staatliches Recht nicht in einer «Politischen Theologie» verankert sein, um wirklich starke Bindungskraft entfalten zu können? Wie lässt sich in multireligiösen und polyethnischen Einwanderergesellschaften ein möglichst friedvoll entspanntes Zusammenleben von Menschen unterschiedlicher religiöser Herkunft und Bindung sichern? Wie kann man die weltweit wachsende Faszinationskraft fundamentalistischen *Hard-core*-Glaubens erklären? Weshalb sind die meisten US-Amerikaner ungleich religiöser, glaubensaktiver als viele Europäer? Ist wissenschaftskritischer «Kreationismus» primär nur eine protestantische, vor allem in den USA einflussreiche Glaubenshaltung, oder finden sich kreationistische Überzeugungen auch in anderen Konfessionen und Religionen? Wird es schon bald oder

in einigen Jahrzehnten ein ökumenisches Welteinheitschristen-
tum geben? Wie ist in den europäischen Staaten jeweils das Verhältnis von Staat und Religionsgemeinschaften verfassungs- oder
vertragsrechtlich geordnet, und welche zivilgesellschaftlichen
Handlungschancen für Kirchen und sonstige religiöse Akteure ergeben sich jeweils daraus? Warum sind die vielen neuen Christentümer, allen voran die Pfingstkirchen und charismatischen Bewegungen, in vielen Teilen der Welt seit etwa 1970 so überaus
erfolgreich? Das sind die Fragen, um die es in diesem Buch geht.
Im Zentrum steht dabei immer wieder die eine Frage: Was sind
die Voraussetzungen dafür, dass die Welt zu einem Supermarkt
der Religionen wird?

Um diese Fragen zu beantworten, werden Paradoxien, Wider-
sprüche und konfliktreiche Prozesse betrachtet, die sich mit den
üblichen Konzepten der Religionswissenschaften nicht gut deuten
lassen. Einer einleitenden Übersicht über aktuelle Glaubensfakten
folgen Angebote der Religionsdeutung. Danach geht es um Glaubensvielfalt und Ökumene in Deutschland und um die große
Vielfalt der religionsrechtlichen Verhältnisse in Europa. Im Zentrum des Buches stehen vier Prozesse religiöser Globalisierung: die
weltweite Ökumene, die Glaubensrevolution der Pfingstchristen,
die kreationistische Internationale und die Wiederkehr des Heiligen Kriegs. Schließlich geht es um die Anfälligkeit liberaler
Gesellschaften für religiösen Fundamentalismus und im Epilog
um die ganz alte, aber bleibend aktuelle Frage, ob und wie sich
Religion zivilisieren lässt.

I. Glaubensfakten

1. Die Vielfalt der Christentümer

Derzeit leben rund 7,18 Milliarden Menschen auf der Welt. Davon wurden im Jahre 2010 2,18 Milliarden als Christen gezählt. Hundert Jahre zuvor, also 1910, gab es weltweit nur 600 Millionen Christen. In vergleichsweise kurzer Zeit hat sich die Zahl der Christen also nahezu vervierfacht. Aber dies erklärt sich weniger aus dramatischen Missionserfolgen als vielmehr aus dem schnellen Wachstum der Weltbevölkerung. 1910 waren 35 Prozent der damals lebenden Menschen Christen. Hundert Jahre später sind es gut 32 Prozent. Allerdings lassen diese Zahlen zwei wichtige strukturelle Veränderungsprozesse nicht erkennen: die in europäischen Religionsdiskursen oft verdrängte Tatsache, dass das Christentum zunehmend zu einer Religion des globalen Südens wird, und den Trend zu immer neuer interner Differenzierung des Christentums.

1910 lebten gut zwei Drittel aller Christen in Europa, und in den USA gehörten von den damals 92 Millionen Einwohnern 96 Prozent einer christlichen Kirche an. Nimmt man Lateinamerika hinzu, lebten 1910 gut 93 Prozent aller Christen in Europa und den beiden Amerikas. Heute sind die Verhältnisse grundlegend anders.[1] Derzeit sind es nur noch ein Viertel der Christen, die in Europa leben. Nimmt man Nord- und Südamerika hinzu, kommt man auf etwa 63 Prozent. 37 Prozent der Christen leben nun in Nord- und Südamerika. Ebenfalls 37 Prozent der Christen leben in Asien, Afrika und in Australien. Gerade in der südlichen Hemisphäre lassen sich spannende religiöse Entwicklungen beobachten. Vor allem in Lateinamerika sowie in Afrika und einigen asiatischen Ländern wuchs die Zahl der Christen in den letzten hundert Jahren sehr viel stärker und schneller als in Europa und den USA. Von den 2,18 Milliarden Christen leben nun über 1,3 Milliarden in Ländern des globalen Südens, wohingegen sich in der nördlichen Hemisphäre – Nordamerika, Europa, Australien, Japan und Neuseeland – nur noch 39 Prozent, knapp 860 Millionen aller Christen finden. Die Kirchen und Christentümer sind hier zumeist viel älter als die Kirchen des Südens, und in aller Regel bilden in den Ländern des Nordens die Christen die große Mehrheit der Bevölkerung. Infolge von Migration und Vertreibung ändern sich die Verhältnisse allerdings schnell.

Vor allem auf der südlichen Halbkugel ist das Christentum in den letzten hundert Jahren deutlich schneller als im globalen Norden gewachsen. Zu Beginn des 20. Jahrhunderts gab es in Afrika südlich der Sahara, in Asien und in der Pazifikregion nur vergleichsweise wenige Christen. In den afrikanischen Ländern südlich der Sahara bekannten sich damals gerade 9 Prozent der Bevölkerungen zum christlichen Glauben. Nur hundert Jahre später sind es 63 Prozent. In der großen Region Asien-Pazifik lag der Anteil der Christen 1910 bei nur 3 Prozent. Inzwischen ist er auf 7 Prozent gestiegen. Das Wachstum des Christentums hat also viel mit durchaus konfliktreichen Entwicklungen im subsaharischen Afrika zu tun.

Um 1900 lebten in Afrika 10 Millionen Christen und 34,5 Millionen Muslime. Nur hundert Jahre später zählt man in Afrika 360 Millionen Christen und 317 Millionen Muslime. Vor allem südlich der Sahara hat das Christentum erfolgreicher missioniert als der Islam. In Nigeria etwa leben nun mehr als doppelt so viele Protestanten wie in Deutschland, dem Stammland der Reformation.

Ein zweites Beispiel für die zum Teil dramatischen Entwicklungen im religiösen 20. Jahrhundert bezieht sich auf die neuen Protestantismen, die sich in den letzten hundert Jahren erstaunlich schnell durchgesetzt haben. Um 1900 entstand im nordamerikanischen Methodismus, einer besonders frommen Erweckungsbewegung im reformierten, calvinistischen Protestantismus, eine

ganz neue Form protestantischen Glaubens und Lebens, das sogenannte Pfingstchristentum. Um 1970 waren in den Tausenden
von Pfingstkirchen gerade einmal 7 Prozent der Christen weltweit
organisiert, aber 2011 ist ihr Anteil schon auf gut 26 Prozent gestiegen. Inzwischen gibt es weltweit über 280 Millionen Pfingstler und etwa 305 Millionen charismatische Christen in anderen
christlichen Kirchen. Sie leben zumeist in Ländern der südlichen
Hemisphäre, und sie tragen dazu bei, dass das einst auf die nörd-
liche Halbkugel – auf Europa und Nordamerika – konzentrierte
Christentum zunehmend zu einer wirklichen *Welt*religion wird.
Diese neue, verstärkte Präsenz des Christentums außerhalb Europas bedeutet auch: ganz neue Missionschancen, aber zugleich
neue elementare Konflikte.

Ein drittes, besonders wichtiges Beispiel sei noch mit Blick auf
Asien genannt: Belief sich die Zahl der Christen 1945 in Nord-
und Südkorea zusammengenommen auf nur 300 000 Getaufte
und wuchs sie noch scheinbar moderat in Folge der Landesteilung
und der einsetzenden Flucht aus dem Norden in Südkorea bis
1962 auf 1,2 Millionen Christen, explodierte sie in Folge verstärkter Mission auf 17 Millionen um 1990 und 19 Millionen bis 2000.
Derzeit liegt die Bevölkerungszahl Südkoreas bei etwa 48 Millionen Menschen. 14,2 Millionen von ihnen, also 29,4 Prozent, gehören einer der zahlreichen christlichen Kirchen an.

Auch in China[2] und einigen anderen asiatischen Gesellschaften lässt sich ein schnelles Wachstum christlicher Kirchen und
Bewegungen beobachten, auch wenn die offiziell mitgeteilten
Zahlen in Folge des Missionsverbots – Landesbehörden zählen
19 Millionen Christen – der Einschätzung der tatsächlichen Verhältnisse spotten. Inoffiziell wird selbst in Regierungskreisen die
Zahl der chinesischen Christen auf über 130 Millionen geschätzt.
Die Lage ist allerdings äußerst unübersichtlich. Neben zwei offiziellen, vom Staat intensiv geförderten und effizient kontrollierten
christlichen Kirchen – der Patriotic Catholic Association mit
5,7 Millionen Mitgliedern und dem Protestant Self Patriotic Movement mit 3,3 Millionen Mitgliedern – gibt es noch zahlreiche

katholische Kirchengemeinden im Untergrund, die sich als rom-treu verstehen, und diverse protestantische Kirchen. Ausländische Missionare, die nur kleine Erfolge erzielt hatten, waren in den frühen 1950er Jahren aus dem Land gejagt worden, und während der Kulturrevolution wurden die wenigen öffentlich aktiven Christen zumeist umgebracht. Dennoch wurden christliche Traditionen im Untergrund gepflegt, und seit den 1970er Jahren lässt sich eine wachsende Anziehungskraft des christlichen Glaubens beobachten. Dafür stehen insbesondere Abertausende von protestantischen, oft evangelikal oder pfingstlerisch geprägten Hauskirchen: Sonntags früh treffen sich bis zu 25 Personen in einer Wohnung, um in freier Liturgie miteinander die Bibel zu hören, zu singen und zu beten. Genaue Zahlen gibt es nicht. Allerdings weiß man von starken Spannungen zwischen den offiziellen, staatsnahen christlichen Kirchen und den vielen neuen, durch spontane Assoziation entstandenen Gruppen und Hauskirchen, die zumeist ein sehr intensives geistliches Leben pflegen. Da es keine klaren rechtlichen Regelungen gibt, hängt ihre Duldung zumeist von den kommunalen Behörden ab, die oft ebenso willkürlich wie widersprüchlich agieren. Religionskulturell und theologisch gibt es zwischen Gemeinden auf dem Lande und denen in den Städten vielfältige Unterschiede. In den ökonomisch äußerst dynamischen urbanen Zentren sind es gerade Gebildete, die sich für das Christentum interessieren, und auch unter den Studierenden finden sich nun vergleichsweise viele, die sich als Christen bezeichnen. Die möglichen Gründe für die schnelle Verbreitung des Christentums ließen sich nur durch soziologische Forschungen erkennen, die es aber nicht gibt. Deutlich ist nur, dass die kapitalistische Transformation der chinesischen Wirtschaft, die rapide Urbanisierung und die Begeisterung vieler für einen expressiven, konsumistischen Lebensstil überkommene moralische Normen haben erodieren lassen. Auch die massive Korruption in den Parteieliten hat Vertrauensverlust und Orientierungslosigkeit verstärkt. Da vor allem in den Städten christliche Gemeinden sozialdiakonische Dienstleistungen – etwa für Ältere, Arbeitslose,

Nichtsesshafte – anbieten, mag die Attraktivität des Christlichen auch damit zusammenhängen, dass die Gemeinden etwas in China derzeit sehr Seltenes leisten: Sie knüpfen Netzwerke von Solidarität und Gemeinsinn. Die Gemeinden stehen dabei in Konkurrenz zu diversen neureligiösen Gruppierungen, deren charismatische Führer Elemente ganz unterschiedlicher indigener Traditionen mit christlichen Riten und Symbolen verschmelzen. Auch in diesen Glaubensgemeinschaften spielt die Bibel für Ritus und Selbstauslegung eine zentrale Rolle. Der größte protestantische Verlag im Lande, die Amity Printing Company in Nanjing, druckt und verkauft pro Jahr mehr als 10 Millionen Bibeln.

Die empirisch gehaltvollen Studien des Pew Forum on Religion & Public Life stützen sich auf Daten, die aus 2400 ganz unterschiedlichen Quellen zusammengetragen wurden: Staatlichen Zensus und Bevölkerungsumfragen, lokalen Erhebungen, Selbstauskünften von Kirchen und anderen religiösen Organisationen. So kann das Pew Forum noch zahlreiche andere Informationen über die diversen Christentümer der Gegenwart bieten. Eigene Beachtung verdient der Hinweis darauf, dass das Christentum da, wo es einst entstand und sich durchsetzte, im Nahen Osten und in Nordafrika, inzwischen nur noch sehr schwach ist: Hier gehören nur 4 Prozent der Bevölkerung bzw. bloß 12,7 Millionen Menschen einer christlichen Kirche an. Der Exodus der Christen aus dem Nahen Osten lässt sich gut mit Blick auf den Irak verdeutlichen: Nach dem Sieg der US-amerikanischen und britischen Truppen über die Armee Saddam Husseins haben die gewaltsame Verfolgung und Vertreibung von Christen dramatisch zugenommen. Lebten 2003 noch 740 000 Christen im Irak, so sind es jetzt nur noch 270 000. Aus Syrien sollen seit Beginn des Bürgerkriegs im März 2011 schon 400 000 Christen ins Ausland geflohen seien. Der Jurist und Schriftsteller Fawwat Haddad hat Anfang November 2013 in der FAZ davon berichtet, dass allein 164 000 Christen Homs wegen der Kampfhandlungen verlassen mussten.[3]

Um 1900 zählte man weltweit etwa 1800 christliche Kirchen. Nur einhundert Jahre später, zu Beginn unseres Jahrhunderts, lässt sich ein tiefgreifender Wandel beobachten. Vor allem außerhalb Europas, speziell in Afrika und in Lateinamerika, sind zahlreiche neue christliche Kirchen entstanden, sogenannte indigene, einheimische Kirchen. Inzwischen gehen die gelehrten Religionsdeuter davon aus, dass es nun rund 33 000 rechtlich eigenständige christliche Religionsgemeinschaften oder Kirchen gibt.[4] Eine solche Entwicklung hat sich nie zuvor in der Religionsgeschichte beobachten lassen. In nur einhundert Jahren hat sich die Zahl christlicher Kirchen mehr als verzehnfacht. Dies ist eine ebenso faszinierende wie erklärungsbedürftige Entwicklung.

Die verschiedenen Christentümer bilden die mit Abstand größte Religionsfamilie weltweit: Gut 32 Prozent der derzeit lebenden Menschen sind Mitglieder einer christlichen Kirche. Allerdings sind die Begriffe «Christentum» und «christliche Kirche» deutungsoffener als im europäischen Religionsdiskurs zumeist angenommen wird. Gelehrte Religionsdeuter in den USA, auch die Forscher des Pew Research Center, gehen beispielsweise davon aus, dass auch Mormonen oder die Zeugen Jehovas als Christen gelten können (oder müssen). So kommen sie bisweilen zu anderen statistischen Aussagen als europäische Forscher. Und was ist mit jenen zumeist sehr armen äthiopischen Juden, den Falaschmura, die unter dem Druck ihrer Umwelt im 19. und 20. Jahrhundert zwar zum Christentum konvertierten, aber weiter einige jüdische Riten und Festtage feiern und in den letzten drei Jahrzehnten wegen Hunger, Armut und Verfolgung in großen Rettungsaktionen vom israelischen Staat nach Israel gebracht wurden? Sind diese getauften ethnischen Juden nun primär Juden oder Christen?

Solche Fragen von Identität und Zugehörigkeit lassen sich schon deshalb nicht abschließend beantworten, weil die Betroffenen selbst häufig gar keine Eindeutigkeit wünschen. Dennoch kann man mit Blick auf die hohe interne, konfessionelle Vielfalt des Christentums bzw. besser der Christentümer sagen: Derzeit sind knapp die Hälfte aller Christen Mitglieder der römisch-katholischen Kirche, die nicht nur eine wirklich transnationale

Organisation ist, sondern sich wegen ihrer Präsenz auf allen fünf Erdteilen zu Recht als «Weltkirche» bezeichnet. Rund 37 Prozent aller Christen weltweit gehören protestantischen Kirchen (oder Freikirchen) und Denominationen an. Und 12 Prozent der Christen weltweit sind Mitglieder von Kirchen des östlichen, orthodoxen Christentums. Die Mormonen und die Zeugen Jehovas stellen laut der Erhebungen der Pew-Forscher knapp 1 Prozent der Christen. Fast die Hälfte, gut 48 Prozent, der Christen lebt in den zehn Ländern mit der größten Zahl von Christen: In den USA, in Brasilien, Mexiko, Russland, auf den Philippinen, in Nigeria, China, der Demokratischen Republik Kongo, Deutschland und Äthiopien. Wo Christen in der Minderheit sind, werden sie nicht selten verfolgt und vertrieben.[5] Gerade in vielen muslimisch dominierten Ländern und Regionen ist nach den Daten des Pew Forum und auch des US-Außenministeriums nicht nur ihre Religionsfreiheit vielfältig eingeschränkt. Vielmehr haben auch gewaltsame Vertreibung, Verfolgung und Unterdrückung deutlich zugenommen. Religions- und Weltanschauungsfreiheit ist das global am wenigsten respektierte Menschenrecht.

Man kann die große interne Vielfalt der Christentümer mit Blick auf die unterschiedlichen Konfessionskirchen beschreiben. Aber die innerchristliche Pluralität ganz unterschiedlicher Glaubensweisen und -formen geht darin nicht auf. Das christliche Symbolsystem ist in sich sehr spannungsreich und widersprüchlich, stark geprägt von zahlreichen Vorstellungselementen der religiösen Umwelt. Oft ist das Christentum deshalb eine «synkretistische Religion» genannt worden, in der Elemente höchst heterogener vorchristlicher Glaubensüberlieferungen miteinander mehr oder minder widersprüchlich verknüpft wurden. Doch gibt es überhaupt «reine» oder «autarke» religiöse Sinnsysteme im Unterschied zu «synkretistischer» Kombination ganz unterschiedlicher Mythen und Symbole? Wie auch immer man diese Frage beantworten mag – für die christlichen Überlieferungen sind starke innere Spannungen und evidente Widersprüchlichkeit kennzeichnend. Gerade dies trägt dazu bei, dass sich «das Christentum» im Laufe seiner Geschichte an höchst unterschiedliche Umwelten anzupassen vermochte und es sich in neuen kulturellen Kontexten immer wieder mit sehr unterschiedlichen indigenen Glaubensüberlieferungen verbinden konnte. Auch durch diese vielfältige Indigenisierung wurde und wird die interne Pluralität des Christlichen fortwährend verstärkt. Dazu trug nicht nur die irreduzible Pluralität der Sprachen bei, in die die Heilige Schrift sowie zentrale altkirchliche Glaubenssymbole übersetzt wurden. Vielmehr wurden christliche Symbole auch mit volkskulturellen Sitten und regionalen Gebräuchen verknüpft. Der bayerische Katholizismus ist religionskulturell gesehen etwas sehr anderes als der rheinische.

Besonders wichtig für die interne religionskulturelle Vielfalt des Christlichen wurde die außerordentlich hohe Anschlussfähigkeit des christlichen Symbolsystems für moderne Ideen von Nation und ethnischer Reinheit. Man kann die ethisch besonders wichtigen Texte des Alten wie des Neuen Testaments als Gründungsurkunden eines universalistischen Ethos allumfassender Geschwisterlichkeit lesen: das leidenssensible Ethos der Propheten – Amos! – ebenso wie das Doppelgebot der Liebe oder das Brüderlichkeitsethos der Bergpredigt. Doch immer wieder ging «der christliche Glaube» ganz enge Verbindungen mit partikularistischen, vor allem nationalistischen Ethik-Konzepten ein. Dies gilt keineswegs nur, wie oft behauptet wird, für viele protestantische, speziell lutherische Gestalten des neuzeitlichen Christentums, die in der Tat schon wegen des landesherrlichen Kirchenregiments und der damit gegebenen engen Einbindung des Pfarrerstandes in die obrigkeitliche Administration territorial und, seit dem Ende des Alten Reiches, zumeist national fixiert waren. Nationalistische Partikularisierung des Christlichen findet sich vielmehr auch im Rom-zentrierten «weltkirchlichen» Katholizismus. Der polnische Katholizismus etwa hat mit Narrativen vom leidenden Christus ein äußerst erfolgreiches Identifikationsangebot für die von den Deutschen westlich und den Russen östlich bedrohte Nation entwickelt, das auch in den Jahren der Teilung starke nationale Identität sicherte und noch unter den Bedingungen der kommunistischen Diktatur bemerkenswerte Wirkmächtigkeit entfaltete. Man tut Johannes Paul II. nicht unrecht, wenn man ihn *auch* als einen «polnischen Papst» bezeichnet, der die Einheit von katholischer Konfession und Nation beschwor und nach dem Ende der kommunistischen Diktatur keine liberale Demokratie, sondern einen katholischen Sittenstaat gründen lassen wollte. Prononcierte Nationalisierung der römisch-katholischen Kirche lässt sich in Europa aber keineswegs nur in Polen, sondern auch in Irland beobachten. Mitte November 2013 haben sich zahlreiche Nichtregierungsorganisationen in Kroatien in einem Brief an Papst Franziskus darüber beschwert, dass die katholischen Bischöfe im Lande mit ihrem «katholischen Nationalismus» Angriffe auf die serbische Minderheit unterstützten – bewaffnete Banden, die seit Monaten in Vukovar Schilder mit serbisch-kyrillischer Schrift zerstörten, seien von der Kanzel herab gelobt und ermutigt worden.

Doch nicht nur die vielen ganz unterschiedlichen regionalkulturell geprägten und nationalen Christentümer lassen die hohe religionskulturelle Vielfalt «des Christentums» erkennen. Auch soziologische Grundbegriffe wie Klasse, *race* und *gender* sind ebenso wichtig wie hilfreich, um die in der Moderne seit 1800 und verstärkt im ausgehenden 20. und frühen 21. Jahrhundert mannigfach sich beschleunigende Differenzierungsdynamik des Christlichen deuten zu können.

Schon im 19. Jahrhundert hatten englische *working class people*, die Mitglieder von *non established*, insoweit freien Kirchen, die eine entscheidende Rolle bei der Gründung der Labour Party spielten, ein wahrlich ganz anderes Verständnis von christlicher Nächstenliebe als im Oberhaus sitzende anglikanische Lords. Aber das ist keineswegs nur Vergangenheit: Wer christliche Ordensgemeinschaften wie die (katholischen) Malteser und die (protestantischen) Johanniter in der Bundesrepublik 2013 kennt, kann schnell auch extrem hohe sozialstrukturelle wie religionskulturelle Differenzierung wahrnehmen. Man kann diese christlichen Orden sozialtheoretisch als – neben Bundeswehr und Auswärtigem

Dienst – letzte Adelsreservate deuten. Aber sie lassen im extrem elitären, bisweilen glaubensarroganten Habitus ihrer Talar und Orden tragenden Mitglieder eben auch erkennen, dass sich christliche Symbolbestände nicht nur nationalistisch oder ethno-religiös, sondern auch gemäß ständischer und klassenspezifischer Ideale repartikularisieren lassen.

2. Der Islam auf dem Vormarsch?

Die Muslime bilden mit etwa 1,6 Milliarden Gläubigen die zweitstärkste Religionsfamilie; das ist ein Viertel der Weltbevölkerung. Auch hier sind hohe Vielfalt und immer neuer interner Streit zu beobachten. Zu unterscheiden sind nicht nur der sunnitische und der schiitische Islam. Vielmehr spielen neben zahlreichen kleineren Gruppen, Reformbewegungen und nationalen Sonderwegen auch die zum Teil entschieden akzentuierten theologischen wie religionskulturellen Unterschiede sowohl innerhalb des sunnitischen als auch des schiitischen Islams eine große Rolle. Nicht jeder, der sich für einen treuen Anhänger des Propheten hält, wird von anderen Muslimen als ein solcher anerkannt.

Auch für die Zukunft des Islam hat das Pew Forum Prognosen gewagt. Einer im Januar 2011 veröffentlichten Studie zufolge wird die Zahl der Muslime weltweit um 35 Prozent zunehmen, von jetzt 1,6 Milliarden auf 2,2 Milliarden im Jahr 2030. Die muslimischen Bevölkerungen werden doppelt so schnell wachsen wie andere große Bevölkerungsgruppen, speziell die Christen. Dennoch: Das schnelle Wachstum muslimischer Bevölkerungen, das in den letzten dreißig Jahren zu beobachten war, wird sich nicht wiederholen. Der größte Teil der Muslime, rund 60 Prozent, wird weiterhin in Asien und der Pazifikregion leben, und nur rund 20 Prozent im Nahen Osten und in Nordafrika. Gerade in den afrikanischen Ländern südlich der Sahara wird die Zahl der Muslime noch einmal deutlich zunehmen: Sie wird, nach den Pew-Prognosen, um gut 60 Prozent, von jetzt 242,5 Millionen auf 385,9 Millionen

Menschen wachsen. In den USA und auch in Europa werden sie demgegenüber weiterhin kleine Minderheiten bleiben. Allerdings: Zwei Drittel der derzeit in den USA lebenden Muslime sind *first generation immigrants*, zumeist erst in den letzten zwanzig Jahren ins Land gekommen – in großer Mehrheit aus Pakistan und Bangladesh. Nur knapp ein Drittel der in den USA lebenden Muslime ist im Land selbst geboren worden. Dies wird sich sehr schnell ändern: 2030 werden, trotz weiter anhaltender Arbeitsmigration in die USA, mindestens vier oder vielleicht auch fünf von zehn in den USA lebenden Muslimen *native born* sein.

Eigene Beachtung verdienen große Länder, in denen der Anteil der Muslime an der Bevölkerung marginal bleiben wird: Nur 2 Prozent der Chinesen bekennen sich heute zur Religion des Propheten Muhammad. Doch wegen des großen Bevölkerungsreichtums in China wird es 2033 wohl nirgendwo sonst auf der Welt so viele Muslime wie hier geben. Einige Religionsforscher stellen eine andere Prognose: In zwanzig Jahren werde Pakistan Indonesien als Staat mit der zahlenmäßig größten muslimischen Population überholen können.

Für Europa sind die Zahlen gut greifbar. Lebten 1990 knapp 30 Millionen Menschen muslimischen Glaubens in Europa, so waren es 2010 44,1 Millionen. 1990 stellten die Muslime 4,1 Prozent der Bevölkerung in den Ländern Europas, derzeit 6,1 Prozent. Zumeist leben sie in Ost- und Südosteuropa. Ihre Zahl wird mit großer Wahrscheinlichkeit in den kommenden Jahren weiter wachsen. Aber die von islamophoben Kritikern moderner multireligiöser und polyethnischer Einwanderungsgesellschaften gern beschworene Sorge, dass Europa von jungen zeugungsstarken Muslimen überrannt werde und schon wegen der großen Kinderzahl in muslimischen Familien bald zu «Eurabien» werde, ist nur ideologische Propaganda. Gewiss, die Fertilitätsraten der muslimischen Bevölkerungsgruppen sind in allen europäischen Ländern höher als die der Mehrheitsbevölkerung: Statistisch gesehen bekommt eine europäische Muslima 2,2 Kinder, Frauen aus der Mehrheitsbevölkerung hingegen nur 1,5 Kinder. Doch durch wachsenden Wohlstand wird sich diese Differenz bald einebnen. Allerdings sind die Muslime in Europa zumeist jünger als die Mehrheitsbevölkerung: 49 Prozent sind derzeit unter dreißig Jahre alt. Studien des Pew Forum gehen davon aus, dass die Zahl der Muslime in Europa bis 2030 noch einmal um rund 14 Millionen zunehmen wird. Dann würden 2030 etwa 58,2 Millionen Muslime in Europa leben, also 8 Prozent der Bevölkerung. Man muss dabei regionale Unterschiede berücksichtigen. In Frankreich, Deutschland und den Niederlanden werden die muslimischen Minderheiten schneller wachsen als in den südeuropäischen Ländern. Für Großbritannien wird bis 2030 mit einer tendenziellen Verdoppelung der muslimischen Bevölkerung von derzeit 2,9 Millionen auf 5,7 Millionen gerechnet. Für Deutschland geht das Pew Forum davon aus, dass zu den 2010 4,1 Millionen Muslimen noch 1,4 Millionen hinzukommen werden.

Bei all dem darf man nicht vergessen, dass der «Oberbegriff» Muslime für ganz unterschiedliche Glaubensweisen, Lebensstile und Überlieferungen steht. Die Muslime in den osteuropäischen und südosteuropäischen Ländern gehören zu Minderheiten, die hier bereits seit Jahrhunderten leben. Dies gilt etwa für Russland, das Land mit der größten muslimischen Bevölkerungsgruppe in Europa. Im kleinen Mazedonien sind derzeit 34,9 Prozent der Bevölkerung Muslime, und 2030 werden es gut 40 Prozent sein. Die muslimischen Minderheiten in West- und Nordeuropa sind demgegenüber sehr stark durch Migrationserfahrungen geprägt: als Migranten oder Kinder von Migranten in der zweiten oder nun schon dritten Generation. Bei all diesen Zahlen ist behutsame Deutung geboten: Denn es lässt sich nur schwer voraussagen, ob und wie sich die Zuwanderung nach Europa verstärken wird und wie die Länder der Europäischen Union ihre Einwanderungspolitik langfristig gestalten werden.

3. Juden zwischen Partymeile und Sabbatruhe

Die 14 Millionen Juden machen 0,2 Prozent der Weltbevölkerung aus. Doch auch sie sind intern von hoher, konfliktreicher
Vielfalt geprägt. «Jüdisch» kann bekanntlich ethnisch oder aber
«religiös» verstanden werden, und Debatten über «jüdische Identität» füllen eigene Bibliotheken. Starke religiöse Differenzierun-
gen entstehen schon in der Aufklärung des 18. Jahrhunderts und
erneut in den Prozessen gesellschaftlicher Modernisierung im
19. und frühen 20. Jahrhundert. Auch die Vernichtung der konti-
nentaleuropäischen Judentümer durch das nationalsozialistische
Deutschland und seine diversen europäischen Mittäter hat den
Juden zwar eine kollektive, emotionsstarke und immer neu zu er-
innernde Opferidentität gegeben, aber keinerlei einheitliche religiöse Identität. Das Spektrum heterogener religiöser Bewegungen,
Richtungen und Schulen reicht von einem liberalen Reform- und
Kulturjudentum, das in Deutschland vor 1933 stark auch durch
kulturprotestantische Überlieferungen geprägt war, bis hin zu orthodoxen Kräften und ultra-orthodoxen Modernitätsverweige-
rern. Hohe jüdische Vielfalt zeigt sich verstärkt nun auch in Israel.
Eine Umfrage von 2009 hat ergeben, dass sich deutlich mehr jüdische Israelis nun als «religiös» oder «sehr religiös» bezeichneten als
zehn Jahre zuvor. Gerade die Ultra-Orthodoxen, die sogenannten
Haredim, gewinnen innerhalb der israelischen Gesellschaft schon
demographisch gesehen einen immer größeren Einfluss – mit der
Folge wachsender sozialstruktureller Spannungen und politisch-
kultureller Konflikte. Israel droht zu einer sich stärker spaltenden
Gesellschaft zu werden, nicht nur wegen der Spannungen zwischen jüdischen, arabischen und palästinensischen Staatsbürgern,
sondern vor allem auch wegen der vielen alltäglichen neuen Auseinandersetzungen zwischen eher säkularen Juden und den entschieden Frommen. Denn einerseits nehmen hier seit dreißig
Jahren deutlich sichtbar Tendenzen der Säkularisierung durch
eben sich selbst primär «secular» verstehende Staatsbürger zu, die

Schweinefleisch und Schinken essen, die Sabbatruhe nicht einhalten, für Ziviltrauung und zivile Beerdigungen kämpfen und auf Zypern *gay marriages* veranstalten, die dann in Israel, paradox genug, anerkannt werden müssen;[6] diese säkularen, an einem westlich konsumistischen Lebensstil orientierten Juden haben den langen Strand von Tel Aviv zu einer der faszinierendsten Partymeilen der Welt gemacht, auf der Tag für Tag vierundzwanzig Stunden durchgefeiert werden kann. Und andererseits suchen die Haredim, Ultra-Orthodoxen, ihre partikularen Vorstellungen wahrer jüdischer Lebensführung auch mit massivem Druck und bisweilen selbst Gewalt dem – noch bildet er die Mehrheit – Rest der israelischen Gesellschaft aufzuzwingen. Die religiösen Konflikte werden dadurch noch verschärft, dass sie harte soziale Gegensätze verstärken: Die meisten Haredim sind arm oder gar sehr arm, schon deshalb, weil viele Männer hier um der intensiven Lektüre der Heiligen Schriften willen keiner Berufstätigkeit nachgehen. Zugleich haben sie oft sechs, sieben, acht oder neun Kinder. Auch verweigern sich die Haredim bisher der eigentlich allgemeinen und für das Land existentiell wichtigen Wehrpflicht, was viele andere israelische Staatsbürger als äußerst unsolidarisch empfinden.

4. Religionslose, Konvertiten und Migranten

15 Prozent der Menschen, rund 1 Milliarde, verstehen sich als Hindus und 500 Millionen als Buddhisten. Daneben sind kleinere religiöse Gemeinschaften zu nennen: die 7 Millionen Bahais, die wohl 26 Millionen Sikhs, die Anhänger des Shintoismus – 2,7 Millionen – und Taoismus – 2,6 Millionen. Die Gruppe der «indigenen Religionen», also alten afrikanischen Religionen, Religionen der «Ureinwohner» in Australien und den beiden Amerikas sowie alten chinesischen Religionen, kommen auf rund 400 Millionen Menschen. Aber es ist gerade hier sehr schwierig, verlässliche Zahlen zu nennen. Oft werden in staatlichen Zensus keine religionsbezogenen Daten erhoben, und einzelne religiöse

Akteure schreiben sich bisweilen mehr Anhänger zu, als sie tatsächlich haben. Erhebliche Probleme entstehen zudem dadurch, dass es nur schwer möglich ist, die Gruppe derer zu beziffern, die sich bewusst als religionslos verstehen und keiner Glaubensrichtung angehören. In manchen Studien wird behauptet, dass dies inzwischen 16 Prozent der Weltbevölkerung, also 1,1 Milliarden Menschen, sind. Andere gehen von einer deutlich geringeren Zahl aus. Präzise Angaben lassen sich hier schon deshalb nicht machen, weil sich Konfession oder bewusste Nichtkonfession im Lauf eines Lebens verändern können. Man mag als Katholikin geboren sein, im jungen Erwachsenenalter aus der Kirche austreten, als Rentnerin einen Protestanten heiraten und dann in die evangelische Kirche eintreten. Oder man mag als Christ zum Judentum konvertieren, weil man einen jüdischen Partner bzw. eine jüdische Frau heiratet.

Konversion ist gerade mit Blick auf die religiöse Gegenwartslage ein wichtiges Thema[7] – in doppelter Hinsicht. Einerseits gibt es sehr viele Gesellschaften, in denen das Grundrecht auf Religionsfreiheit nur schwach geschützt ist und der Staat Konversion entweder durch spezielle Gesetze verbietet oder mit harten Sanktionen – Einschränkung der Bürgerrechte, Verlust des Arbeitsplatzes etc. – massiv erschwert. Andererseits bleibt in vielen jener Länder, die sich als liberale Rechtsstaaten verstehen und das vorstaatliche Grundrecht auf Religions-, Weltanschauungs- und Meinungsfreiheit anerkennen, ein Wechsel der religiösen Zugehörigkeit in aller Regel ohne relevante soziale Statuseinbußen. Die eigene Familie mag enttäuscht sein, wenn man aus ihrer Religionsgemeinschaft austritt und, etwa im Zusammenhang der Heirat, einen anderen Glauben (oder gar keine Religionszugehörigkeit) wählt. Man kann und darf über seinen Glauben hier selbst bestimmen und entscheiden – und nicht wenige tun dies auch: vor allem in den USA. Gut ein Drittel aller US-Amerikaner wechselt im Lauf des Lebens die Religions- bzw. Konfessionszugehörigkeit. In rechtsstaatlich verfassten pluralistischen Gesellschaften gibt es eben keinerlei politischen Druck, sich zu einem bestimmten Glauben zu bekennen. Dies ist in dezidiert nichtliberalen Gesellschaften signifikant anders. In Ländern wie Ägypten, Brunei, Saudi-Arabien, Myanmar, Iran, Pakistan, Indien, Bangladesh und Nigeria sowie in der Russischen Förderation ist das Grundrecht auf Religionsfreiheit massiv eingeschränkt. Da in Afghanistan durch die neue Verfassung zwar die Religionsfreiheit garantiert ist, zugleich aber der Islam als Staatsreligion gilt und die staatlichen Gesetze der Scharia entsprechen bzw. gemäß der Scharia ausgelegt werden müssen, ist in den letzten Jahren gegen mehrere Konvertiten Anklage erhoben worden. In Malaysia garantiert die Verfassung die freie Religionsausübung. Doch mehrere Einzelgesetze machen den Wechsel vom herrschenden sunnitischen Islam in eine andere Glaubensgemeinschaft de facto unmöglich. «Dissidenten vom offiziellen Sunni-Islam werden in ‹Rehabilitationszentren› eingewiesen, in denen sie die ‹amtliche› Version des Islam zu lernen haben.»[8] In Indonesien wird zwar die Religionsfreiheit gewährt. Aber es gibt eine rechtliche Pflicht, einer Religionsgemeinschaft anzugehören – das Bekenntnis zu Atheismus oder Nichtreligiosität ist verboten. Auf den Malediven ist die Konversion verboten. Auch in Pakistan gibt es für die Muslime ein staatliches Verbot, den Glauben zu wechseln.

Schon immer haben Menschen ihre Heimat verlassen, weil sie zuhause weder Arbeit noch Brot fanden. Auch sind die Vertreibung von Minderheiten, also «ethnische Säuberungen», und politisch und religiös motivierte Flucht ins Exil alles anderes als neue Phänomene. Nie zuvor jedoch hat es vergleichbar viele Migranten gegeben wie derzeit. Millionen von Menschen sind auf der Wanderschaft, auf der Suche nach Arbeit, Freiheit, Sicherheit und Wohlstand. Auch fliehen viele Menschen aus ihrem Heimatland, weil sie hier unterdrückt oder grausam verfolgt werden. Migration stärkt oft Religion, heißt ein wichtiger Lehrsatz der Religionsforscher. Denn Migration ist äußerst riskant, man wandert ja in eine ganz unbekannte, unsichere Zukunft und weiß gar nicht genau, wo man schließlich landet und ob man im Zielland Arbeit und ein besseres Auskommen findet. Den eigenen Glauben kann man mitnehmen, und auf ganz weiten schwierigen Wanderwegen klammert man sich an seinen Gott. Er sorgt auch in neuen, unbekannten und nicht selten feindlichen Umgebungen für spirituelle Identität. Nicht wenige Menschen werden überhaupt erst durch Migration zu emotional tief empfindenden Superfrommen: In der Heimat war ihnen die herrschende Religion eher gleichgültig. Jetzt, im neuen Ankunftsland aber ermöglicht es diese Religion, eine innere Bindung an die Heimat zu pflegen und über den Bruch der Migration hinweg lebensgeschichtliche Kontinuität zu sichern. Man kann dies gut am Beispiel der USA, des klassischen Einwanderungslandes sehen. Es waren hier schon im 19. Jahrhundert gerade religiöse Organisationen, Kirchengemeinden und Synagogen, die den zumeist in New York neu Ankommenden Wege in die amerikanische Gesellschaft bahnten. Das schuf einen ganz engen emotionalen Kontakt zu diesen Gemeinden, und so erklären manche Religionswissenschaftler die Tatsache, dass Religion in den USA eine viel größere Rolle als in den meisten europäischen Gesellschaften spielt, als Folge von Migration und religiös organisierter Integration.

5. Märkte und Medien

Um 1970 begannen Wirtschaftswissenschaftler in den USA religiöse Wandlungsprozesse in ökonomischen Modellen zu deuten. Sie entwickelten eine neue religionsanalytische Disziplin, die Religionsökonomie. Man sprach nun von Religionsmärkten, auf denen konkurrierende Akteure ihre je besonderen Heilsprodukte und Erlösungsideen sinnsuchenden Konsumenten zu verkaufen suchen. Religionsmärkte funktionieren im engen Zusammenspiel von Angebot und Nachfrage. Zwar sind in vielen europäischen Ländern die alten Monopolisten, die großen christlichen Kirchen, durch staatliches Religionsverfassungsrecht noch immer vielfältig privilegiert. Aber in zahlreichen asiatischen Ländern und vor allem in den USA sind die Religionsmärkte weithin dereguliert, offen. Überleben kann hier, auf einem freien Glaubensmarkt, nur der Anbieter, der seine Sinnwaren erfolgreich an die Leute zu bringen vermag. So herrscht permanenter Überbietungswettbewerb, und alle Glaubensanbieter müssen fortwährend darauf achten, besonders kundennahe, die Menschen überzeugende, begeisternde religiöse Dienstleistungen zu erbringen. In den USA spielt Religion, wie gesagt, eine viel größere Rolle als in Europa. Die meisten Religionsökonomen erklären dies damit, dass mehr Angebot auch mehr Nachfrage erzeugt. Konkurrenz belebt auch das Glaubensgeschäft.

Viele Fromme nehmen ihren Glauben so ernst, dass sie ihr Leben in all seinen Facetten streng nach dem Willen ihres Gottes zu führen versuchen. Gottes Gesetz soll zur bestimmenden Norm der ganzen Gesellschaft werden. Darin stimmen orthodoxe Juden mit amerikanischen protestantisch evangelikalen Fundamentalisten und radikal antiwestlichen Islamisten überein. Ob man es nun mag oder nicht – gerade diese harten, streng bindenden Glaubensweisen wachsen seit rund vierzig Jahren besonders stark und schnell. In den USA etwa erodieren die klassischen protestantischen *main line churches*, aber die evangelikale sogenannte Christian Right kann immer mehr Amerikaner ganz unterschiedlicher Herkunft an sich binden. Der Siegeszug der diversen Fundamentalismen erklärt sich aus der pluralistischen Signatur der Moderne: Pluralismus wirkt relativierend und erzeugt viel Unübersichtlichkeit. Fundamentalismen hingegen fördern neue Gewissheit durch ein krisenresistentes, stabiles Weltbild. Sie fordern von den Frommen viel, aber sie bieten auch viel: starke Überzeugungen, klare moralische Normen, ganz dichte emotionale Gemeinschaft mit Gleichgesinnten, hilfreiche Netzwerke gelebter Solidarität und Nächstenliebe.

Diese Entwicklung wird durch neue Kommunikationsformen begünstigt. Die Medienrevolutionen der Gegenwart haben religiöse Kommunikation tiefgreifend verändert. Einstmals weit entfernte Religionskulturen leben nun in permanenter kommunikativer Wechselwirkung: Im *world wide web* können religiöse

Akteure in aller Welt sich unbeschadet weiter räumlicher Distanz wechselseitig immer neu beobachten. Nun kann man mit Menschen in Austausch treten, denen man noch niemals von Angesicht zu Angesicht begegnet ist und die man nie persönlich treffen wird. Fromme Akteure können, wenn sie es denn wollen, von anderen Glaubensakteuren lernen und sich im Kampf um Anhänger Elemente der Glaubenssymbole, rituellen Praktiken und theologischen Lehren der jeweils Andersgläubigen aneignen – durch Symboltransfer, Ideenraub und frommes Plagiat. Doch je mehr man von anderen religiösen Akteuren aufnimmt, desto mehr muss man sich zugleich wieder von ihnen abgrenzen. Die globalen Kommunikationschancen des Internets erlauben es, in neuer Intensität Andersgläubige zu diskriminieren, Hassbotschaften zu verbreiten, zu «heiliger Gewalt» aufzurufen und gerade so potentielle Anhänger und Gefolgsleute für den eigenen «heiligen Krieg» zu mobilisieren. Das Internet ist auch ein Ort zur Kommunikation und Produktion von gewalttätiger Religion. Denn es macht, in seiner spezifischen Virtualität, die Grenzen zwischen dem Virtuellen und dem physisch Realen hybride und löcherig. So dient es auch dazu, potentiell gewaltbereite Fromme zu realen Mördern zu machen.

Religionswissenschaftler haben in den letzten Jahren zunehmend das Thema «Religion im Internet» entdeckt. Religiöse Gemeinschaften haben hier ihre je eigene Homepage, vernetzen bei Facebook und anderen *social media* ihre *follower* und twittern ihre Kommentare zu aktuellen Ereignissen in die ganze Welt – selbst Benedikt XVI., der deutsche Gelehrtenpapst, hat unter seinem Namen twittern lassen. Religionswissenschaftler haben im *world wide web* aber auch viel Religionsgewalt entdeckt. An der Wiener Universität wird deshalb ein großes Forschungsprojekt über «Jihadism online» durchgeführt. Hier werden die Chatrooms von Jihadisten zu erkunden versucht, die sich noch niemals realiter begegnet sind, aber wechselseitig dazu ermutigen, endlich «echte Gotteskrieger» zu werden. Auch hofft man hier nachzeichnen zu können, wie frustrierte, vereinsamte, sinnhungrige und wohl um

Anerkennung kämpfende junge Männer dazu motiviert werden, «den Westen» zu hassen und in seinen urbanen Zentren zu töten.

Erhöhte Attraktion und Rezeptionsbereitschaft erzeugen den Zwang zu neuer prägnanter Repulsion und Abgrenzung – um der Stärkung und Wahrung der eigenen, aber nun durch Elemente des anderen modifizierten, bereicherten Identität willen. Kurz: Vielfältig verdichteter, intensivierter Austausch führt zur Verschärfung der Distinktionskämpfe.

Um solcher Abgrenzung willen setzt man demonstrativ auf neue Sichtbarkeit, das heißt auf die öffentliche Zurschaustellung der eigenen religiösen Symbole. Die Religionen sind so in neuer Intensität in den öffentlichen Raum zurückgekehrt. Die alte liberale Vorstellung, dass Gottesglaube primär eine private Angelegenheit des Individuums ist, hat sich als Illusion erwiesen. Religionsgemeinschaften besetzen in ihren Konkurrenz- und Unterscheidungskämpfen den öffentlichen Raum, um Macht zu demonstrieren, Glaubensgenossen zu mobilisieren, auf sich aufmerksam zu machen. Die einen inszenieren Sterben und Tod eines charismatischen Papstes in großer medialer Öffentlichkeit, und die anderen lassen den Dalai Lama fortwährend um die Welt fliegen und mit allen möglichen Politikern reden; hier wie dort geht es entscheidend um *visibility* und Medienpräsenz. Junge muslimische Frauen und Mädchen machen ihre religiöse Identität sichtbar, indem sie öffentlich, etwa in den Schulen, ein Kopftuch tragen.

Auch für die Welt der Religionen gilt jedoch: Mehr deutlich gezeigte Verschiedenheit bedeutet in aller Regel mehr Konflikt. Der in Harvard lehrende Politikwissenschaftler Samuel Huntington (1927–2008) hat 1993 deshalb einen großen «clash of civilizations» vorausgesagt, vor allem sich weiter verschärfende kriegerische Auseinandersetzungen zwischen «dem Islam» und «dem christlichen Westen». Aber in dieser These vom kommenden «Kampf der Kulturen» wurde die Homogenität und innere Geschlossenheit von Gesellschaften überschätzt. Religionspolitisch viel gewichtiger, gerade in Europa, sind die normativen Konflikte innerhalb religiös pluralistischer Gesellschaften. Hier gibt es in der Gegenwart viel Streit, etwa in Fragen der Biopolitik oder über die rechtliche Anerkennung von gleichgeschlechtlichen Partnerschaften. Was den einen heilige «Werte» sind, verachten die anderen als kleinbürgerlichen Traditionsmüll. In pluralistischen Gesellschaften werden fortwährend Kulturkämpfe über die Regeln des Zusammenlebens ausgetragen, und alles spricht dafür, dass sich der religiöse wie moralische Streit über Prinzipien guter Lebensführung im 21. Jahrhundert weiter verschärfen wird.

6. Bricolage

In modernen offenen, demokratisch verfassten Gesellschaften ist Religionsfreiheit als ein vorstaatliches Grundrecht anerkannt. Man kann in Sachen Religion nun öffentlich sagen und tun, was früher als eine häretische Abweichung von der herrschenden Religion, etwa der kirchlichen Lehre, bekämpft wurde. Heute darf in freiheitlichen Gesellschaften wirklich jeder und jede nach seiner oder ihrer Façon selig werden. Viele Menschen sind Sinnbastler, die sich aus Elementen ganz unterschiedlicher Religionen eine eigene, ihre höchst private Glaubenswelt bauen. Gewiss, viele Menschen gehören weiterhin religiösen Großorganisationen, in Europa vor allem den christlichen Kirchen an. Sie sind insoweit Katholiken, Anglikaner, Lutheraner, Calvinisten oder orthodoxe Christen. Aber sie können zugleich alte christliche Vorstellungen mit Symbolen und kultischen Praktiken ganz anderer, nichtchristlicher Religionen verknüpfen.

Seit dem 19. Jahrhundert sind manche Europäer etwa vom Buddhismus fasziniert; er gilt ihnen als eine besonders friedliche, Weisheit und Seelenruhe ausstrahlende Religion. Deshalb begeistern sie sich für buddhistische Meditationstechniken. Andere veranstalten im katholischen Gemeindehaus Yoga-Abende oder entwickeln in interreligiösen Dialoggruppen die Bereitschaft, ganz Verschiedenes zu einer neuen menschenfreundlichen Glaubenshaltung zusammenzufügen. Wieder andere predigen Gesundheit als religiösen Letztwert und sehen in ihrem selbstkomponierten Bio-Müsli eine heilige, gleichsam eucharistische Speise. Und auch die fanatische Begeisterung für den eigenen Fußballverein kann religionshaltige Unbedingtheit gewinnen; dann lässt man sich in einem Sarg mit Vereinsemblemen auf dem vereinseigenen Friedhof – der HSV bietet das an – von einem Pfarrer beerdigen, der selbst Mitglied ist und statt einer liturgischen Stola den Vereinsschal trägt. Das gibt es im frühen 21. Jahrhundert wirklich! Alles Mögliche, Sport, Politisches, die Kunst, auch Sex, kann mit religiösem Sinngehalt aufgeladen werden. Religionswissenschaftler nennen diese Kombination ganz heterogener Sinnelemente «bricolage». Sie gewinnt auch deshalb an Bedeutung, weil immer mehr Menschen Fernreisen unternehmen, also fremde Religionskulturen nun mit eigenen Augen wahrnehmen können, und Fernsehen wie Internet uns auch ganz Anderes, Exotisches nahebringen.

II. Deutungsangebote

Wie alle anderen Kulturwissenschaftler tun gelehrte Religionsdeuter gut daran, sich mögliche präreflexive, «lebensweltliche» Voraussetzungen ihrer Forschungspraxis bewusst zu machen. Neue diskursive Konstellationen in den Wissenschaften entstehen nicht aus dem Nichts – selbst imaginationsstarke Intellektuelle sollten sich nicht die göttliche Kompetenz spontaner Creatio ex nihilo zuschreiben! Gerade die «Rückkehr der Religionen»[1] in die wissenschaftlichen Diskurse lässt sich nicht aus rein wissenschaftsimmanenten oder gar disziplinenspezifischen Verschiebungen der Aufmerksamkeitsökonomie zureichend erklären. Die akademische Deutungsindustrie folgt hier weithin nur den Trends auf den globalen Sinnstiftungsmärkten des späten 20. und frühen 21. Jahrhunderts. Je stärker religiöse Bewegungen in zahlreichen Gesellschaften außerhalb Europas eine für viele europäische Beobachter erstaunliche Mobilisierungsdynamik entfalteten – von den modern-antimodernen islamistischen Protestbewegungen über die diversen charismatischen und pfingstlerischen Christentümer bis hin zur Religious Right in den USA – und politisierte Religion in öffentliche Arenen zurückkehrte,[2] desto massiver sahen sich westliche Intellektuelle mit dem Zwang zur deutenden Stellungnahme konfrontiert. Spätestens die immer neuen juristischen Religionskonflikte in zahlreichen europäischen Gesellschaften und die mehr oder minder aggressiv ausgetragenen Dauerdebatten um die Präsenz religiöser Symbole in Institutionen des jedenfalls der Intention nach religiös-weltanschaulich neutralen Staates provozierten ungeahnte wissenschaftliche Sensibilität für jene irreduzible Eigenmacht des Religiösen, die sich mit den konventionellen Pazifizierungsstrategien des modernen Sozial- und Rechtsstaats immer nur begrenzt domestizieren lässt.

Die Traumata von «nine eleven», «11-M» (Madrid), «7/7» (London) und «26/11» (Mumbai) sowie die damit verbundenen Debatten über eskalierende neue Religionsgewalt,[3] die starke mediale Präsenz religiöser Glaubensikonen wie des Dalai Lama, der Mutter Teresa, Papst Johannes Pauls II. und nun auch Papst Franziskus' sowie ein in moralpolitischen Fragen elegant-aggressiver «Feuilletonkatholizismus» (Gustav Seibt) trugen sichtbar dazu bei, dass auch die «religiös unmusikalischen» oder gar «religionsblinden» Modernitätsdeutungsvirtuosen unter den deutschen Geistes- oder Kulturwissenschaftlern neue Glaubensverständniskompetenzen zu erwerben bemüht waren. In enger Übereinstimmung mit neuentstandener Religionssensibilität bei Sozial- und Politikwissenschaftlern[4] wuchs gerade auch bei Neuzeithistorikern und speziell Historikern des 19. und 20. Jahrhunderts die Überzeugung, dass Religion auch in modernen komplexen Wissenschaftsgesellschaften eine zentrale Potenz kultureller Vergesellschaftung und wichtige Ressource individueller wie kollektiver Identitäts- und Sinnbildung bleibt. Insgesamt gilt allerdings: Dank intensiver Forschung haben sich in den letzten dreißig Jahren zwar viele vermeintlich gesicherte Plausibilitäten in stimulierende Ungewissheiten auflösen lassen. Doch selbst zentrale Forschungsterrains sind erst in vagen Umrissen vermessen.

Vor diesem Hintergrund sollen nun neun exemplarische «Versuchsfelder der Analyse» (Michel Foucault) skizziert werden, mit deren Hilfe sich die faszinierend komplexen europäischen wie außereuropäischen Religionsgeschichten des 20. und 21. Jahrhunderts adäquater erfassen lassen.

1. Religiöse Märkte erkennen

Zu den vielversprechenderen Deutungsmodellen der Religionswissenschaften zählt schon seit einigen Jahrzehnten die sogenannte Religionsökonomie. 1963 hat der heute in Boston lehrende Religionssoziologe Peter L. Berger einen inzwischen berühmten

Essay «A Market Model for the Analysis of Ecumenicity» publiziert.[5] Berger hat dort zwei widersprüchliche Entwicklungen auf
den Religionsmärkten der USA analysiert. Einerseits ließen sich
vielfältige Gesprächskontakte zwischen christlichen Kirchen und
kleineren religiösen Gemeinschaften beobachten, Verhandlungen
über konkrete Zusammenarbeit, etwa im sozialen Bereich, Verein-
barungen über Zweckbündnisse, auch Gespräche über Fusionen.
Zur modernen Religionskultur gehört eben der permanente
ökumenische Dialog, ohne dass sich immer genau sagen ließe,
worüber da geredet wird. Worum geht es eigentlich – wenn man
von funktionärstypischen Selbstbeschäftigungsritualen einmal
absieht? Nicht nur um Annäherung jedenfalls. Denn viele dieser
Akteure sind zugleich auch um neue konfessionelle Profilbil-
dung bemüht, um klare Abgrenzung von anderen Kirchen und
religiösen Gruppen durch Neubestimmung konfessionsspezifischer
Identität. Zwischen den ökumenischen Aufbrüchen des 20. Jahrhunderts einerseits und der neuen Betonung des Konfessionellen
andererseits bestehe, so Berger, kein Widerspruch. Gerade der in-
tensivierte ökumenische Dialog zwinge die Beteiligten vielmehr
dazu, auf diese Prozesse durch neue konfessionelle Identitätserfin-
dung zu reagieren, da alle religiösen Organisationen und Institu-
onen auf einem pluralistischen Religionsmarkt agierten. In dieser
Marktsituation ist jeder Anbieter dazu gezwungen, die besondere
Leistungsfähigkeit seiner Heilsprodukte, Seelendienstleistungen
und Lebenssinngüter deutlich herauszustellen. Je vielfältiger,
bunter, unübersichtlicher moderne Religionsmärkte zu werden
drohen, je mehr alte christliche Anbieter durch neue religiöse Bewegungen und Sinnstifter unter Konkurrenzdruck geraten, desto
entschiedener muss jeder einzelne Wettbewerber die überlegene
Qualität seiner Angebote zur Schau stellen. Anders formuliert:
Wie jedes andere Unternehmen müssen auch Religionskonzerne
ihre *corporate identity* pflegen, den eigenen Markennamen profi-
lieren, die Qualität ihrer Güter und Dienstleistungen sichtbar
machen. Genau dazu dient unter den Bedingungen des Pluralismus das neue Konfessionsbranding.

Seit dem Erscheinen von Bergers Aufsatz vor gut fünfzig Jahren hat sich in den USA eine eigene akademische Disziplin, eben die «Religious Economics», entwickelt. Die von ihren profiliertesten Vertretern wie Roger Finke, Rodney Stark und Laurence Iannaccone entworfenen religionsökonomischen Deutungsmuster ermöglichen es, religiöse Wandlungsprozesse relativ präzise zu modellieren und das konkrete Reaktionsverhalten einzelner Akteure schlüssig nachzuzeichnen.[6] Der prekäre diagnostische Nachteil klassischer Deutungsmuster im Stil der Säkularisierungsthese lag darin, dass sie die religiösen Organisationen und Institutionen lediglich als passive Opfer diffuser gesellschaftlicher Megatrends wie «Entkirchlichung», «Verwissenschaftlichung», «Urbanisierung», «Konsumismus» oder «Hedonismus» in den Blick nahmen. Gerade diese Vorstellung aber ist in den analytisch kühlen Begriffen und erschließungsstarken Sprachspielen der Religionsökonomie als modernisierungstheoretisches Dogma destruiert worden. Denn religiöse Akteure reagieren auf sich ändernde Rahmenbedingungen und steigende Konsumentenautonomie höchst unterschiedlich. Das Spektrum ihrer Verhaltensmuster reicht von theologisch induzierter Wahrnehmungsresistenz und notorischer Selbstveränderungsverweigerung bis hin zu professionalisierter Welt- und Selbstbeobachtung, die sich häufig mit der Bereitschaft verbindet, Anpassungsflexibilität zu entwickeln und kundenorientiert zu handeln, beispielsweise semantische Umschaltprozesse gezielt zu forcieren und Rezeptionsblockaden abzubauen. So war etwa der Umgang der römisch-katholischen Kirche mit dem Begriff der «Menschenrechte» noch um die Mitte des 20. Jahrhunderts von polemischen Ausfällen gegen liberalistische Zeitgeistverirrungen und ein anthropozentrisch falsches Autonomieverständnis geprägt. Nur wenige Jahrzehnte später aber setzt sich eben diese Institution in bioethischen Diskursgremien ganz selbstverständlich als berufene Hüterin der wahren Rechte des Menschen und der «Personwürde» in Szene. Diese ganz unterschiedlichen Verhaltensmuster im Umgang mit externen wie internen Status-quo-Bedrohungen und Pluralisierungsschüben differenzierter erfassen und nachzeichnen zu können, zählt zu den großen Stärken der Religionsökonomie. Mit ihrer Ausrichtung auf die Marktmechanismen von Angebot und Nachfrage aber gelingt es ihr auch, die immer wieder frappierenden religionskulturellen Unterschiede im Vergleich der nordamerikanischen und europäischen Religionslandschaften zumindest in wichtigen Aspekten plausibel zu deuten.

Die Religionsökonomie ist in den USA entstanden, stark geprägt von klassischen *Rational-choice*-Theorien. Sie ist in Europa und speziell in Deutschland von Religionswissenschaftlern erst vergleichsweise spät, in den frühen 1990er Jahren rezipiert worden; eine Vorreiterrolle hatte hier der Tübinger Religionswissenschaftler Burkhard Gladigow inne.[7] Auf den Wanderwegen religionsökonomischer Konzepte und Begriffe ist das Profil der Disziplin unscharf geworden. Manche Ökonomen und Religionswissenschaftler geben dem Begriff eine eher enge Fassung und schränken ihn auf die Erforschung der ökonomischen Basis religiöser Organisationen und Institutionen ein. Sie fragen etwa danach, wie in einer bestimmten Gesellschaft religiöse Organisationen sich finanzieren, wie viel Geld und Zeit die Mitglieder einer Religionsgemeinschaft für diese aufzubringen bereit sind oder ob es staatliche Transferleistungen an religiöse Organisationen gibt. Auch wird hier nach dem Einkommen der hauptamtlichen Mitarbeiter von Kirchen, Synagogengemeinden oder Moscheeverbänden gefragt und untersucht, was religiöse Organisationen mit ihrem Geld alles tun und wie sie es anlegen.

Ein wichtiges Thema ist zudem die mangelnde wirtschaftliche Transparenz zahlreicher religiöser Organisationen, speziell auch der europäischen Kirchen. Nur sehr selten sind Kirchen, Synagogengemeinden und sonstige religiöse Verbände und Vereine sowie die mit ihnen verbundenen sozialdiakonischen Stiftungen und Unternehmen bereit, über ihre Vermögensverhältnisse, etwa den Immobilienbesitz oder Anteile an Wirtschaftsunternehmen, Rechenschaft abzulegen oder jährliche Bilanzen zu veröffentlichen. Mangel an Transparenz aber erhöht die Anfälligkeit für Korruption. Im November 2013 wurde in Israel der frühere aschkenasische Oberrabbiner Jona Metzger in Haft genommen – wegen des Verdachts auf Geldwäsche und Annahme von Bestechungsgeldern. Und vom Istituto per le Opere di Religione, der direkt dem Papst unterstellten sogenannten Vatikanbank, ist bekannt, dass sie für mafiöse Verbrecherorganisationen in großem Stil Geld wusch und massiv in Korruption verstrickt war; im Sommer 2013 wurde der vatikanische Prälat Nunzio Scavano unter Geldwäsche-Verdacht in Rom verhaftet – aber er ist nur eines von vielen möglichen Beispielen dafür, dass die ökonomische Analyse der wirtschaftlichen Tätigkeiten von Kirchen und sonstigen Glaubensunternehmen auch die Rechtmäßigkeit und moralische Qualität des Handelns der hier Tätigen einschließen muss.

Unter dem Einfluss von Pierre Bourdieus Theorie des «religiösen Feldes» verstehen andere Religionswissenschaftler unter Religionsökonomie vor allem Forschungen zur Frage, wie auf einem durch Anbietervielfalt bestimmten Glaubensmarkt die einzelnen religiösen Akteure jeweils ihre Konkurrenten wahrnehmen und sie zu überbieten suchen. Mit welchen Methoden versucht eine bestimmte Kirche, ihre Mitglieder an sich zu binden? Vermag sie Mitglieder anderer Kirchen oder Glaubensgemeinschaften abzuwerben bzw. zu gewinnen, also Konversion zu organisieren? Wie wehrt sie sich dagegen, «Marktanteile» zu verlieren? Fragen dieser Art haben eine im religionsökonomischen Diskurs nicht selten übersehene wichtige Voraussetzung: Sie lassen sich sinnvoll nur stellen und durch Forschung zu beantworten versuchen, wenn Religionsfreiheit rechtlich institutionalisiert ist, es tatsächlich Anbieterkonkurrenz auf einem freien Markt gibt und der Wechsel von einer Glaubensgemeinschaft in eine andere keine relevanten negativen Folgewirkungen für den Konvertiten hat. Diese Voraussetzung ist in sehr vielen Ländern der Welt nicht gegeben. Auch wenn Religionsfreiheit ein Menschenrecht ist, das beispielsweise durch Artikel 2 der Charta der Vereinten Nationen geschützt wird, so wird sie de facto doch in zahlreichen Ländern der Welt nicht respektiert oder massiv unterdrückt. Man kann fragen, wie viel Geld ein Imam in Saudi-Arabien verdient oder wie hier der

Neubau einer Moschee finanziert wird. Aber es hat mit Blick auf eine Gesellschaft wie die Saudi-Arabiens keinen Sinn, nach dem Wettbewerb zwischen konkurrierenden Anbietern von Glaubensprodukten zu fragen. Denn es gibt hier keinen solchen Wettbewerb, weil er durch staatliches Recht gar nicht erst zugelassen wird: Weltanschauungs- oder Religionsfreiheit sind nicht garantiert, und es wird allein die öffentliche Ausübung des Sunni-Islams erlaubt. Staatlich alimentierte Religionswächter sorgen für die strikte Einhaltung dieses Monopols. Andersgläubige Ausländer, die im Lande leben, erleiden vielfältige Diskriminierung. Selbst wenn Christen und Juden sich nur privat, in ihren Wohnungen zu religiösen Zwecken vergesellschaften, schreiten staatliche Behörden ein.

Ein dritter Gehalt des Begriffs Religionsökonomie ist noch zu erwähnen. Unter Religionsökonomie verstehen manche Kulturwissenschaftler primär Forschungen über mögliche Zusammenhänge zwischen religiösem Glauben, dadurch bestimmter Lebensführung und ökonomischem Habitus. Oft im Anschluss an Max Webers klassische Studien zur *Wirtschaftsethik der Weltreligionen* wird hier etwa danach gefragt, ob es einen spezifisch islamischen Wirtschaftsstil gibt oder buddhistisch geprägte *soft skills*, die ein auf Märkten vorteilhaftes, nutzenbringendes Verhalten im Umgang mit anderen fördern. Thema ist hier zudem, wie eine bestimmte religiöse Ethik wirtschaftliches Handeln deutet und zu normieren versucht. Dem Islam galt dabei schon deshalb besondere Aufmerksamkeit, weil die sehr reichen Ölstaaten die Finanzindustrie in New York, London und auch Frankfurt darüber nachzudenken zwangen, wie sich schariakonforme Finanzprodukte entwerfen ließen – um den Reichtum zu mehren, ohne gegen das Zinsverbot zu verstoßen. In den letzten Jahren haben verstärkt dann auch buddhistische Lehren und Glaubenspraktiken die Aufmerksamkeit der Wirtschaftswissenschaftler gefunden.[8] Gerade unter den Bedingungen der neuen *omni-connectivity*, permanenten Erreichbarkeit, biete das *mindfulness movement* die Chance, sich einfach aus dem Netz auszuklinken, das Handy abzustellen und nach innerer Ruhe zu suchen. So bieten viele Business Schools in aller Welt inzwischen *mindfulness*-Kurse durch buddhistisch inspirierte Coaches an, die gern von «the competetive advantage of meditation» schwärmen. Hier wird alter Glaube neu vermarktet – mit vielleicht fatalen Folgen für die Glaubenspraxis: «Western capitalism seems to be doing rather more to change eastern religion than eastern religion is doing to change Western capitalism», hieß es Ende 2013 im *Economist*.

2. Kirchenfunktionen deuten

Zwar erleiden die alten Monopolisten auf vielen europäischen Religionsmärkten zum Teil dramatische Einbrüche (klassisches Beispiel: die rapide Milieuerosion in den 1960er Jahren), doch können sie unter spezifischen Bedingungen ihre alte starke Stellung mancherorts sogar noch ausbauen (wichtige Beispiele: Polen, Irland). Mit Blick auf den weltanschaulichen und politischen Pluralismus sowie die funktionale Differenzierung relativ autonomer Kultursphären setzen einige alte Anbieter auf Identitätsstärkung, das heißt auf Neukonstruktion einer harten konfessionsspezifischen Identität, um Kundentreue oder Milieuhomogenität zu sichern; aus ihrem Konfessionalismus bzw. ihrer prononcierten Neoorthodoxie resultieren – wie die innerkatholischen Auseinandersetzungen seit dem II. Vaticanum deutlich zeigen[9] – scharfe Kulturkämpfe mit den je anderen konfessionellen oder religiösen Akteuren sowie konfessionsinterne religionspolitische Auseinandersetzungen mit Modernisten oder liberalen Reformern.

Die aggressiv ausgetragenen *culture wars* des 18. und insbesondere des 19. Jahrhunderts lassen sich in vielerlei Konfliktszenarien bis in die unmittelbare Gegenwart hinein verfolgen. In immer neuen Modernisierungsdisputen prallten Traditionalisten und Fortschrittsbegeisterte, Wertkonservative und Liberale, Protestanten und Katholiken, Juden und Antisemiten aufeinander, «Kulturkämpfe» tobten nicht nur zwischen den verschiedenen Religionsgemeinschaften, sondern wurden besonders erbittert auch innerhalb der einzelnen Konfessionen geführt. Kern aller Kontroversen ist dabei stets die umstrittene Legitimität und Geltungskraft staatlichen Rechts, das aus religiösen (oder auch nur religiös verbrämten) Motiven für Unrecht erklärt wird – derzeit etwa im Streit um Abtreibung, die «Ehe» zwischen gleichgeschlechtlichen Partnern und mögliche Formen der Sterbebegleitung und -hilfe. So sind die europäischen Religionsgeschichten des 20. Jahrhunderts immer auch als Konfliktgeschichten zu imaginieren und zu schreiben; und nichts spricht dafür, dass die religiösen Konstellationen des 21. Jahrhunderts in Europa eine andere Signatur tragen könnten. Vielmehr werden die europäischen Gesellschaften trotz aller Integrationspolitik und Förderung von Inklusion mit mehr religiöser Verschiedenheit und damit verbundenen normativen Konflikten rechnen und notgedrungen lernen müssen, solche Auseinandersetzungen als Normalität einer offenen demokratischen Gesellschaft zu akzeptieren. Die ökumenische Konsenseuphorie der alten Bundesrepublik jedenfalls, die von den beiden großen Kirchen immer wieder beschworene «ökumenische Verständigung», ist historisch gesehen eher ein Ausnahmefall, in einer kurzen Traumperiode von viel «Sozialpartnerschaft», hoher gesellschaftlicher Kohäsion und ideenpolitisch leichter (weil durch die Abgrenzung vom Nationalsozialismus und den Gegensatz zur kommunistischen Welt gestifteter) Verständigungsbereitschaft. Die «Berliner Republik» und andere europäische Gesellschaften sehen sich nun mit vielen neuen, harten Moral- und Weltbildkonflikten konfrontiert, teils infolge religiösen Wandels – insbesondere forciert durch die Einwanderung von Muslimen –, teils wegen der neuen wissenschaftsgestützten Handlungschancen (Streit um Biopolitik etc.), teils aufgrund der pluralistischen Individualisierung der Lebensentwürfe.

Über den Ort der Kirchen in der Gesellschaft und ihre Gestaltungskraft auf den europäischen Religionsmärkten tragen Religionshistoriker derzeit heftige Kontroversen aus, besonders

intensiv und produktiv in Großbritannien. In Anknüpfung an die
ältere Säkularisierungstheorie haben einige Religionssoziologen
die Prozesse der Milieuerosion in den 1960er Jahren als definitives
«Sterben» des überkommenen Kirchenchristentums gedeutet und –
so Callum Brown – plakativ in der Formel «The Death of Christian Britain» zusammengefasst.[10] Grace Davie hat dem die These
vom «Believing without Belonging» entgegengesetzt und den
Nachweis zu führen versucht, dass sehr viele Briten trotz vielfältiger Distanz zu den kirchlichen Institutionen und der Pluralisierung der religiösen Sinnmuster und Lebensstile[11] sehr stark an
überkommene christliche Symbole, Riten, Glaubensüberzeugun-
gen und «Wert»-Vorstellungen gebunden bleiben.[12] Auch seien
die Kirchen weiter sehr starke, institutionell einflussreiche Produzenten von sozialer Sicherheit und *community care*.[13]

Die – jedenfalls im Verhältnis zu anderen intermediären Organisationen – vergleichsweise hohe Stabilität der Kirchen dürfte
sich mittels des Deutungsmusters von der *vicarious institution* verständlich machen lassen. Viele Europäer legen großen Wert darauf, dass die kirchliche Institution nicht nur in den individuellen
Lebenspassagen und -krisen, etwa beim Tod naher Verwandter
oder Freunde, sondern prononciert auch in den großen Kontin-
genzkatastrophen des Gemeinwesens ihre alte Rolle präzise wahr-
nimmt, kollektiver Trauer in den althergebrachten liturgischen
Formen stilsicheren, würdevollen Ausdruck zu geben. Dazu steht
freilich im Kontrast, dass in den letzten zwanzig Jahren immer
mehr Europäer neue, alternative Formen der Bestattung den konventionellen kirchlichen Riten vorziehen und an der Bricolage
christlicher Symbolsprache mit Elementen von Popkultur und
Naturreligion Gefallen finden.[14]

Die modernitätstypische Dynamik religiöser Wandlungsprozesse zwingt gerade global aktive Religionsdienstleister zum immer
neuen, immer präziseren Nachjustieren ihrer gegenwartsdiagnostischen Deutungsmodelle und jahrhundertelang erprobten Veränderungsseismographen. In den analytisch kühlen Begriffen und
erschließungsstarken Sprachspielen der Religionsökonomie ist

nicht zuletzt ein modernisierungstheoretisches Dogma destruiert
worden: die Vorstellung, religiöse Organisationen in einer bestimmten Gesellschaft oder einem spezifisch kodierten Kultur-
raum erlitten aufgrund externer Megatrends – gerne verdächtigt
werden «Modernisierung», «Säkularisierung», «Verwissenschaftlichung», «Konsumismus», «Hedonismus» – notwendig das gleiche
Schicksal. Religiöse Akteure reagieren auf sich ändernde Rahmenbedingungen und steigende Konsumentenautonomie jedoch
höchst unterschiedlich.[15] Manche Kirchen haben auf die Traumata der – zumal im «langen» 19. Jahrhundert – krisenhaft erlittenen Durchsetzung der modernen bürgerlichen Gesellschaft bemerkenswert intelligent reagiert. Fern diffuser Konsensrhetorik
haben sie Strategiekonzepte entwickelt und umzusetzen vermocht,
die inmitten eskalierender Unübersichtlichkeit das Angebot
verlässlicher Orientierung und starker Identitätssicherung mit
werbend suggestiver Kraft präsentierten.

Ein gutes Beispiel dafür sind die Entwicklungen in der römisch-
katholischen Kirche, die präzise und klug kalkuliert einer Logik
der entschiedenen Pflege der «Sichtbarkeit» von religiösen Institutionen folgen. So galt es im ersten Konklave des 21. Jahrhunderts
nicht zuletzt, ein Signal für jene globalen Religionsmärkte zu
setzen, deren Angebotsfreiheit weiter wächst und gerade in diesem
Prozess der Komplexitätssteigerung ökonomischen Rationalitäts-
regeln unterworfen bleibt. Je vielfältiger moderne Gesellschaften
werden, desto deutlicher müssen religiöse Institutionen ihre Unterscheidbarkeit betonen. Joseph Kardinal Ratzinger war immer
ein Identitätsarbeiter und Profilschärfer par excellence, auch um
den Preis der extrem harten, diskriminierenden Abgrenzung von
Christen in anderen Konfessionen, vor allem den Protestanten.
Die römisch-katholische Weltkirche sah er in ihren pluralen reli-
giös-kulturellen Umwelten mit je eigenen Wertkonflikten konfrontiert. Gerade deshalb gab er als Papst der klaren, verbindlichen
Lehre der Kirche auch in moralischen Fragen ein so hohes Gewicht. Nur durch prägnant definierte Identität, gestützt auf einen
scharf umrissenen ekklesiologischen, kirchentheoretischen Begriff

ihrer selbst, könne die römisch-katholische Kirche verhindern, in den vielfältigen Interaktionen innerhalb divergenter Kulturen in ein Ensemble mehr oder minder katholischer «Ortskirchen» auseinanderzufallen. Die Wahl Benedikts XVI., die Wahl eines offensiven Theoretikers ökumenischer Distinktionspolitik zeigte, dass die Kardinäle die Botschaft der *religious economics* verstanden hatten. Die römische Kirche setzte 2005 auf die starke Marke prägnanter Unterscheidbarkeit und blieb mit der Wahl von Papst Franziskus 2013 unter anderen Vorzeichen bei dieser Strategie.

3. Gelebte Religion verorten

Auch das zweite hier vorzustellende Theorieangebot ist amerikanischer Provenienz: Die sogenannte Religionsgeographie versucht über ganz konkret ortsbezogene Mikroperspektiven religionsdiagnostische Gegenwartskompetenz zu schärfen und entwirft religiöse Topographien, kartiert die Versammlungsräume der Gemeinden, lässt das in jeder Stadt oder auf dem Lande verborgene religiöse Koordinatennetz der Frommen sichtbar werden. Die Organisatoren des «Pluralism-Project» um Diana Eck, Professorin für «Comparative Religion» an der Harvard University, haben auf die starke Erschließungskraft einfacher Fragen vertraut: Wer trifft sich wann zu welchen Zeiten an welchem Ort zum Zwecke religiöser Kommunikation oder Vergemeinschaftung?[16] Wo finden in einer Stadt oder Region religiöse Veranstaltungen statt? Wer sind die Anbieter und wer die Teilnehmer? Wer so fragt, entdeckt die vitale Präsenz einer zuvor kaum geahnten Göttervielfalt: Er sieht nicht mehr nur die stadtbeherrschenden Dome und christlichen Kirchen, sondern auch die Hinterhofmoscheen, die sich in aller Regel der direkten Sichtbarkeit entziehen, die alten Fabrikräume, in denen sich religiöse Gruppen treffen, und die Esoterik-Buchhandlungen mit multifunktionalen Nebenzimmern für Séancen aller Art. Inzwischen liegen erste Ergebnisse solch urbaner Religionsfeldforschung auch für deutsche Großstädte und

Regionen vor: So gibt es «Religionsführer» oder «Religionsatlan-
ten» für Berlin, Bonn, Bremen, Erlangen, Essen, Frankfurt, Freiburg, Gießen, Göttingen, Halle an der Saale, Hannover, Kiel,
Köln, Leipzig, Marburg, Nürnberg, Potsdam, Regensburg, Starn-
berg, Stuttgart, Wuppertal sowie das Rhein-Neckar-Dreieck und
das Ruhrgebiet. Teils werden nur christliche Akteure aufgeführt,
teils der Blick auf die «Neue Religiosität» konzentriert.[17] Bisweilen
sind es kommunale Behörden, in Frankfurt am Main etwa das
«Amt für multikulturelle Angelegenheiten», die solche Übersich-
ten erstellen lassen. Doch auch hoch engagierte Gläubige in «Interreligiösen Arbeitskreisen» (so in Kiel) oder Ortsgruppen der
«World Conference on Religion and Peace» (so in Regensburg)
haben die mühevolle Arbeit auf sich genommen, religiöse Vielfalt
geographisch transparent zu machen. Methodologisch besonders
überzeugend ist ein am Lehrstuhl für Religionswissenschaften der
Universität Bochum konzipiertes Projekt zur «Religiösen Vielfalt
in Nordrhein-Westfalen».[18] Hier finden sich interaktive Karten,
die die rund 7000 Religionsgemeinschaften in Nordrhein-Westfalen mit der Migrations- und Bevölkerungsdichte sowie einem
Diversitätsindex korrelieren.

Der Hamburger «Religionsatlas» von 1995 nimmt rund 600
verschiedene Religionsgemeinschaften in den Blick.[19] Doch sollte
dieser dicht bevölkerte Götterhimmel nicht als postmoderner Dif-
ferenzierungsexzess oder bloßes Beliebigkeitsphänomen einer ob-
sessiv individualitätsfixierten Gesellschaft gedeutet werden. Denn
380 dieser Hamburger Religionsgemeinschaften hatten ihre religiösen Kultorte bereits im späten 18. Jahrhundert gebaut. So groß
war allein schon in Hamburg der innerchristliche Pluralismus,
weil etwa Reformierte aus den Niederlanden auch an der Elbe
Reformierte Niederländer bleiben wollten und eine eigene Kirchengemeinde gründeten. Vermuten lässt sich also – obwohl noch
nicht zu sagen ist, als wie repräsentativ das Hamburger Beispiel
gelten kann –, dass religiöser Pluralismus keineswegs ein Spezi-
fikum des späten 20. oder frühen 21. Jahrhunderts ist. Ein viel-
stimmiges Lamento über den Verlust der religiösen Einheit Euro-

pas durchzieht zumal die gegenwartsdiagnostischen Zeitklagen der Romantik: «Es waren schöne glänzende Zeiten, wo Europa ein christliches Land war, wo Eine Christenheit diesen menschlich gestalteten Weltteil bewohnte.» Das berühmte Novalis-Zitat spiegelt den Traum von einem religiös homogenen Kontinent, definiert durch die christliche Mehrheit und eine jüdische Minderheit, wie er die Religionsgeschichte des modernen Europa als Sehnsuchtsbild lange begleitet hat. Ihre suggestive Kraft gewannen solch retrospektive Visionen vor dem Hintergrund konfliktreicher religiöser Pluralisierungsprozesse, denen die politischen Obrigkeiten in den frühmodernen Gesellschaften Europas mit immer neuen rechtsförmigen Regelungsversuchen das Eskalationspotential zu nehmen versuchten.

Die damals konzipierten Strategien staatlicher Konflikteinhegung prägen in ihrer Unterschiedlichkeit den Umgang mit religiösen Pluralitätsphänomenen – und damit europäische Lebenswirklichkeit – bis heute: Französische Regelungsmechanismen etwa sehen noch in Zeiten EU-gesteuerter Normierungsideologie völlig anders aus als die komplizierten juristischen Instrumente des deutschen Staatskirchen- oder Religionsverfassungsrechts. Auch der Blick auf die Rechtssysteme bestätigt damit einen generellen Befund: Kein anderer kultureller Sektor demonstriert Europas Vielfalt so augenfällig wie die Religion. Innerhalb der EU finden sich Gesellschaften, die das Bild religiös homogener Gemeinwesen noch bewahrt zu haben scheinen, wie das orthodoxe Griechenland oder das lutherische Schweden, neben hochgradig fragmentierten *religious landscapes* und den erodierenden Fassaden einer überkommen religiösen Einheitskultur. Noch immer sind über 80 Prozent der EU-Bürger Mitglieder einer christlichen Kirche. Doch verstellt die imposante Zahl eher den Zugang zur religiösen Gegenwartslage des Kontinents, wenn sie nicht rückgebunden wird an die konkrete Beschreibung von *sacred spaces* und deren disparater Vielgestaltigkeit. Auch wer die religiösen Mikrowelten in den Metropolen unserer Tage erkundet, sollte freilich bedenken, dass er ganz ähnlichen Spuren auch bereits einige Jahrhunderte zuvor hätte nachgehen und vergleichbare Verhaltensmuster von Minderheiten studieren können. So pflegten jüdische Gemeinden im Europa des 19. Jahrhunderts im Kontext der Assimilation einen neuen Visibilitätskult und probten ein demonstratives Besetzen des öffentlichen Raumes; Synagogenbauten in München (1826), Berlin (1866) oder Paris (1875) legten davon in aller Massivität Zeugnis ab.

Sie vergegenwärtigen aber nur die eine Seite der jüdischen Minderheitenreligion: Viel signifikanter war eine andere Entwicklung, die man gut am Synagogenbau in Deutschland aufzeigen kann: In der zweiten Hälfte des 19. Jahrhunderts entstanden, jedenfalls in Berlin, vor allem sehr kleine Synagogen, gut geschützt vor der Wahrnehmung durch die mehr oder minder christliche Mehrheitsgesellschaft – und, wie Harold Hammer-Schenk nachweisen konnte, ausnahmslos Versammlungsorte der Orthodoxen.[20] Mit diesem Befund allerdings sind die Deutungsprobleme vielschichtiger Koexistenzkonstellationen noch keineswegs gelöst. Griffige Formeln wie «orthodox», «fundamentalistisch» oder «neoorthodox» kaschieren lediglich die Irritationen, die diese Formen spezifisch religiöser Vergemeinschaftung dem europäischen Bürger als Erben der Aufklärung immer noch und immer heftiger bereiten.

4. Rechtskulturen unterscheiden

Die zahllosen Fehlprognosen, die Sozialwissenschaftler, akademische Religionsexperten, Theologen und auch Kirchenvertreter gerade in der zweiten Hälfte des 20. Jahrhunderts im Bann teleologischer Deutungsmuster – Stichwort: Religionsschwund, Säkularisierung – immer wieder formuliert haben, legen in Sachen religionsdiagnostischer Vergangenheitsschau selbstkritische Bescheidenheit und Skepsis nahe. Schon über die hochkomplexen, vielfältig differenzierten und fragmentierten Religionslandschaften der heutigen Bundesrepublik und anderer europäischer Gesellschaften wissen wir nur irritierend wenig (Beispiele: ganz ferne, fremde kleine Lebenswelten mitten in unserer Gesellschaft; extrem hohe religionskulturelle und moralische Vielfalt in den traditionellen religiösen Großorganisationen, den Kirchen; neue wertkonservativ antiliberale Formen des Christentums; religiöse Bricolage-Prozesse etc.). Doch wie lässt sich verlässliches religionshistorisches Wissen gewinnen, wenn wir die gegenwärtige religiöse Topographie des eigenen Landes wie anderer europäischer Staaten nur vage und oberflächlich kennen?

Die deutsche Gesellschaft ist deutlich religionsblinder als andere europäische Gesellschaften (und erst recht die USA); sie hat nur vergleichsweise geringe religionsdiagnostische Selbstbeobachtungskompetenzen ausgebildet. Wir benötigen vergleichende Studien zum religionsbezogenen Verfassungsrecht bzw. staatlichen Religionsrecht, in der überkommenen deutschen Rechtssprache: zum Staatskirchenrecht. Hier lauten entscheidende Fragen: Verstärkt staatliches Recht Religionskonflikte, etwa durch langfristig dysfunktionale Privilegierung bestimmter religiöser Akteure? Behindert es durch Überreglementierung, Kartellstrukturen und mangelnde Pluralitätsoffenheit den Zugang neuer Akteure zum Religionsmarkt und trägt so zur Exklusion und Diskriminierung von Minderheiten bei? Wie sind die Beziehungen zwischen Staat und Religionsparteien bzw. -gemeinschaften geregelt? Werden kooperative Strukturen institutionalisiert oder aber strikte Trennungen durchgeführt? Werden schließlich bestimmte Religionsgemeinschaften gegenüber anderen aus historischen Gründen privilegiert?

Besonders dringend ist der Forschungsbedarf in einem Spannungsfeld, dessen Topographie rechtsförmig konstituiert ist und das in den letzten zwanzig Jahren in allen europäischen Gesellschaften an zum Teil dramatischer Virulenz gewonnen hat: dem religionsbezogenen Verfassungsrecht. Mediale Allgegenwärtigkeit hat die Thematik dank vieler kleiner juristischer Religionskonflikte gewonnen, deren periodisches Aufflackern und vorläufiges Verglimmen das in ihnen verborgene Flächenbrandpotential zumindest anzudeuten vermochte – vom Streit um das Kreuz in bayerischen Klassenzimmern und das Kopftuch muslimischer Schülerinnen in Frankreich, über den umstrittenen christlichen Religionsunterricht in den Primarschulen des Kantons Zürich (und anderer Schweizer Kantone) und den kontrovers diskutierten Status einer Körperschaft des öffentlichen Rechts für die Zeugen Jehovas, bis hin zur Frage der Sonntagsheiligung und dem von vielen glaubensstrengen Muslimen überall in Europa hart bekämpften staatlichen Zwang zur Teilnahme junger Muslima am Sexualkunde- oder Schwimmunterricht in öffentlichen Schulen. Im Europa des ausgehenden 20. Jahrhunderts wurden vor staatlichen Gerichten wieder zahllose Prozesse um Blasphemie, Gotteslästerung und religiöse Diskriminierung geführt.[21] So zeigt sich: Mehr religiöse Verschiedenheit bedeutet in aller Regel mehr Dissens und Konflikt. Genau deshalb begannen das britische Unterhaus und das House of Lords 2003 beispielsweise mit Beratungen über ein neues Religionsgesetz, mit dessen Hilfe der Schutz des Glaubens anderer gestärkt, also neue Grenzen von heiligem Tabu und säkularer Individualitätsgarantie markiert werden sollen. Nach langen harten Kontroversen verabschiedete das House of Parliament 2006 den sogenannten Racial and Religious Hatred Act, mit dem verboten wird, von einer Person oder einer Gruppe von Menschen aufgrund ihres religiösen Glaubens «inciting hatred» zu sprechen.

Die Religions- und speziell Christentumsgeschichten des 20. und 21. Jahrhunderts sind auch als Rechtsgeschichten zu schreiben. Auf die frühneuzeitlichen Prozesse der konfessionellen Pluralisierung des Christentums hatten die europäischen Länder um der Sicherung des inneren Friedens willen mit höchst unterschiedlichen rechtlichen Systemen der Regulierung religiöser Vielfalt reagiert, und bis heute unterscheiden sich die Mitgliedsstaaten der EU wohl auf keinem Rechtsgebiet so stark wie im religionsbezogenen Verfassungsrecht.[22] Der neue religiöse Pluralismus hat zumal mit Blick auf muslimische Minderheiten, neue «Jugendreligionen» oder «Jugendsekten», «Gewaltsekten», «Scientology» und überhaupt «neue religiöse Bewegungen» zahlreiche langwierige juristische Konflikte um «Religionsfreiheit» und das Recht staatlicher Instanzen zur intensiven Beobachtung, Kontrolle und auch Unterdrückung neureligiöser Gruppen mit sich gebracht.[23] Im Medium des Rechts spiegelt sich die mit Multireligiosität verbundene Konfliktdynamik nicht zuletzt deshalb besonders prägnant, weil juristische Auseinandersetzungen auch dank reich orchestrierter medialer Verstärkung häufig mobilisierend wirken.[24]

5. Theologiegeschichten interpretieren

Ein schärferer Blick für den Gestaltwandel von Religion in den europäischen Gesellschaften des 20. und 21. Jahrhunderts setzt ein präziseres Beobachten der professionellen Religionsbeobachter voraus: Auch die Geschichten der akademischen Theologie sind seit dem späten 18. und frühen 19. Jahrhundert durch starke Pluralisierung geprägt. Wissenschaftliche Theologie stellt eine Reflexionsinstanz des «religiösen Systems» einer Gesellschaft dar, in der funktionsrelevantes Professionswissen für Klerikereliten und insoweit Steuerungswissen für die religiösen Institutionen produziert werden soll. Traditionale Rollenkonzepte, nach denen der Theologe rein die Kirchenlehre zur Darstellung bringen soll, wurden seit dem späten 18. Jahrhundert zunehmend durch «positionelle Theologien»[25] (Dietrich Rössler) abgelöst. In ihnen bringt der individuelle Theologe seine religiöse Subjektivität zur Darstellung – dies das Selbstverständnis der «Liberalen Theologie» – oder legt traditionelle Symbol- und Lehrbestände neu aus, um starke Identität gegenüber der als a- oder antichristlich perhorreszierten Moderne zu behaupten – so das Programm vieler konservativer oder modern-antimoderner neoorthodoxer Theologien. Auch die diversen theologischen Konservatismen sind aber, wie vor allem mit Blick auf die anglikanischen High-Church-Theologen des 19. und frühen 20. Jahrhunderts gezeigt wurde,[26] strukturell moderne Entwürfe, weil auch hier religiöse Symbolbestände von der Glaubens-

subjektivität her entworfen oder funktional für eine christliche
Kontrastgesellschaft gedeutet wurden. Die Modernisierung theologischer Reflexion spiegelt sich auch begriffshistorisch, werden
seit der ersten religionssemantisch modernen «Sattelzeit» um 1800
von Theologen und Religionsphilosophen doch zahlreiche Neo-
logismen in Umlauf gebracht, überkommene Begriffe mit neuem
Gehalt gefüllt, statische Semantiken temporalisiert und alte Natur-
rechtskonzepte politisiert. Auch prägten Theologen mit hoher In-
novationskraft theologische Partei- und Kampfbegriffe wie «liberale Theologie», «moderne Theologie», «Restaurationstheologie»,
«Revolutionstheologie», «Bürgertheologie», «Kulturtheologie»,
«Kirchentheologie», «Staatstheologie», «Sozialtheologie», «Partei-
theologie» und «Ordnungstheologie», um nur einige besonders
verbreitete Rubrizierungsformeln zu nennen. Analog zu Rechts-
wissenschaft und Medizin, die mit Blick auf die berufsbezogene
Praxiskompetenz von Juristen und Medizinern Wissensbestände
unterschiedlicher Disziplinen integrieren, gilt Theologie als eine
«positive Wissenschaft», die über rein wissenschaftliche (Selbst-)
Reflexion des Glaubens hinaus das Professionswissen für Pfarrer
und Religionspädagogen erzeugen soll. Spätestens hier, im Hin-
blick auf Klerikereliten, Pfarrer und Religionslehrer, wird das
hohe Gewicht der Theologiegeschichten für eine Religionsgeschichte Europas im 20. und 21. Jahrhundert deutlich. Es ist im
Einzelnen eine methodisch höchst anspruchsvolle Aufgabe, den
Einfluss theologischer Programme auf die Verkündigungspraxis,
Moralpolitik oder politische Position einer Kirche zu bestimmen.
Doch mit Blick auf die Kirche als einer sehr wichtigen – in vielen
europäischen Gesellschaften: der wichtigsten – Moralagentur versuchen viele Theologen ihre Professionsprogramme und ethischen
Konzepte durch «Kirchenpolitik» – dies ist ein bereits aus dem
beginnenden 19. Jahrhundert stammender Begriff, der vor allem
in der Zwischenkriegszeit von Theologen vielfältig in Anspruch
genommen wurde – zunächst in ihrer jeweiligen Kirche und durch
diese vermittelt, gleichsam über die Kirche als Transmissionsins-
tanz, in der Gesellschaft insgesamt durchzusetzen. Auch betreten

Theologen, wie andere verbeamtete Kulturdeuter und Intellektuelle, im 20. Jahrhundert verstärkt neue Medienbühnen, indem
sie für Kulturjournale, die Feuilletons großer Tages- und Wochen-
zeitungen schreiben, ihre Glaubenssicht für ein breites Lesepub-
likum popularisieren oder bei Vortragsreisen, im Rundfunk und
im Fernsehen Personalgemeinden um sich scharen. Rezeptions-
und Wirkungsgeschichten theologischer Ideen sind bisher kaum
geschrieben, und es fehlen Untersuchungen zu den Konjunktur-
schwankungen sowohl auf den akademisch-theologischen als auch
den populärtheologischen literarischen Märkten. Viele Indikatoren sprechen jedoch für die Hypothese, dass im Medium der
theologischen Debatten religiöse Pluralisierungstendenzen noch
einmal massiv verstärkt wurden.

Die Diskursfelder der Theologie in modernen Gesellschaften
haben unscharfe, fließende Grenzen und können in die politischen, ökonomischen oder wissenschaftlichen Felder ausgreifen.
Diese expansive Tendenz lässt sich exemplarisch in begriffshistorischen Perspektiven verdeutlichen: Zahlreiche neue, erst
im 19. und 20. Jahrhundert geprägte Komposita des Religions-
begriffs wie «Kunstreligion», «Bildungsreligion», «Wissenschafts-
religion», «Sportreligion», «Marktreligion», «Herrschaftsreligion»
und «Ersatz-», «Säkular-» oder «Parareligion» spiegeln das Interesse, neue Formen religiöser Sinndeutung zu erfassen. Analoges
gilt etwa auch mit Blick auf Zeitwahrnehmung und Eschatologie, hinsichtlich des Weltanschauungsbegriffs, der seit der
Mitte des 19. Jahrhunderts aus einstmals engen philosophischen
Kontexten (vor allem bei Kant und den Kantianern) in die All-
tagssprachen auswandert, oder für Begriffe wie «Sinndeutung»,
«Sinnsuche», «Lebenssinn», «Sinnstiftung» und «Sinnbildung».

Zahlreiche religiöse Konflikte des 19. und 20. Jahrhunderts
spiegeln einen tiefgreifenden Dissens darüber, ob um der überlieferten Glaubenswahrheit willen die Kirche oder Synagogenge-
meinde die Emigration aus der bürgerlich-säkularen Gesellschaft
antreten und eine antimoderne Kontrastgesellschaft bilden müsse.
Erst nach den traumatisierenden Erfahrungen mit den modern-

antimodernen Totalitarismen des 20. Jahrhunderts und dank konfliktreicher Selbstreflexion auf ihre eigenen tiefen Ambivalenzen im Verhältnis zur Neuzeit waren die christlichen Kirchen und die jüdischen Gemeinschaften seit dem Ende des Zweiten Weltkriegs in Westeuropa allmählich bereit, sich auch als normative Stützen der auf vorstaatlichen individuellen Menschenrechten, also emphatischer Autonomie des Individuums basierenden parlamentarischen Demokratie zu verstehen. Solche Entwicklungen bzw. Umstellungen lassen die sehr hohe Anpassungselastizität religiöser Institutionen und das extrem breite Deutungsspektrum religiöser Symbolsprachen erkennen. Für die Erforschung der Dynamik religiösen Wandels in der Moderne eröffnet sich hier ein intellektuell faszinierendes Forschungsfeld, das bisher kaum betreten wurde: Wie revidieren religiöse Institutionen durch theologische Reflexion ihre überlieferten Weltsichten und Kulturdeutungen? Wie lesen sie alte Texte neu, um geänderten Reflexionsbedingungen Rechnung zu tragen? Wie wird der ideale Bildungskanon der Kleriker definiert, und welche Veränderungen lassen sich hier beobachten?

Der permanente Kampf konkurrierender theologischer Schulen wird durch generationelle Traditionsbrüche, avantgardistische Revolten und religiöse Denkrevolutionen verschärft. Der schnelle theologische Sprachwandel war seit 1800 stets eng verknüpft mit der modernitätsspezifischen Dynamisierung von Generationskonflikten: Immer neu wollten Jüngere die als antiquiert geschmähten theologischen Entwürfe der älteren Generation(en) durch eine ihrer subjektiven Generationserfahrung entsprechende modernere Theologie überwinden. Zugleich aber sollten und wollten in Universitäten oder Kirchlichen Hochschulen lehrende christliche Theologen den Kirchen dogmatisches, normatives Orientierungswissen zur Steuerung der kirchlichen Institution liefern. Theologische Entwürfe drohen immer schneller zu veralten. Mit dieser modernitätsspezifischen Beschleunigung ihrer eigenen Geltungsdauer tragen die Theologien zur internen Pluralisierung religiöser Gemeinschaften bei.

Der fachtheologische Diskurs vollzog sich teils in gegenüber «der modernen Welt» abgeschotteten diskursiven Eigenwelten bzw. klerikal geschützten Reflexionsghettos, teils in sehr engem gegenwartssensiblen Austausch mit den vielfältigen Denkbewegungen der Zeit. In ihren methodologischen Dauerdebatten und vielfältigen Auseinandersetzungen um die Rolle des Faches in Universität, Kirche und Gesellschaft führten die Theologen verschlüsselt einen Moderne-Diskurs eigener Art: Sofern sie sich viel stärker als andere Kulturwissenschaftler zu Hütern der normativen Religions- oder Wertesubstanz Europas stilisierten und das identitätskonstitutive religiöse Langzeitgedächtnis des Kontinents zu ordnen beanspruchten, lassen sich ihre professionsspezifischen Deutungskämpfe um Religionsbegriff, Glaubenslehren, Kirchenverständnis, Auslegung der Heiligen Schriften und kirchlichen Bekenntnisse, Christentumsgeschichtsbilder und Moralkonzepte im Kern als gegenwartsbezogene Kulturdebatten lesen, als Auseinandersetzungen um die Frage nach dem Verhältnis von Christentum und Moderne oder den Ort der Kirche(n) innerhalb einer antagonistischen, durch vielfältige heterogene Kräfte geprägten pluralistischen Kultur. Dieser fundamentale Moderne-Bezug theologischer Reflexion lässt sich an vielen harten Kontroversen innerhalb der konfessionellen Theologien des 20. Jahrhunderts verdeutlichen: Sie betrafen beispielsweise die Spannungen zwischen autonomer Ethik einerseits und sogenannter Theonomie andererseits, das Recht historischer Kritik, religionsgeschichtlicher Kontextualisierung – also Relativierung – und «Entmythologisierung» der biblischen Schriften, das Verhältnis von frommem Individuum und kirchlicher Institution, die kognitiven Spannungen zwischen Theologie und Naturwissenschaften, die der christlichen Sozialethik entsprechenden «Wohlordnungen» des Zusammenlebens, die Begründung der Demokratie und Fragen der Religionsfreiheit sowie seit den späten 1950er Jahren und verstärkt 1960er Jahren auch die Menschenrechte. Als Deutungsexperten für Gott und Glaube verstanden Theologen sich zugleich als Spezialisten für die wahre

Substanz der Kultur, so dass sie ihre Erlösungshoffnungen in religiös fundierten Sozialutopien konkretisierten und im engen Austausch mit Kultur- und Sozialwissenschaftlern anderer Disziplinen ideale Ordnungen des Gemeinwesens entwarfen. Mit hoch moralisiertem sozialpolitischem Ordnungspathos propagierten sie neue antiindividualistische Vergemeinschaftungs- und Integrationsideologien, suchten «dritte Wege» jenseits von klassenkämpferisch marxistischem Sozialismus und liberalkapitalistischer Konkurrenzökonomie, setzten auf Politisierung von Glaubenssymbolen zugunsten starker Autorität und Verbindlichkeit stiftender «Politischer Theologie» – keineswegs nur in der Zwischenkriegszeit, sondern auch in den 1960er und 1970er Jahren! – und suchten ihre vielfältigen sozialpolitischen Interventionen zu rechtfertigen, indem sie für «die Kirche», das heißt insbesondere auch für sich selbst, ein «prophetisches Wächteramt» gegenüber der Gesellschaft reklamierten.

Die Erlösungshoffnungen der Religionsintellektuellen, die Sozialordnungsdiskurse der akademischen Theologen und ihre Debatten über das Verhältnis von Kirche, Staat und Gesellschaft sind demnach einzuzeichnen in die Intellektuellen- und Wissenschaftsgeschichten des «Jahrhunderts der Extreme» (Eric Hobsbawm). Zwar haben sich in den letzten Jahren viele Historiker nach *linguistic* und *cultural turn* intensiv um «weiche» Elemente des Religiösen, um die Bibelverse im Herzen und das Amulett im Küchenschrank, gekümmert. Die pathetisch demonstrative Abkehr von einer «harten» Sozial- und Gesellschaftsgeschichte hat aber zugleich dazu geführt, dass nur noch wenig über elementare Fundamente und Rahmenbedingungen organisierter Religion nachgedacht wurde. Wirkliche Erkenntnisfortschritte werden sich nur dann einstellen, wenn es gelingt, hier falsche Alternativen zu überwinden. Die präzisere Erforschung der ökonomischen Grundlagen religiöser Organisationen – etwa die Analyse unterschiedlicher europäischer Finanzierungssysteme oder der Sozialökonomie kirchennaher Vielzweckdienstleister wie Caritas und Diakonie – und die klassische Sozialgeschichte kirchlicher Berufe sind nicht weniger wichtig als die methodisch behutsame Ausleuchtung noch der entlegensten frommen Seelenwinkel.

6. Bildwelten entschlüsseln

Religiöse Deutungskulturen sind weder essentialistische Einheiten noch substantielle Gegebenheiten, die als mehr oder minder autark vorgestellt werden könnten. Sie existieren nur in permanenten Prozessen der aktualisierenden Auslegung überlieferter Mythen, Zeichen, Riten und Sinnwelten. Religiöse Symbolsprachen bilden extrem interpretationsoffene, variationsreiche kulturelle Deutungssysteme und entziehen sich schon deswegen jeder reifizierenden Festlegung, weil die Akteure der religiösen Sinnwelten in aller Regel fiktionale Akteure sind. Den Heiligen Geist oder den auferstandenen Herrn hat niemand von uns gesehen. Fiktive Handlungssubjekte aber lassen sich auf Realakteure nie eindeutig, sondern stets nur im Modus der arbiträren Auswahlentscheidung unter einer Fülle von Optionen beziehen. Das Wort «Gott» mit dem Begriff der «Nation» gleichzuschalten oder die Transzendenzchiffre «Heiliger Geist» mit einer bestimmten kirchlichen Institution, etwa dem Papsttum, erzeugt politische oder religiöse Macht allein dadurch, dass die Autorität Gottes für eine weltliche oder kirchliche Institution in Anspruch genommen wird.

Höchst unterschiedliche Akteure können sich überkommene religiöse Symbole aneignen, um so etwas wie gruppenspezifische kollektive Identität zu formulieren, bestimmte Gruppengefühle zu sakralisieren. Ein Zentralsymbol wie «der eine Gott» kann universalistisch die Würde jedes Menschen als eines Ebenbildes Gottes garantieren, aber auch partikularistisch etwa zugunsten jener nationalistischen Ethno-Religionen ausgelegt werden, die in vielerlei Spielarten gegenwärtig höchst erfolgreich daran arbeiten, das trügerische Bild Europas als eines säkularisierten Kontinents augenfällig zu revidieren.

Religiöse Deutungskulturen entwickeln sich jeweils im komplexen, historisch kontingenten Zusammenspiel von genuin religiösen Elementen und vielfältigen anderen Faktoren: politischen Herrschaftsstrukturen, sozialen Interessen, ökologischen Entwicklungen, Bildungsprozessen. Je intensiver wir solche komplexen Bildwelten des Glaubens erforschen, desto deutlicher sehen wir, in welch starkem Maße die Grenzen zwischen den Symbolwelten ganz unterschiedlicher Religionen durchlässig waren, wie also beispielsweise jüdische Symbole durch nachgerade osmotischen Ideentransfer in christliche und muslimische Kontexte Eingang fanden. Evangelikale Christen reisen zum Laubhüttenfest nach Jerusalem, und Tag für Tag kommen 3000 Muslime in die Kirche des Sankt Anton in Istanbul, um hier Kerzen anzuzünden und zu beten. Ein besonders prägnantes Beispiel für derartige Übertragungsprozesse liefert eine vieldiskutierte Schweizer Religionserhebung aus dem letzten Viertel des 20. Jahrhunderts:[27] Seit den 1970er Jahren nimmt die Zahl derjenigen Schweizer Katholikinnen, die als Katholikinnen an die Reinkarnation glauben, dramatisch zu und lag bereits bei 42 Prozent. Die Zuwachsraten sind kontinuierlich hoch, ohne dass gelehrte Theologen erklären könnten, wie sich in eine klassisch katholische Eschatologie der Reinkarnationsglaube integrieren ließe.

Derartige Bricolage-Prozesse, die je nach individuellem Basteltalent grobschlächtig oder hochvirtuos gestaltet werden können, führen allerdings auch zu paradox wirkenden Spiegeleffekten: Je durchlässiger die Grenzen zwischen unterschiedlichen Religionen mit Blick auf sinnhafte Symbole, theologische Ideen, lebensbestimmende Kulte sind, desto heftiger entsteht erneut das Bedürfnis nach scharf markierter Distinktion und harter Exklusionspraxis.[28] Wenn Berührung mit Anderem, Rezeption von Fremdem und unübersichtliche Transaktionsprozesse zu tendenzieller Entgrenzung führen, wenn dadurch die innere Konsistenz des eigenen Symbolsystems bedroht wird, dann braucht man neue Identitätskonstruktion durch Ausschluss und Abgrenzung.

Offenkundig sind in der neueren nordamerikanischen Religionsgeschichte diese Exklusions- und Inklusionsprozesse nach einem ganz anderen Muster organisiert worden als in Europa. In den USA ist es viel selbstverständlicher, religiöse Organisationen nach nichtreligiösen Organisationskriterien zu bilden. In New York, Los Angeles oder San Francisco etwa besteht lange schon ein reich differenziertes Angebot von christlichen Kirchen für spezifische soziale Gruppen, für schwarze Homosexuelle ebenso wie für alle nur denkbaren ethnischen Gemeinschaften. Immer neue Sezessionsprozesse sind möglicherweise gerade ein Zeichen für die hohe Produktivität, für die Evolutionsdynamik dieses religionskulturellen Systems, weil jede neue Abspaltung ja behauptet, dass sie allein überkommene religiöse Sprach- und Bilderwelten konkret und gruppenspezifisch zu transformieren und adäquat zu deuten vermag. Ich nenne dieses System «pluralen Monotheismus». Alle glauben an einen Gott, aber jeder glaubt an seinen eigenen Gott. Amerikanische Religion agiert zumeist sehr viel näher an den Menschen als die meisten europäischen Volkskirchen, die mit solchen Spezifizierungsleistungen religiöser Symbolsysteme erhebliche Schwierigkeiten haben, weil sie sehr viele unterschiedliche Bedürfnisse gleichzeitig befriedigen müssen.

7. *Gendering Religion*

In den sozial- und kulturwissenschaftlichen Debatten der letzten vierzig Jahre ist zunehmend das hohe Gewicht des Themas «Gender» für die Erschließung der Religionsgeschichten der Menschheit, speziell der Religionsgeschichten in der Moderne seit 1800, deutlich geworden. Nicht nur spielen in den Heiligen Texten vieler Religionsgemeinschaften Bilder der Beziehungen von Mann und Frau bzw. Modelle der Geschlechterordnung eine zentrale Rolle. Vielmehr hat sich auch gezeigt, dass die einst – und in vielen Gesellschaften immer noch – von Männern dominierten akademischen Institutionen gerade mit Blick auf Religion einen starken Androzentrismus beförderten – obwohl seit 1800 in Europa und Nordamerika Frauen zumeist sehr viel stärker religiös aktiv waren als Männer. Gelehrte Vertreterinnen der feministischen Emanzipationsbewegungen mit ihrem berechtigten Kampf für eine nicht bloß rechtliche, sondern gesellschaftlich umfassende Gleichberechtigung der Frauen und auch die Akteure der Emanzipation von männlichen Homosexuellen, lesbischen Frauen und überhaupt «Queers» haben seit den 1970er Jahren immer wieder auf die sogenannte «gender blindness» bei den großen Klassikern der Religionswissenschaft und in anderen religionsdeutenden Disziplinen, insbesondere der «akademischen Theologie», hingewiesen. Zugleich wurden verdrängte Klassikerinnen der Religionswissenschaften wiederentdeckt, etwa die englische Altertumsforscherin Jane Ellen Harrison (1850–1928), eine Aktivistin der Frauenbewegung um 1900, die in Fortschreibung von Johann Jakob Bachofens Studien über *Das Mutterrecht. Eine Untersuchung über die Gynaikokratie der alten Welt nach ihrer religiösen und rechtlichen Natur* aus dem Jahr 1861 bedeutende Bücher zur antiken griechischen Religionskultur wie zum Beispiel *Themis. A Study of the Social Origins of Greek Religion* (1912 und 1927) vorgelegt hatte – mit der These, dass es vor der patriarchalischen Religion der vielen miteinander kämpfenden männlichen Götter eine viel stärker von weiblichen Göttern geprägte Ursprungsphase griechischer Religion gegeben habe.

Bei «Gendering Religion» geht es keineswegs nur um die Erschließung neuer Themenfelder, also eine religionsbezogene Frauenforschung, die etwa nach den historischen Rollen von Frauen in religiösen Gemeinschaften, ihrem Glaubensleben und ihren religiös codierten Alltagspraktiken fragt. Auch soll es nicht nur darum gehen, die Heiligen Texte, Bekenntnisschriften, großen theologischen Systembauwerke und ethischen Katechismen der Religionsgemeinschaften mit Blick auf die Frage neu und kritisch zu lesen, was hier jeweils über die Besonderheit des Mannes im Unterschied zur Frau, das genuin Weibliche, das rechte Verhältnis der Geschlechter und auch die Familie gesagt wird. Buddha, Jesus von Nazareth und der Prophet waren Männer, aber sie hatten viele Frauen an ihrer Seite. Was trugen diese Frauen zur Durchsetzung

des jeweiligen Glaubens bei? So wird inzwischen von Religionswissenschaftlern wie vor allem auch Religionswissenschaftlerin-
nen häufig gefragt.

Aber «Gendering Religion» erschöpft sich nicht im Formulieren neuer Fragen. Viel wichtiger ist ein grundlegender epistemo-
logischer Effekt in der Überwindung der bisher androzentrischen,
oft patriarchalisch geprägten Forschungspraxis: Durch «Gendering Religion» sollen die in der etablierten Religionsforschung
herrschenden Vorstellungen vom *homo religiosus* problematisiert
und daraufhin geprüft werden, inwieweit sie de facto nur vom *vir
religiosus* sprachen. Feministisch inspirierte Kritik der üblichen
Religionswissenschaften behauptet: Wo vom Menschen geredet
wurde, sprachen Männer nur vom Mann, also von sich selbst,
ohne auch nur nach möglicherweise ganz anderen Lebensent-
würfen, Erfahrungen, Gottesbildern und Glaubenspraktiken von
Frauen zu fragen. Statt der Rede vom *homo religiosus* sei es geboten, neben dem *vir religiosus* auch die *femina religiosa* in den
Blick zu nehmen.[29]

Viele religiöse Traditionen der Menschheit seien von patriarchalischen Strukturen geprägt, also von Sozialstrukturen, die pat-
rilineare Familienformen, Vorherrschaft des Mannes über die Frau
nicht nur im öffentlichen Raum, sondern auch im Familienleben
sowie die Prädominanz von Männern in religiösen Institutionen
bzw. Organisationen legitimierten und stärkten. Die in den USA
lehrende Religionswissenschaftlerin Katherine Young hat für
Genderfragen eine eigene Klassifikation von Religionen bzw. Re-
ligionsfamilien entwickelt. Sogenannte *ethnic religions* wie Hinduismus, Konfuzianismus und Judentum seien sehr stark von Leit-
bildern männlicher Herrschaft und Überlegenheit über die Frau
geprägt. Weil Mütter für die Bewahrung der ethnischen Identität
bzw. für das Überleben des «Volkes» wichtiger als Männer seien,
sei durch Religion eine starke Sozialkontrolle über die Frauen gesichert worden: etwa durch Empfehlungen zur Jungfräulichkeit
oder harte körperliche Strafen im Falle von Ehebruch. Eine ganz
strenge männliche Kontrolle über die Frau in allen Phasen ihres

Lebens durch den Vater, dann den Ehemann und später auch den Sohn bzw. die Söhne habe die klare Reinheit der Abstammung gesichert. Auch seien im Hinduismus, Konfuzianismus und Judentum die Aktionsräume der Frauen primär auf Heim und Haushalt beschränkt worden. Demgegenüber hätten in Religionen mit einem universalistischen Anspruch, also im Christentum, Buddhismus und Islam, Frauen auch jenseits der Familie wirken können, etwa in religiösen Bewegungen. Gerade der Islam habe bald jedoch ganz starke Unterscheidungen zwischen der legitimen Rolle des Mannes und der Rolle der Frau entwickelt. Im Christentum hingegen konnten Frauen ihre eigenen Orden und Klöster gründen, auch wenn sich in der Kirche als Institution Vorstellungen männlicher Dominanz, vor allem mit Blick auf geistliche Ämter, durchsetzten. Erst infolge der konfessionellen Pluralisierung des lateinischen Christentums durch die reformatorischen Bewegungen des 16. Jahrhunderts seien dann Formen kirchlichen Christentums entstanden, in denen die biblisch behauptete Gleichheit von Mann und Frau vor Gott auch dadurch ernst genommen worden sei, dass Frauen zu Pfarrerinnen ordiniert und für kirchliche Leitungsämter ausgebildet wurden. Für die frauenfreundlichsten Religionen hält Katherine Young Tantra und Taoismus – hier sei das gesamte Symbolsystem sehr stark durch eine genuin weibliche Symbolsprache geprägt.[30]

Man mag diesen Versuch einer religionsvergleichenden Klassifikation für allzu undifferenziert und essentialistisch halten. Aber die Frage danach, wie in religiösen Bildwelten, Symbolsprachen, Riten und Zeitordnungen das Verhältnis der Geschlechter entworfen und der Ort der Frau in der Gesellschaft konstruiert wird, ist von wirklich grundlegender Bedeutung. Warum wurde Gott in den jüdischen wie christlichen Überlieferungen als «allmächtiger Vater», also als ein unüberbietbar starker Mann imaginiert und angerufen? Weshalb wird im Koran behauptet, dass der Mann der Frau überlegen sei und sie ihm deshalb zu gehorchen habe? Wie erklärt es sich, dass in den buddhistischen Traditionen selbst die spirituell vollkommenste Nonne einem geistlich sehr viel ärmeren

Mönch subordiniert wird? Warum dürfen in der römisch-katholischen Kirche Frauen nicht zu Priesterinnen geweiht werden? Weshalb gibt es unter den Heiligen der römisch-katholischen Kirche sehr viel mehr Männer als Frauen? Warum finden sich im Paradies des Amida-Buddhismus überhaupt keine Frauen? Dies sind Fragen, die schon deshalb zu stellen sind, weil sie ganz neue Perspektiven zur Deutung von Religionsgeschichten und speziell der Religionsgeschichten der Moderne und der religiösen Konflikte der Gegenwart eröffnen. Denn in religiösen Überlieferungen geht es immer auch um Macht und legitime Ordnung, und deshalb ist es wichtig zu wissen, wie in religiösen Überlieferungen Frauen gesehen und ihr Ort im Gemeinwesen definiert wird – das hat ja, wenn denn Religion Lebensführung (mit-)formt, Auswirkungen auf die Überlieferungen von Gender-Mustern und die Sozialisationsprozesse junger Männer wie Frauen. Oft glauben Frauen nicht nur Anderes als Männer, sondern sie glauben auch auf ganz andere, ihre eigene Art.

Sehr häufig orientieren sich Frauen in ihrem Glaubensleben an weiblichen Heiligen und Mystikerinnen und gewinnen dadurch eine starke Identität oder die Kraft zu autonomer Lebensführung. Gerade wo es um religiöse Erfahrungen geht, ist *gender* eine wichtige analytische Kategorie. So hat die 2012 in den Orden Pour le Mérite gewählte New Yorker Mediävistin Carolyn Walker Bynum in einem wunderschönen Buch über *Fragmentation and Redemption. Essays on Gender and the Human Body in Medieval Religion* 1991 gezeigt, dass sich im europäischen Mittelalter Mystikerinnen von Mystikern vor allem dadurch unterschieden, dass sie ihren Körper bzw. die von ihnen wahrgenommenen physiologischen Prozesse, etwa die Menstruation, zum Ausgangspunkt genuin religiöser Erfahrungen machten.

Damit kommt ein Thema in den Blick, das früher zumeist nur von Anthropologen und einigen Ritualforschern bearbeitet wurde: Religion und Körper. In religiösen Überlieferungen werden nicht nur Ordnungen des Geschlechterverhältnisses entworfen und tradiert, sondern auch ganz unterschiedliche Bilder des Körpers und des Umgangs mit der eigenen Körperlichkeit. In manchen Religionen wird Achtsamkeit auf den eigenen Körper geboten und die Selbstverantwortung des höchsten Geschöpfs für Gesundheit und ein Leben in körperlicher Reinheit eingeklagt. In anderen christlichen wie islamischen Überlieferungen galten hingegen der Verzicht darauf, sich zu waschen und die Haare zu schneiden, als ein Zeichen besonderer Heiligkeit religiöser Virtuosen. Und in vielen religiösen Überlieferungen spielen Vorstellungen von selbst bereiteter körperlicher Qual und Züchtigung – etwa durch Selbstgeißelung bzw. Sich-selbst-Auspeitschen – eine wichtige Rolle. Im Gedenkmonat Muharam, der den Schiiten zur Erinnerung an den Sieg der Sunniten über Hussein, den Führer der Schiiten, bei Kerbela dient, fügen sich junge Männer in den Städten Iraks, vor allem in Najat und im nahen Kerbela, mit Eisenketten, Messern, Dolchen und Scherben tiefe blutige Wunden zu – eine *Imitatio passionis Husseini*, die in vielen Zügen an christliche Passionsspiele erinnert. Auch um solche bis heute praktizierten religiös motivierten Selbstverletzungen verstehen zu können, bedarf es des *gendering* in der Religionsforschung.

Dies gilt auch mit Blick auf Religionsgewalt und hier speziell Selbstmordattentäter. Töteten sich seit den 1990er Jahren zunächst nur jüngere Männer mit einer Bombe, um dabei möglichst viele andere mit in den Tod zu reißen und für die eigene «heilige» Sache zu werben, so haben in den letzten Jahren vermehrt auch Selbstmordattentäterinnen Andersdenkende und -gläubige in den Tod gerissen. Auch junge Frauen töten nun sich und zugleich andere, um auf Unterdrückung aufmerksam zu machen, gegen als ungerecht erlittene Verhältnisse zu protestieren und ihren Glauben zu bezeugen. Inwieweit sie sich in ihren Motiven und in ihrer Tatbereitschaft von jungen Selbstmordattentätern unterscheiden, ist nicht bekannt.

Die Blicke westlicher Forscher auf außereuropäische Religionskulturen spiegelten (und spiegeln noch immer) oft nur Vorurteilsstereotype über die Rolle der Frau in anderen Religionen. So gelten im europäischen akademischen Diskurs und in den Medienberichten islamische Lebenswelten oft als besonders stark patriarchalisch geprägt, mit Männern, die den öffentlichen Raum dominieren, und Frauen, die keinerlei relevante Chance auf selbstbestimmte Lebensführung haben. Feministisch informierte Studien über die Rolle von Frauen in den muslimischen Reform- und Erneuerungsbewegungen des späten 20. Jahrhunderts zeichnen nun ganz andere Bilder. Die aus Pakistan stammende, politisch linke und entschieden säkulare Islamwissenschaftlerin Saba Mahmood hat in *Politics of Piety* gezeigt, dass die seit der iranischen Revolution von 1979 zu beobachtende Hinwendung breiter Massen zu neuen dezidiert islamischen Formen der Lebensführung keineswegs nur von Armen, Besitzlosen, Marginalisierten, sondern vor allem von gebildeten Frauen aus den Mittelschichten getragen wird. In Ägypten habe die islamische Erweckung – Mahmood spricht von «Islamic Revival» und «Islamic Awakening» – den Neubau zahlreicher Moscheen vorangetrieben. Gab es 1975 28 000 Moscheen in Ägypten, so zehn Jahre später schon 50 000 und 1995 120 000, die den *educated middle classes* zuzurechnende Frauen dazu nutzten, in von ihnen selbst organisierten öffentlichen Veranstaltungen einander mit muslimischen Lehren, Gebräuchen, Wertvorstellungen und Erziehungskonzepten vertraut zu machen. Statt der öffentlich schweigenden, unterwürfigen, männliche Fremdbestimmung akzeptierenden Muslima, die den westlichen, säkular-liberalen Islamisierungsdiskurs dominiert, traten hier aktive, verantwortungsbewusste und ethisch sensible Frauen auf, die den alten Glauben des Propheten für ihr Alltagsleben so neu auszulegen versuchten, dass er existentielle Relevanz gewann: für Fragen der Erziehung der Kinder, den Umgang mit Geld, die angemessene Kleidung, Pflege von Alten und Kranken, den rechten Gebrauch der neuen Medien – vom Internet bis zu den Handys der Kinder – und überhaupt eine religiös-sittliche, «werteorientierte» Lebensführung. Das ägyptische «urban women's mosque movement» als eine neoislamische Glaubensbewegung der Stärkung weiblichen Selbstbewusstseins und Sozialkapitals – in feministischen Perspektiven wird eine eigene *agency*, Handlungsmacht, von Frauen sichtbar, die viele ältere Annahmen über Religion und Geschlecht zu revidieren zwingt. Auch in anderen nordafrikanischen Gesellschaften – Marokko, Tunesien, zum Teil auch Libyen – und in einigen Ländern des Nahen und Mittleren Ostens ist das Leben frommer Frauen ungleich komplexer, auch widersprüchlicher und reicher, als die üblichen westlichen Narrative von bereitwillig oder gar willenlos ertragener Subordination unter den allmächtigen Mann nahelegen. Unter einer Burka lassen sich durchaus Dessous tragen.

Auch haben ethnographische Studien zu den Ausgehvierteln muslimischer Jugendlicher in den Städten des Nahen Orients gezeigt, dass auch junge Schiiten in ihrer Freizeit im Café rumhängen, in die Disco gehen und Vorstellungen des offenen Miteinanderlebens folgen, die weit von denen ihrer älteren religiösen Autoritäten entfernt sind – westlich konsumistischer «Wertewandel» mitten im Islam.[31]

Menschliche Sexualitäten sind äußerst komplex und vielfältig. Gender-Fragen gehen in der Unterscheidung von Mann hier und Frau dort nicht auf. Die Bundesrepublik Deutschland lässt es inzwischen zu, dass ihre Bürger oder Bürgerinnen kein «Geschlecht» angeben müssen, wenn ihnen denn staatlich im Personalausweis oder Reisepass Staatsbürgerschaft zuerkannt wird. Die in *feminist studies* und *queer studies* immer wieder betonte äußerst hohe und zum Teil durchaus widersprüchliche Vielfalt der sexuellen Orientierungen und Lebensentwürfe hat in den letzten dreißig Jahren auch in den religionsdeutenden Disziplinen ganz neue und produktive Fragestellungen generiert. Schon immer war Sexualität in religiösen Mythen und heiligen Geschichten ein zentrales Thema. Sehr oft sollte durch religiöse Ethik Sexualität normiert und durch klerikale (oder sonstige religiöse) Autorität kontrolliert werden. Dennoch waren die Verhältnisse in der Vergangenheit viel weniger eindeutig, als oft unterstellt wird. Viele zeitgenössische westliche Beobachter sehen beispielsweise im Islam eine besonders homophobe Religion. In der Tat lassen sich zahlreiche Belege dafür nennen, dass in als «muslimische Staaten» sich definierenden Ländern

gelebte Homosexualität als Verbrechen grausam bestraft wird – mit
Gefängnisstrafen, Folter und auch der Todesstrafe; 2013 hat der
Direktor für öffentliche Gesundheit im Gesundheitsministerium
Kuwaits der Presse mitgeteilt, dass man einen «gay detector test»
entwickelt habe, um Schwule und Lesben an der Einreise nach Kuwait und in andere Staaten der Vereinigten Arabischen Emirate zu
hindern. Oft nutzen Imame die neue – in den USA wie in Europa
ja erst seit den ausgehenden 1960er Jahren unter massivem Widerstand erkämpfte – öffentliche Freiheit von Homosexuellen zu antiwestlichen, antichristlichen Hasspredigten. Doch die in vielen
– keineswegs in allen – muslimischen Religionskulturen zu fin-
dende starke Ablehnung gelebter Homosexualität ist erst ein spezifisch modernes, mit Blick auf den Kampf der europäischen und
hier speziell britischen Kolonialherren gegen Homosexuelle ent-
standenes Phänomen. Die in afrikanischen Ländern, im Nahen
Osten und auf dem indischen Subkontinent geltenden Strafgesetze
gegen gelebte Homosexualität sind mit nur einzelnen Ausnahmen
einst von den europäischen Kolonialherren erlassen worden. Im
vormodernen Islam gab es, wie der in Münster lehrende Islam-
wissenschaftler Thomas Bauer gezeigt hat, ein außerordentlich
hohes Maß an Ambiguitätstoleranz, das auch gelassene Hinnahme
von mann-männlichen erotischen Beziehungen erlaubte.[32] In Indien kriminalisierten die britischen Kolonialherren 1861 homosexuelle Handlungen unter erwachsenen Männern mit dem Argument,
dass sie die Disziplin im Militär untergrüben. Doch inzwischen hat
der Supreme Court in einem bahnbrechenden Urteil vom 2. Juli
2009 festgestellt, dass der Paragraph 377 des indischen Strafgesetz-
buches, mit dem Homosexualität auch unter Erwachsenen durch
Strafandrohungen zu unterbinden versucht wurde, gegen drei Artikel der indischen Verfassung, etwa den Gleichheitsgrundsatz, ver-
stößt. Fünf religiöse Gruppierungen – zwei christliche, zwei muslimische und eine hinduistische – haben dieses Urteil Ende 2013 auf
juristischem Wege korrigieren können. Dennoch: In Indien und
Nepal finden sich zahlreiche Hindutempel, deren Priester gleichgeschlechtlichen Partnern den Ehesegen erteilen.[33]

Selbst in der Islamischen Republik Pakistan ist inzwischen das dritte, sogenannte transsexuelle Geschlecht staatlich anerkannt, so dass die vielen Hijras und Khusras – androgyne Menschen zwischen Mann und Frau – sich nicht mehr auf das männliche oder weibliche Geschlecht festlegen lassen müssen. Gerade hier zeigt sich, dass die in den akademischen Institutionen der USA, Kanadas, Australiens, Neuseelands und Europas betriebenen *queer studies* oft mit Oppositionsfiguren von Heterosexualität einerseits und Homosexualität andererseits operiert haben, die außereuropäischen Traditionen nicht gerecht werden. «Queer» meint ursprünglich schräg, ganz eigenartig, hat inzwischen aber den sehr viel weiteren Bedeutungsgehalt gewonnen, alle irgendwie nicht-heterosexuellen Sexualitäten zu bezeichnen; so lässt sich der Begriff nicht mehr übersetzen. Und vor allem: Religiös motivierte Homophobie ist nichts genuin Muslimisches. Harte Homophobie prägt auch alle christlich-orthodoxen Kirchen.[34] Auch in den evangelikalen Glaubensgemeinschaften der USA wird Homosexualität – ganz in den Bahnen der modernen akademischen Psychiatrie seit dem 19. Jahrhundert – als eine heilbare Krankheit, speziell narzisstische Störung gesehen, die der Betroffene durch harte Glaubensarbeit am eigenen Selbst, etwa in Gebetsgruppen des sogenannten Ex-Gay Movements, kurieren kann: «Pray the gay away».[35] Die mormonische Organisation «Evergreen International» und Jonah, eine Vereinigung von «Jesus Offering New Alternatives for Healing», bieten «healing seminaries» für «Reparativtherapien» an, in denen mit Gebet und Handauflegung die «Gay-to-Straight»-Konversion erfolgen können soll. Auch Glaubensvereine wie «People Can Change», 2001 in Virginia von dem Mormonen Rich Wyler gegründet, bieten auf dem wachsenden nordamerikanischen Markt für psychologische «Schwulenheilung» diverse Umkehrtherapien für knapp 1000 Dollar an – mit der Folge, dass die Bundesstaaten Kalifornien und New Jersey im Frühjahr 2013 eigene Gesetze verabschiedeten, die Umkehrtherapien zumindest für Jugendliche unter 18 Jahren verbieten. Dieser Schritt hat zahlreiche religiöse Eltern zu Klagen bei

Bundesgerichten provoziert, um ihr behauptetes Recht auf Konversionstherapie für ihre Söhne oder Töchter durchzusetzen – mit finanzieller wie juristischer Unterstützung von Narth, des von Evangelikalen dominierten Nationalen Verbandes zur Erforschung und Heilung der Homosexualität. Im Parlament Ugandas war es ein evangelikaler Pfarrer, der erfolgreich dafür warb, Homosexualität bis hin zur Todesstrafe zu kriminalisieren.

8. Selbstinszenierungen deuten

Auch in der Zukunft werden die großen Kirchen die wichtigsten religiösen Akteure in den europäischen Gesellschaften bleiben, trotz ihres vielfach dramatischen Vertrauensverlusts in der jeweiligen Bevölkerung und der kontinuierlich anhaltenden Austrittsbewegung. Das Spektrum christlicher Frömmigkeitskulturen wird sich mit großer Wahrscheinlichkeit weiter differenzieren, mit vielen kircheninternen Konflikten und wachsender Bedeutung von «Freikirchen», «Sekten», «Pfingstgemeinschaften» und charismatischen Gruppen. Religionsprognosen sind methodisch höchst problematisch; aber eine ganze Reihe von Indikatoren legt die Vermutung nahe, dass auch in der Bundesrepublik die neuen postrational körperbetonten Formen des Christentums, die bunte Vielfalt der charismatischen und pfingstlerischen Christentümer an Gewicht gewinnen werden – allein schon wegen der Immigration von Christen aus afrikanischen und lateinamerikanischen Gesellschaften nach Europa. Alte wie neue Mitspieler auf den Religionsbühnen des 21. Jahrhunderts aber können auf Strategien der Selbstinszenierung nicht verzichten, wenn sie ihrer zentralen Aufgabe gerecht werden wollen. Nicht zuletzt die christlichen Kirchen leben von einem spezifischen Symbolkapital wie Heiligen Schriften, Bekenntnissen, Ursprungsmythen, theologischen Lehren, Zeit- bzw. Feiertagsordnungen, Riten, kultischen Zeichen und Gebärden, das sie zu pflegen und zu tradieren haben. Religiöses Symbolkapital lässt sich als eine spezifische Kapitalsorte deuten. Es hilft Individuen wie kollektiven Akteuren (von kleinen sozialen Gruppen bis hin zur «großen» Gemeinschaft von Volk und Nation) dazu, Selbstgewissheit zu gewinnen und eine starke Identität auszubilden, und erschließt den Zugang zur gerade in modernen Gesellschaften knapp gewordenen, vielfältig verschütteten lebensdienlichen Ressource Sinn. Kirchen sind religiöse Akteure, und unter den Bedingungen modernitätsspezifischer funktionaler Differenzierung bedeutet dies: Sie leisten der Gesellschaft gerade dann einen guten Dienst, wenn sie religiös effektiv agieren, sich also auf ihr – in ökonomischer Sprache formuliert – Kerngeschäft konzentrieren. Die christlichen Kirchen sind den Menschen (und abgeleitet auch: der Gesellschaft) nichts anderes schuldig als die Verkündigung der im gelungenen Fall befreiend wirkenden Botschaft des Evangeliums: «Liebe deinen Nächsten wie dich selbst!»

In der alten Bundesrepublik hatten die beiden großen Volkskirchen vielfältige sekundäre Aufgaben übernommen, etwa als staatlich alimentierte zentrale Akteure im deutschen Sozialstaatskorporatismus. Möglicherweise haben sie darüber wichtige religiöse Aufgaben vernachlässigt. Viele Indikatoren legen jedenfalls die Vermutung nahe, dass die nachlassende Bindungskraft der Kirchen entscheidend durch ihre mangelnde Sensibilität in Fragen religiöser Kommunikation verursacht worden ist. Die zentrale Aufgabe der Kirchen, unter pluralistischen Religionsbedingungen neues Vertrauen in der Mehrheitsbevölkerung zu gewinnen, liegt dann in einer verstärkten Pflege ihrer religiösen Kernkompetenzen. Dies setzt jedoch harte, konfliktreiche theologische Klärungsprozesse und selbstkritische Auseinandersetzung mit internen Fehlentwicklungen voraus. So zwingt die modernitätstypische Dynamik religiöser Wandlungsprozesse gerade global aktive Religionsdienstleister zu immer neuem, immer präziserem Nachjustieren ihrer Veränderungsseismographen. Erfolgreich agiert, wer sein Profil permanent schärft, also Dialog mit Abgrenzungs- und Identitätsarbeit dramaturgisch plausibel zu verbinden versteht.

Wenn diese Einsicht der «religious economics» zutrifft, dann haben viele Kardinäle der römischen «Weltkirche» offenkundig die Botschaft der Religionsökonomen hervorragend verstanden. Nichts unterscheidet die römisch-katholische Kirche so sehr von anderen christlichen Kirchen wie die Institution des zentralistischen Papsttums. Nach offizieller römisch-katholischer Lehre, nach geltendem Kirchenrecht sind im Amt des Papstes Kompetenzen vereint, wie sie in der europäischen Neuzeit keinem anderen politischen oder religiösen Amt je zugeschrieben wurden. So hat der Papst viele Körper. Neben dem sterblichen Leib des Menschen, der vom Kollegium der wahlberechtigten Kardinäle im Konklave zum Bischof von Rom und zugleich Oberhaupt der römisch-katholischen Kirche gewählt wurde, hat der Papst verschiedene geistliche und auch zwei weltliche, politische Körper. Die Einzigartigkeit des Amtes, das nach tiefer Krise seit dem 19. Jahrhundert zunehmend an Macht und weltweitem Ansehen gewann, liegt gerade in der spannungsreichen Einheit ganz unterschiedlicher religiöser wie weltlicher Funktionen. In keiner anderen alteuropäischen Institution sind Geistliches und Weltliches, höchste religiöse Autorität und harter politischer Machtanspruch so durchlässig wie im römischen Papsttum. Das Papsttum ist im Übergang von der Spätantike zum Mittelalter aus dem Amt des Bischofs von Rom hervorgegangen, das sich durch die Rückführung auf Petrus legitimiert hatte. Dieses Petrusamt ist der erste geistliche Körper des Papstes. Nach dem geltenden römisch-katholischen Kirchenrecht ist der Papst zudem «Haupt des Bischofskollegiums, Stellvertreter Christi und Hirte der Gesamtkirche hier auf Erden». Liest man im *Annuario Pontifico*, der jährlich in italienischer Sprache erscheinenden offiziellen Statistik des Heiligen Stuhls, ist der römische «Sommo Pontificio» der Kirche zugleich «Patriarch des Abendlandes», Primas Italiens, Metropolit der römischen Kirchenprovinz und erster «Diener der Diener Gottes». Auch wird er als «Prinzip und Fundament der Einheit der Kirche» vorgestellt.

Benedikt XVI. hatte bald nach seiner Wahl auf den altehrwürdigen Titel «Patriarch des Abendlandes» ausdrücklich verzichtet, ohne Nennung von Gründen. Dies führte zu viel Rätselraten über seine theologischen oder kirchenpolitischen Motive. Die einen sahen im Verzicht auf den Patriarchentitel ein Zeichen neuer papaler Demut und Bescheidenheit. Andere deuteten ihn genau umgekehrt als Steigerung seines geistlichen und darin immer auch kirchenpolitischen Machtanspruchs. Ihr Argument: Benedikt XVI. wolle kein Patriarch neben anderen Patriarchen sein, sondern sehe sich im geistlichen Rang den Patriarchen von Moskau und Konstantinopel überlegen, eben als der einzig legitime, wahre Höchstbischof aller Christen weltweit. Für diese Deutung sprach, dass der Theologieprofessor Joseph Ratzinger schon in jungen Jahren gern die alte Lehre betont hatte, das Papstamt beruhe auf unmittelbarer göttlicher Einsetzung bzw. Stiftung. Ob nun auch Papst Franziskus auf den Titel «Patriarch des Abendlandes» verzichtet hat, können selbst intime Kenner der Vatikan-Szene und Mitarbeiter des Kirchenstaates derzeit nicht sagen.

Auf die seit dem späten 18. Jahrhundert beschleunigten Prozesse der Modernisierung von Staat und Gesellschaft, also auf moderne Parteiendemokratie, Kapitalismus, offene Gesellschaft und pluralistische Individualitätskultur, reagierte die römisch-katholische Kirche gerade durch entschiedene Zentralisierung und Aufwertung des Papstamtes, dem nun ganz neue, zunächst geistliche, dann auch weltliche Funktionen und im I. Vatikanischen Konzil gar «Unfehlbarkeit» nicht nur in Fragen der dogmatischen Lehre, sondern auch der Morallehre und Sozialethik zuerkannt wurde. Auch das II. Vaticanum hat in Kirchenrecht und Amtsdogmatik daran nichts wirklich entscheidend geändert. So bedarf man hoher Ambiguitätstoleranz, der kognitiven Bereitschaft, fortwährend changierende Dissonanz zu ertragen und institutionalisierte Widersprüchlichkeit anzuerkennen, um die spezifische Leistungskraft dieses Amts sehen zu können. In Zeiten der schnellen Globalisierung und seit 1900 vielfältig verstärkten konfessionellen Pluralisierung des Christentums ist der Papst zur *corporate identity*, zum Alleinstellungsmerkmal der römisch-katholischen «Weltkirche» geworden.

Von den anderen Kirchen und Christentümern unterscheidet sich die römisch-katholische Kirche primär dadurch, dass sie im prägnanten Sinn des Worts «Papstkirche» sein will. Dann aber war es eine sehr kluge Politik, nach dem Charismatiker Johannes Paul II. einen Kardinal ins Papstamt zu wählen, der wie kein anderer in den letzten Jahren das konfessionelle Profil der eigenen Kirche zu schärfen versucht hatte. Je eifriger ökumenische Dialoge geführt wurden, desto markanter hatte Joseph Kardinal Ratzinger als Präfekt der Glaubenskongregation gleichzeitig die Exklusivitätsansprüche der eigenen Kirche betont. Wo manche katholische Gelehrte, vor allem Hans Küng, die Vielfalt gewachsener Moralkulturen ignorierten und mit dem «Weltethos» religiös-ethische Welteinheitskonstruktionen entwickelten, setzte Ratzinger konsequent auf demonstrative Anerkennung faktischer Differenzen. Zugleich wies er immer wieder darauf hin, dass man religiöse Institutionen mit konzentrierter Energie zusammenhalten müsse, weil sie alle intern durch hohe Pluralität und Konfliktdynamik vor allem in moralischen Fragen geprägt seien. Gerade deshalb betonte er mit großer gedanklicher Konsequenz die klare verbindliche Lehre der Kirche, auch in moralischen Fragen.

In Ratzingers Wahl, mit der Entscheidung der Kardinäle für den offensivsten intellektuellen Theoretiker einer klassischen ökumenischen Kontrasthermeneutik, ließ sich daher durchaus eine interessante Modernisierungsstrategie erkennen. So fügte sich der Ausgang des ersten Konklaves im 21. Jahrhundert hervorragend ein in religionskulturelle Entwicklungstrends, die sich weltweit seit den 1970er Jahren beobachten lassen. «Harte» Anbieter, die – in den Augen westeuropäischer Intellektueller – dogmatisch starre Glaubenswelten propagieren, zählen im Moment auf allen offenen Religionsmärkten zu den großen Gewinnern. Denn neue harte, antiliberal politisierte Religion hat keineswegs nur in traditionell muslimischen Gesellschaften an Einfluss gewonnen. Auch in dominant christlich geprägten Ländern expandieren derzeit mit beeindruckender Dynamik gerade jene Gruppen, die mit hoher Durchsetzungskraft und aufgrund ihrer klaren Botschaften zumal viele junge Menschen an sich zu binden vermögen. Aggressives *God-selling*[36] wirkt im Moment weitaus erfolgreicher als die konventionelle kirchliche Vermarktung von Religionsprodukten, deren Mehrdeutigkeit und Unbestimmtheit keine starken Bindungskräfte mehr entstehen lassen.

Der Grand Old Man der britischen Religionssoziologie, der an der London School of Economics lehrende anglikanische Theologe David Martin, hat vor einiger Zeit einmal vom «Projekt der Aufklärung» gesprochen, das von Halle bis Harvard weitgehend auch mit einem vernunftreligiös transformierten, rational disziplinierten Christentum begründet wurde. Als wirkmächtige politische Implikation dieses Projekts lässt sich die Entstehung eines komplexen, bleibend fragilen, immer bedrohten Modells deuten, das in den einzelnen europäischen Gesellschaften unterschiedlich ausgearbeitet wurde – das Modell einer funktionalen Differenzierung zwischen Religion und Politik, das dem Religiösen seinen Eigenraum beließ. Wenn es zu Beginn des 21. Jahrhunderts im «Europa der Religionen» überhaupt so etwas wie eine strukturelle Homogenität gibt, dann gründet sie sich wohl auf den Anspruch, diese funktionale Unterscheidung von religiöser und politischer Ordnung aufrechtzuerhalten. Nicht zuletzt daraus erklären sich die Verunsicherung und zum Teil aggressive Ratlosigkeit im Umgang mit der kaum noch zu ignorierenden Präsenz von Religionskulturen, in denen genau diese Differenzbestimmung verweigert wird. Was auch immer man über die diversen neuen Formen des Islam in Europa sagen kann: Viele von ihnen haben keinen Begriff der Autonomie säkularen Rechts entwickelt, keine religiös induzierte Kultur der Differenzierung von Legalität und Moralität. Sie haben wenig symbolische Potenzen erschlossen, um eine vorstaatliche Autonomie des Individuums, eine Selbständigkeit des Einzelnen vor jeder Gemeinschaft, zu etablieren. Doch wäre es so realitätsblind wie fatal, hier allein ein Problem des Islam erkennen zu wollen. Denn auch in mancherlei Gestalten des Christentums gewinnen Entdifferenzierungstendenzen neue Stärke. Wer vom religiösen Europa der Gegenwart redet, muss auch die orthodoxen

Christentümer mit einbeziehen, die blutigen Konflikte auf dem Balkan, mit all ihren rivalisierenden nationalen Sondergöttern und christianisierten Ethno-Religionen. Hier überlagern sich komplexe, teils archaische, teils noch sehr vertraute Symbolkämpfe um die religiöse Definition des öffentlichen Raums und lassen zugleich das Deutungsdilemma jener aufklärungsstolzen Religionsexperten erkennen, die eher in postmodernen Diskurskonstellationen zu Hause sind. Gerade diese Gleichzeitigkeit, das spannungsreiche Nebeneinander höchst disparater Phänomene, erzwingt im analytischen Umgang mit den religiösen Transformationsprozessen europäischer Gesellschaften eine überfällige Neuorientierung und den Abschied von dem tradierten Erklärungsschema, das ein Europa der Religionen nur noch in den Perspektiven von Verlust oder Niedergang wahrzunehmen vermag.

9. Monotheismen erklären

Wer von den Göttern redet, kann vom Monotheismusstreit nicht schweigen. Der Heidelberger Ägyptologe Jan Assmann hat im faszinierenden Konzept der «mosaischen Unterscheidung» eine sehr klare Antithese zwischen dem einen, unbedingt fordernden, exklusiven und darum intoleranten und gewaltfördernden Gott einerseits und den heiteren, einander im Großen und Ganzen gut ertragenden vielen Göttern andererseits markiert.[37] Retrospektiv gewendete Schmittianische Begriffe dienen Assmann dazu, den Götterkanon der Antike zu ordnen, zu strukturieren und daraus dann zugleich religionspolitisches Orientierungswissen für die Gegenwart abzuleiten. Aber: Sein Modell des Einen Gottes, der sich den vielen anderen entgegensetzt, ist allzu übersichtlich, reduktionistisch, es suggeriert falsche Alternativen und leistet bei nicht wenigen Rezipienten auch ungewollt der Feindbildproduktion Vorschub. Inwieweit ihm hermeneutische Erschließungskraft für das ganz alte Ägypten eignet, vermögen wohl nur die Fachleute, die Ägyptologen, zu beurteilen. Doch für die Erklärung moderner Gottesbildgeschichten und zur Analyse der religiösen Lage der Gegenwart ist Assmanns Modell alles andere als hilfreich. Denn gewaltbereiter oder gewalttätiger Glaube lässt sich derzeit nicht nur in monotheistisch geprägten Religionskulturen beobachten. Auch in Gesellschaften mit starken polytheistischen Traditionen und Religionskulturen gibt es sehr viel religiös motivierte oder religiös inszenierte Gewaltbereitschaft. Exemplarisch genannt seien Hindu-Nationalisten in Indien, die muslimische Dörfer überfallen oder christliche Schulen und Krankenhäuser angreifen. Und auch die in westlichen, insbesondere deutschen Debatten oft vertretene Anschauung, dass der Buddhismus im Unterschied zu anderen Religionen besonders friedfertig und überhaupt gewaltfrei sei, lässt sich empirisch schnell falsifizieren.

Man kann dazu auf ein derzeit aktuelles Beispiel verweisen: Die muslimische Minderheit in Myanmar, etwa 7 bis 9 Prozent der Bevölkerung, sieht sich massiver Repression durch die buddhistische Mehrheit konfrontiert. Aufgehetzt durch Mönche, die die Verschwörungstheorie verbreiten, dass die Muslime schon bald die Macht im Lande anstrebten, haben im Frühjahr 2013 marodierende Buddhisten in Meiktila, einer Stadt mit 177 000 Einwohnern, über tausend Geschäfts- und Privathäuser von Muslimen – sie nennen sich selbst Rohingya – niedergebrannt und Hunderte von ihnen getötet. Auch in anderen Orten im Westen Myanmars sind seitdem immer wieder Rohingyas, denen alle staatsbürgerlichen Rechte verweigert werden, angegriffen und ihre Häuser niedergebrannt worden. Dabei spielt die radikalnationalistische Glaubensbewegung «969» des einflussreichen Mönches U Wirathu eine wichtige Rolle. «969» ist ein sehr altes buddhistisches Symbol, das die neun Tugenden Buddhas, die sechs Tugenden der Dhamma, seiner Lehre, und die abermals neun Tugenden der Sangha, also der Gemeinschaft seiner um Selbsterkenntnis und Erleuchtung ringenden Mönche, repräsentiert. «969»-Aktivisten sind zum Teil eng mit den Sicherheitsbehörden vernetzt, so dass die Polizei oft wegschaut, wenn Rohingyas bedroht und verfolgt werden.

Zum Verständnis dieser Konfliktlage hilft das Konzept der «mosaischen Unterscheidung» überhaupt nicht. Man muss zwei andere Perspektiven einnehmen, eine stärker historisierende sowie eine religionskulturell informierte. Zunächst zum Historischen: Es waren die britischen Kolonialherren, die einst die Muslime aus Indien – woher genau wird kontrovers diskutiert – ins Land brachten – in der Logik des *divide et impera*, ganz so, wie sie es auch in Sri Lanka taten, als sie aus dem Süden Indiens Tamilen auf die Insel umsiedelten. Das erklärt (aber rechtfertigt keine Gewalt!), dass die größte ethnische Gruppe in Myanmar, die Bamar, die Rohingyas als Eindringlinge bzw. als einen Fremdkörper empfinden. Nun zum Religionskulturellen: Zwar betreiben die Rohingyas schon um des Schutzes ihrer selbst willen keine aktive Mission. Aber die andere Seite nimmt dies anders wahr. Im Fall von Mischehen muslimischer Männer mit buddhistischen Frauen – genaue Zahlen sind nicht bekannt – erwarten die Männer, dass die Frau zum Glauben des Propheten konvertiert. Umgekehrt wird dies nicht erwartet. Dies leistet der Propaganda von «969» Vorschub, dass die Muslime viel mehr Kinder zeugen und so schon in der nächsten oder übernächsten Generation die Mehrheit der Bevölkerung stellen werden.

Für mein eigenes Konzept sind Begriffe leitend, die zunächst widersprüchlich, paradox erscheinen mögen: Pluraler Monotheismus oder – wohl ein wenig zu artifiziell – Polymonotheismus. Was ist damit gemeint? In allen monotheistischen Religionskulturen lassen sich gerade in der Gegenwart Entwicklungs- und Transformationsprozesse beobachten, die konventionellen Vorstellungen vom Eingottglauben elementar zuwiderlaufen. Religiöse Symbolsprachen sind Sprachen der Vieldeutigkeit, geprägt durch eine extrem hohe Ambiguitätstoleranz. Hegel hat in seinen Berliner Vorlesungen zur Philosophie der Religion dem religiös vorstellenden Bewusstsein eine spezifische, außerordentlich hohe Imaginationsmacht zugeschrieben, eine nahezu unbegrenzte mythopoietische Produktivität, die Kraft zum Phantastischen. Religiöse Symbolsprachen sind ähnlich wie ästhetische Sprachen deshalb durch eine extrem hohe Interpretationsoffenheit gekennzeichnet. Religiöser Sprache eignet ein spezifischer Reichtum an Bildern, Metaphern, Erlösungsnarrativen und Transzendenzchiffren, die je nach Ort, Zeit und Interesse von Akteuren ganz unterschiedlich angeeignet, ausgelegt, fortgeschrieben werden können. Religiöse Sprache zeichnet sich zudem dadurch aus, dass metaempirischen, in gewissem Sinne: fiktionalen Akteuren eine inkommensurabel starke Handlungskompetenz, Wirkmächtigkeit zuerkannt wird: keine christlich-religiöse Sprache ohne Vorstellungen vom schöpferischen Handeln Gottes oder dem inspirierenden Wirken des Heiligen Geistes.

Gerade die elementare Vieldeutigkeit religiöser Vorstellungen ermöglicht es Gruppen wie Individuen, in ihnen ihre je besonderen Weltsichten, Hoffnungen, idealen Lebensordnungen, Vergemeinschaftungsvisionen und Heilserwartungen auszudrücken. Die einen nehmen religiöse Schöpfungssemantik und Kreationsmythen dafür in Anspruch, um bestimmte Institutionen als gottgewollte, gottgegebene Schöpfungsordnungen zu legitimieren, ja zu sakralisieren. Andere entwerfen mit Schöpfungssprache eine Ethno-Religion, in der das eigene Volk durch Rückbindung an den Schöpfer, durch Unmittelbarkeit zu Gott heilige Unterschiedenheit von und Überlegenheit über die anderen gewinnt. Wieder andere konstruieren mit genau denselben Vorstellungen ein universalistisches Ethos von Menschenwürde und vorstaatlichen Menschenrechten, etwa im Rekurs auf die *Imago-Dei*-Symbolik der Hebräischen Bibel. Und in den ökopietistischen Lebensreformbewegungen des späten 20. Jahrhunderts diente der Schöpfergott als Moralgenerator oder Moralverstärker, um uns zur «Bewahrung der Schöpfung» anzuhalten: mit der trinitarischen Selbstdifferenzierung des Schöpfergottes zur Mülltrennung im Dreitonnensystem.

Dieser weiten Spannbreite religiöser Symbolsprache entsprechen bei den religiösen Akteuren je eigene Praktiken, so dass Aneignung von symbolischen Beständen als ein dezidiert praktischer Akt (und nicht nur als bloße Relecture oder Neudeutung) verstanden werden muss. Der eine Gott wird von unterschiedlichen Akteuren auf je eigene Weise ausgelegt und vergegenwärtigt. Dies lässt sich kurz verdeutlichen an einer Entwicklung im theologischen Diskurs des 20. Jahrhunderts, für die ich die Begriffe *Genitiv-Theologien* und *Milieutheologien* vorschlage. *Genitiv-Theologien* wie *Milieutheologien* sind sogenannte «kontextuelle Theologien», das heißt theologische Entwürfe oder Programme, die ihren je besonderen geschichtlichen, sozialen und politischen Ort und Kontext sehr viel ernster zu nehmen versuchen, als dies im theologischen Diskurs traditionell der Fall war. Zunächst zu den *Genitiv-Theologien*. Der religiös-sozialistische Theologe und Philosoph Paul Tillich, einer der bis heute viel gelesenen «großen» protestantischen Theologen des 20. Jahrhunderts, der 1933 nach seiner Beurlaubung durch die Nationalsozialisten nach New York ans Union Theological Seminary ging, hatte 1919 vor der Berliner Ortsgruppe der Kant-Gesellschaft einem bald viel zitierten Vortrag über «Theologie der Kultur» gehalten. Seit den 1960er Jahren kamen zahlreiche weitere Genitiv-Verbindungen zur Theologie hinzu. 1964 veröffentlichte der Tübinger Theologe Jürgen Moltmann eine in hohen Auflagen erschienene und bald in zahlreiche Sprachen übersetzte «Theologie der Hoffnung», und in einem der erfolgreichsten Bände der edition suhrkamp analysierten der Heidelberger Sozialethiker Heinz Eduard Tödt und sein Münchner Kollege Trutz Rendtorff 1968 die «Theologie der Revolution», die der damals in Princeton lehrende US-amerikanische Theologe Richard Shaull und der Kirchen- und Sozialhistoriker Gonzalo Castillo-Cárdenas mit großer Resonanz im Genfer Weltrat der Kirchen entwickelt hatten. In Lateinamerika schrieben politisch links eingestellte, den Basisgemeinden der Armen und völlig Besitzlosen verbundene katholische Theologen wie Leonardo Boff, Juan L. Segundo, Lucio Gera, Hugo Assmann und Joseph Comblin sowie der peruanische Priester Gustavo Gutiérrez dann in den späten 1960er und frühen 1970er Jahren diverse «Theologien der Befreiung», die den Massen von ganz Armen, Marginalisierten, weithin von der Teilnahme am gesellschaftlichen Leben Ausgeschlossenen in den Favelas und auf dem Lande Perspektiven von Solidarität und Hoffnung eröffnen sollten. Gutiérrez *Teologia de la liberación* aus dem Jahr 1971 wurde schon 1973 unter dem Titel *Theologie der Befreiung* ins Deutsche übersetzt. Die römische Glaubenskongregation warf diesen Befreiungstheologen in einer 1984 publizierten «Instruktion über einige Aspekte der Theologie der Befreiung» eine theologisch illegitime Anleihe bei marxistisch bestimmten, also auch atheistischen Gesellschaftstheoretikern vor und übte massiven Druck aus, Befreiungstheologen zum Schweigen zu bringen und zu disziplinieren: Leonardo Boff wurde wegen seines 1981 veröffentlichten, 1985 auch in deutscher Sprache erschienenen Buches *Kirche: Charisma und Macht* zu einem «Bußeschweigen» – dies ist der kirchenrechtlich korrekte Terminus für eine, jedenfalls in liberalen Rechtsstaaten, verfassungswidrige Einschränkung des Grundrechts auf Meinungs- und Gewissensfreiheit – verurteilt; er verließ 1992 den Franziskanerorden und gab sein Priesteramt auf. Auch protestantische Theologen in Lateinamerika wie Emilio Castro, José Miguez Bonino und Julia de Santo Ana veröffentlichten Theologien der Befreiung. In Jerusalem wurde 1989 das Sabeel Ecumenical Liberation Theology Centre gegründet, und auch der palästinensische Theologe Mitri Rhabe versucht mit den Begriffen der lateinamerikanischen Befreiungstheologen dem Anspruch der christlichen wie nichtchristlichen Palästinenser auf einen eigenen Staat und ein Wohnrecht in einem neutralisierten Jerusalem Geltung zu verschaffen.[38] Aber es waren primär die nicht zuletzt wegen ihrer kirchenamtlichen Disziplinierung medial besonders präsenten katholischen Befreiungstheologen aus Lateinamerika, die vor allem auch in den USA große Beachtung fanden. Für den Ideentransfer nach Europa gibt es einige spannende Studien, die schnelle Rezeption der «Theologien der Befreiung» in den USA ist dagegen bisher kaum erkundet. Doch entfaltete sie dort große Wirkung: Eine Genitiv-Theologie der Armen und Unterdrückten wurde hier in Milieutheologien all jener transformiert, die sich ihrerseits als unterdrückt, marginalisiert erfuhren.

Der Theologiebetrieb in den USA ist stark durch die erfolgreiche Produktion und Vermarktung von klientelspezifischen, gruppenbezogenen theologischen Entwürfen geprägt: Feministische Theologie, *black theology*, *gay theology*, *queer theology*, die Aufzählung wäre leicht zu verlängern. So forderten, um nur einige wenige Beispiele zu nennen, J. Michael Clark und John McNeill 1992 eine *pro-feminist gay theology*, und Robert Goss trat in einem viel gelesenen Buch *Jesus acted up. A gay and lesbian Manifesto* ein Jahr später für eine *queer theology* ein. Marcella Althaus-Reid verband in einem inzwischen schon als klassisch geltenden Buch *Indecent Theology. Theological Perversions in Sex, Gender and Politics* (London 2000) Elemente der lateinamerikanischen Befreiungstheologie mit einer feministischen, der Stärkung von *queer sexualities* dienenden Neudeutung der biblischen Mythen. Der Titel ihres anderen Klassikers *The Queer God*, erschienen 2003, lässt gut den projektiven Charakter von *queering religion* bzw. *queer reading* erkennen: Nicht nur findet man in der Bibel diverse Legenden und Erzählungen, die als Beispiele dafür gelten, dass in der Hebräischen Bibel und im Neuen Testament auch von den legitimen Liebesbedürfnissen der vielen *queers* die Rede war, sondern durch *close queer reading* wird Gott nun selbst zu einem *queer God* gemacht. Eine in diesem Diskurs besonders gern zitierte «Stelle» ist Jeremia 2, Vers 23 bis 25: «Wie wagst du denn zu sagen: Ich bin nicht unrein, ich habe mich nicht an die Baale gehängt. Sieh doch, wie du es treibst im Tal, und bedenke, was du getan hast! Du läufst umher wie eine Kamelstute in der Brunst, wie eine Wildeselin in der Wüste, wenn sie vor großer Brunst lechzt und läuft, dass niemand sie aufhalten kann. Wer sie haben will, muss nicht weit laufen; er trifft sie bald in dieser Zeit. Schone doch deine Füße, dass sie nicht wund werden, und deine Kehle, dass sie nicht dürstet! Aber du sagst: Verzweifelt! Nein! Denn ich liebe die Fremden, und ihnen muss ich nachlaufen.» Viele feministische, *queer* orientierte Theologinnen gehen davon aus, dass mit der brünstigen, wilden Kamelin eine Frau gemeint ist, die eine andere Frau begehrt. Und sie lesen die beiden Verse als biblische – Heilige Schrift!

– Legitimation der frau-fraulichen körperlichen Liebe. Man mag dies als eine allzu identifikatorische Hermeneutik biblischer Texte kritisieren. Aber auf dem theologischen Ideenmarkt der USA und Kanadas findet solche Selbstlegitimation durch eher ahistorische Lektüre große Zustimmung. Ideen wirken nun einmal besonders stark, wenn sie sich mit Interessen verbinden. Und sie entfalten langfristige Wirkung, wenn sie im akademischen Betrieb institutionalisiert werden. Genau dies ist in den USA schnell und erfolgreich passiert. An zahlreichen einflussreichen Divinity Schools werden regelmäßig eigene Lehrveranstaltungen zur *queer theology* angeboten. Und in der «American Academy of Religion», einer jährlich im November stattfindenden großen Konferenz mit zumeist über 5000 Teilnehmern, gibt es eigene Gruppen wie «Gay Men and Religion», «Lesbian-Feminist Issues and Religion», «Men, Masculinities, and Religions», «Queer Studies in Religion» sowie «Religion and Sexuality», die das *queering religion* vorantreiben. 2013 hat etwa die «Gay Men and Religion Group» das Thema «Queering Debates on Animal-Human Relations» auf die Agenda gesetzt, unter anderem mit einem Vortrag über «The Queer Hermeneutics of ‹Carnophallogocentrism›».

Entwürfe dieser Art werden in allen konfessionellen Milieus produziert, wodurch gottbezogene Vielfalt noch gesteigert wird: jüdische feministische Theologie, *black feminist theologies*, *black or latino queer theologies* und *liberation theologies* für alle möglichen anderen, die sich als marginalisiert erleben; und dies jeweils in spezifisch römisch-katholischen, protestantischen, jüdischen oder islamischen Sprachspielen. Alle reden dabei von dem einen Gott – aber jeder hat ihn (oder, religionspolitisch korrekt, auch: sie) privatisiert, den eigenen Zwecken dienstbar gemacht. Durchgängig lässt sich dabei ein Strukturmuster der Gottesaneignung beobachten: Das Unbedingte wird vorrangig auf ein bestimmtes Bedingtes, die eigene Gruppe, das spezifische Milieu, meinen ganz unverwechselbaren Lebensentwurf bezogen. Der eine Gott wird dann schwarz oder eine starke Frau oder mein Partner, bester Freund etc., insofern nimmt er vielerlei Gestalt an. Ein Großteil

der theologischen Literatur auf dem populärreligiösen und theologischen Büchermarkt der USA dient inzwischen der Produktion
von solchen kontextuellen Milieutheologien. Alle beten zu dem
einen Gott, aber jeder und jede nur zu seinem, ihrem bestimmten.

Man kann das in systematisch-theologischer Kritik gelebter
Religion und speziell ihrer mythopoietischen Assimilationskraft
und Phantasmenproduktivität, mit Blick auf einen konsequenten
Monotheismus des radikal transzendenten Geistgottes als eine
fatale, tendenziell neopagane Repartikularisierung des Univer-
sellsten schlechthin, eben des einen Gottes, deuten. Aber dieser
Vorgang der Milieuverengung Gottes ist religionsanalytisch – also
nicht theologisch normativ – auch produktiv, als eine höchst erfolgreiche Überlebensstrategie Gottes zu interpretieren. Göttern,
die den Menschen nichts mehr bedeuten, wird bald die Toten-
maske abgenommen; es lässt sich in der Göttergeschichte immer
auch Göttersterben beobachten. Als Milieugott aber ist Gott, sind
die Götter den Menschen so unverzichtbar nahe, dass sie in ihren
Herzen, ihren Seelen eine ideale ökologische Nische gefunden
haben. Gott überlebt als Gruppengott, weil er sich so gut an bestimmte sozialkulturelle Umwelten, Lebenswelten anpasst. Unter
den Bedingungen von Deodiversität funktioniert *divine selection*
jedenfalls nach dem Kriterium der Anpassungselastizität und reli-
gionssymbolisch codierten Auslegungsflexibilität. Wenn das so ist,
dann kann man diese Remythologisierungstendenzen in einem
weiteren Gedankenschritt noch einmal theologisch konstruktiv
deuten: als Versuch humaner, menschendienlicher Minimierung
des Transzendenzabstands, ganz im Sinne der Sprachspiele der
Christologie.

III. Vielfalt in Deutschland

1. Der deutsche Konfessionsteppich

Man muss sich die schnelle Expansionsdynamik der außereuropäischen Christentümer vor Augen halten, um spezifisch deutsche religionskulturelle Erfahrungen in der Kontrastwahrnehmung schärfer zu erfassen. Im Mutterland der Reformation haben die ganz tiefen Gegensätze zwischen den Protestanten einerseits und den Katholiken andererseits seit bald schon fünfhundert Jahren unsere Kultur, auch die politische Kultur, tiefgreifend geprägt. Der «Konfessionsgegensatz» ist eine fundamentale – viele Historiker sagen: die wichtigste – Konstante der neueren deutschen Geschichte. Die reformatorischen Bewegungen des 16. Jahrhunderts hatten in weiten Teilen Europas dramatische Konflikte und viel Gewaltexplosion zur Folge. Religiöse Bürgerkriege zwischen den Altgläubigen und den neuen protestantischen Reformern wurden auf beiden Seiten mit großer Brutalität geführt. Gelehrte Theologen verdammten nicht nur die theologischen Einsichten der jeweils anderen Seite, sondern riefen auch dazu auf, die Ketzer und Falschgläubigen um Gottes willen zu töten. Andersdenkende wurden aus dem Lande getrieben, unterdrückt, ermordet. Auf diese grausamen Gewaltgeschichten haben die einzelnen europäischen Gemeinwesen ganz unterschiedlich reagiert. In Frankreich versuchte man die Calvinisten, die sogenannten Hugenotten, zu vertreiben, in Großbritannien entstand ein kompliziertes System mit einer Staatskirche bei relativer Duldung protestantischer Freikirchen und auch der katholischen Minderheit, und in Deutschland hofften vor allem die Juristen, die neuen gewaltgeprägten Religionskonflikte zu pazifizieren, indem man konfessionell homogene Gemeinwesen schuf: *cuius regio, eius religio.*

Ist der Landesherr lutherisch, sollen auch seine Untertanen es sein, und ist er katholisch, dann müssen auch seine Untertanen dem Papst treu ergeben sein. Dieses System der schiedlich-friedlichen territorialen Trennung von Protestanten hier und Katholiken da hat bis weit ins 20. Jahrhundert hinein eine erstaunliche Stabilität bewiesen. Vom «deutschen Konfessionsteppich» sprachen im 17. und 18. Jahrhundert andere Europäer, wenn sie einen Blick auf die Landkarte des Heiligen Römischen Reiches Deutscher Nation warfen. Hier ein lutherisches Dorf, da ein katholisches, daneben auch noch ein kleiner reformierter calvinistischer Landstrich, im Norden vor allem Protestanten und im Süden primär Katholiken. Immer wieder gab es in diesem konfessionsbestimmten Territorialsystem harte, auch blutige Konflikte. Die neuere deutsche Geschichte kennt zudem zahlreiche Kulturkämpfe, vor allem von Protestanten gegen Katholiken, die oft als ungebildet, rückständig, auch verlogen und korrupt ausgegrenzt und verachtet wurden.

Um die Härte der konfessionspolemischen Spannungen zu ermessen, muss man sich kurz die fundamentalen theologischen und religionskulturellen Gegensätze zwischen Protestanten und Katholiken vor Augen führen. Zwar wird in den aktuellen deutschen Integrationsdebatten über den Ort der Muslime in der deutschen Gesellschaft bisweilen von «unserem jüdisch-christlichen Erbe» gesprochen oder gar eine «christlich-jüdische Prägung» des Grundgesetzes behauptet. Aber diese Rede ist wenig hilfreich und, historisch gesehen, schlicht falsch. Wenig hilfreich ist sie, weil sie immer nur exkludierend wirken kann: Wer den Staat des Grundgesetzes auf eine «jüdisch-christliche» Wertsubstanz festzulegen versucht, schließt Andersgläubige, allen voran die Muslime, und religiös Ungebundene von vornherein aus. Historisch falsch ist sie, weil es in Europa bis ins späte 20. Jahrhundert hinein niemals eine harmonische innere Einheit von Christen und Juden gegeben hat. Auch ist die von manchen Wertkonservativen schon seit dem frühen 19. Jahrhundert beschworene Vorstellung vom «christlichen Abendland» bestenfalls irreführend zu nennen.

Denn Europa war immer ein Kontinent extrem hoher Vielfalt, nicht nur sprachlich und ethnisch, sondern auch in religiöser Hinsicht.

Die reformatorischen Bewegungen des frühen 16. Jahrhunderts, allen voran die Wittenberger Reformation Martin Luthers, führten nicht etwa zur Reform der einen Kirche, sondern hatten eine bis heute andauernde konfessionelle Pluralisierung des Christentums, die Entstehung eigenständiger Konfessionskirchen von Lutheranern, Calvinisten, Anglikanern und römischen Katholiken sowie die Bildung kleinerer protestantischer Freikirchen und, in der älteren religionssoziologischen Begrifflichkeit Ernst Troeltschs und Max Webers formuliert, «Sekten» zur Folge. Martin Luther klagte mit seinem reformatorischen Protest vor allem die «Freiheit eines Christenmenschen» ein, und er wollte den frommen Einzelnen gegenüber einer tendenziell allmächtigen Papstkirche stärken, einer Kirche, die der glaubenserregte Wittenberger Mönch und Theologieprofessor als verlogen, korrupt, machtgierig und ausbeuterisch erlitten hatte. Selten hat das Denken und Tun eines einzelnen Menschen eine vergleichbar starke geschichtliche Dynamik und Wirkkraft entfaltet wie dieser Protest eines bis dahin kaum bekannten Professors aus der mitteldeutschen Provinz – weit über das Religiöse oder die spezielle Kirchengeschichte hinaus. Bis dahin gültige Wissensordnungen lösten sich auf, das wahrhaft Christliche wurde zum Gegenstand permanenten theologischen Streits, und in den nun protestantischen Territorien des nördlichen Europa wurde das Verhältnis von Religion und Politik, Kirche und Staat ganz neu bestimmt. Die Reformation brachte eine Aufwertung individueller Freiheit mit sich, und sie führte dazu, dass die politischen Institutionen von kirchlicher Bevormundung befreit, verweltlicht wurden. Man mag darüber streiten, ob, wie von den protestantischen Meisterdenkern um 1800 oft behauptet, die Reformation den «Beginn der modernen Welt» bedeutete. Aber gewiss bewirkte sie eine Aufwertung des Weltlichen, also religiös gewollte Säkularisierung, und eine konfessionelle Pluralisierung des Christlichen, die auch heute noch die Religionslandschaften vieler europäischer Gesellschaften tiefgreifend prägt. Über den westeuropäischen Protestantismus, den Calvinismus, hat die Reformation zudem wichtige Impulse für die Entstehung der modernen Demokratie und starker Bürgerfreiheit gegeben.[1]

Der römische Katholizismus oder genauer: die verschiedenen nationalen Katholizismen in Europa blieben hingegen bis ins 19. oder gar 20. Jahrhundert hinein sehr stark feudal-ständischen politischen Ordnungskonzepten verpflichtet, und hier dominierte die Vorstellung, dass eine starke, hierarchisch verfasste, vom Papst und seinen Bischöfen regierte Kirche den politischen Institutionen die ethischen Prinzipien ihres Handelns vorgeben müsse. Der «Konfessionsgegensatz» ist deshalb sehr viel mehr und anderes als nur ein mehr oder minder wichtiger religionskultureller Dissens über irgendwelche theologischen Spezialprobleme. Auf allen Seiten haben die Religionsgelehrten seit dem 18. Jahrhundert betont, dass es im Streit der christlichen Konfessionen keineswegs nur um dogmatische Lehre oder Glaubensbekenntnisse gehe. Umstritten waren immer auch die Ideale guter christlicher Lebensführung, also ethische Fragen, und die Ordnungskonzepte für das politische Gemeinwesen, modern formuliert: die politischen Ethiken. Protestantische Theologen waren hier bereit, eine relative Eigenständigkeit «der Welt», also des Staates, der Wirtschaft, der Kultur, anzuerkennen, wohingegen römisch-katholische Theologen primär an einer ethischen Führung der Kultur durch «die Kirche» orientiert blieben.

Zu den großen politischen Errungenschaften der alten Bundesrepublik gehörte das allseits beschworene Ende der konfessionellen Kulturkämpfe. Zwar blieben sich Protestanten und Katholiken in den 1950er Jahren oft noch fremd, und überliefert sind mancherlei harte konfessionspolitische Streitigkeiten. Der in Münster lehrende junge Zeithistoriker Thomas Großbölting hat in einer Religionsgeschichte der Bundesrepublik an eine Glaubensposse aus dem Juni 1953 erinnert, die damals hohe Wellen schlug.[2] Im unterfränkischen Ochsenfurt sollte die größte Zuckerfabrik des Landes auch mit kirchlichem Segen eingeweiht werden.

Katholiken und Protestanten hielten zunächst in ihren Kirchen getrennt Gottesdienst. Als der Würzburger katholische Bischof Julius Döpfner und der evangelisch-lutherische Kreisdekan Wilhelm Schwinn die neue Fabrik dann gemeinsam einweihen sollten, erklärte Döpfner, keine Weihehandlung vornehmen zu können, wenn auch der evangelische Geistliche im Talar, seiner Amtstracht also, auftrete. Der Kreisdekan sagte daraufhin seine Teilnahme entrüstet ab und verließ den Ort. Die Gnostädter Reitereskorte, die ihn von der Kirche zur Fabrik begleiten sollte, konnte nur mit großer Mühe und polizeilichem Druck von einem Tumult abgehalten werden. Döpfners Einzug wurde durch lautstarke Protestrufe gestört. Ein evangelischer CSU-Bundestagsabgeordneter kündigte erregt Konsequenzen für den Bischof an. Der in der Presse heftig und lange diskutierte Vorfall lässt die starken konfessionellen Gegensätze erkennen, die öffentliches Leben und Politik in der frühen Bundesrepublik tief prägten. Er zeigt freilich auch, wie sehr sich die religionskulturellen Verhältnisse im Lande gewandelt haben. Kein neues Feuerwehrhaus in irgendeinem fränkischen Ort, das in den letzten Jahren nicht in ökumenischem Ritualkonsens seinen Segen erhalten hätte. Bisweilen stiehlt die junge protestantische Pfarrerin dann dem sehr viel älteren katholischen Kollegen die Glaubensshow.

Allerdings wäre es falsch, aus der neuen Ökumene-Rhetorik vieler Kirchenfunktionäre zu schließen, dass Konfession in Deutschland keine Rolle mehr spielt. Gerade in wichtigen politischen Fragen ließ sich immer wieder beobachten, dass Protestanten ganz anders als Katholiken votierten, und auch die Parteiensoziologie hat dem «Konfessionsfaktor» bei der Deutung des Wählerverhaltens der Deutschen große Aufmerksamkeit gewidmet. Auch heute noch lassen sich in wichtigen biopolitischen Debatten Konfessionsmuster beobachten. In Fragen von Sterbebegleitung, Präimplantationsdiagnostik und Forschung an humanembryologischen Stammzellen nehmen Protestanten in aller Regel eine deutlich liberalere, an der Selbstbestimmung des Individuums orientierte Position ein als die Vertreter der römisch-katholischen Kirche.

Insgesamt aber hat der Konfessionsgegensatz sowohl in der politischen Kultur als auch im Alltag vieler Deutscher an Relevanz verloren. Das ist weniger eine Folge der ökumenischen Dialoge, die Kirchenfunktionäre teils über irgendwelche mehr oder minder belanglosen Lehrstreitigkeiten des 16. Jahrhunderts, teils über fundamentale Fragen von Selbstverständnis, innerer Ordnung und gesellschaftlicher Rolle einer wirklich christlichen Kirche führen, als vielmehr Ausdruck fundamentaler Verschiebungen der religionskulturellen Lage.

Mit den Vertreibungen zu Ende des Zweiten Weltkrieges und der Flucht bürgerlicher Mittelschichten aus der DDR «in den Westen» – bis zum Bau der «Mauer» 1961 flohen 3,5 Millionen Ostdeutsche unter zum Teil dramatischen Umständen in die Bundesrepublik[3] – löste sich das überkommene deutsche System der konfessionell relativ homogenen Gemeinwesen auf, und die Einwanderung von sogenannten «Gastarbeitern» aus anderen europäischen Ländern und später auch der Türkei brachte neue religiöse Vielfalt ins Land. Oft wird in der gegenwärtigen deutschen Debatte das spannende Thema «Religion und Einwanderung» auf «den Islam» (den es aber so wenig gibt wie «das Christentum») verkürzt. Aber verstärkte Migration hat, erst recht seit dem revolutionären Ende der Spaltung Europas im Jahre 1989, auch dazu geführt, dass nun viele Christen aus einst sehr fernen Religionskulturen nach Deutschland gekommen sind und unter uns leben. Seit dem Ende des Zweiten Weltkriegs hat nicht nur die Zahl der «Mischehen» zwischen Katholiken und Protestanten zugenommen. Vielmehr lässt sich auch ein permanenter Strom von christlichen Zuwanderern aus orthodoxen Kirchen beobachten, früher vor allem aus der griechisch-orthodoxen Kirche, seit 1989 dann auch aus den orthodoxen Kirchen Russlands, Rumäniens, der Ukraine und anderer osteuropäischer Staaten und in den letzten Jahren vor allem aus den orientalischen Kirchen besonders im Irak und in Syrien. Zudem kommen nun auch Christen aus den neuen außereuropäischen Christentümern zu uns, vor allem aus den afrikanischen und lateinamerikanischen Pfingstkirchen.

Durch die Einwanderung von Menschen aus anderen Ländern sind die religionskulturellen Verhältnisse in Deutschland bunter, widersprüchlicher, schwieriger geworden. Denn mehr Verschiedenheit bedeutet in aller Regel auch mehr Konflikt. Pluralistische Gesellschaften zeichnen sich dadurch aus, dass selbst in grundlegenden Fragen des Zusammenlebens die Bildung von Konsens schwerer fällt als in Gemeinwesen, deren Mitglieder denselben religiösen Glauben teilen und durch gemeinsame ethische Überlieferungen geprägt sind. Dennoch gibt es zu Panik keinerlei Anlass. Ängste vor dem Fremden, Ungewohnten zu beschwören, hilft nichts. Stattdessen sind nüchterne Analyse und pragmatische Gelassenheit angesagt.

Die Reformation liegt inzwischen fast fünfhundert Jahre zurück, und ihre Errungenschaften sind den Menschen ganz selbstverständlich geworden, etwa das Grundrecht auf selbstbestimmte Lebensführung. Auch viele deutsche Katholiken fühlen in dieser Hinsicht gut protestantisch und nehmen die moralischen Botschaften ihrer Kirche nicht selten eher kritisch, skeptisch wahr. Zwar werden die beiden großen «Amtskirchen» in Deutschland weiterhin ökumenische Dialoge führen, und das ist nur gut so. Aber man wird sich davon, bei allem Respekt, keine fundamentalen Veränderungen der religionskulturellen Lage erwarten dürfen. Die römisch-katholische Kirche wird auch unter dem neuen Papst Franziskus, trotz seiner sympathischen Bescheidenheit und demonstrativ gezeigten Demut, hierarchisch verfasste Papstkirche bleiben; eine substantielle Reform des Kirchenrechts hat Franziskus jedenfalls bisher nicht angekündigt. Selbst wenn «Rom» in naher oder ferner Zukunft Frauen zum Diakonenamt – die Öffnung des Priesteramtes für Frauen hat Franziskus bereits entschieden verworfen – zulassen sollte, wird die römisch-katholische Kirche aus ekklesiologischen, kirchentheoretischen Gründen darauf bestehen, dass allein sie die wirklich wahre Kirche Jesu Christi ist.

Umgekehrt werden die diversen protestantischen Kirchen, vielleicht mit Ausnahme einiger sehr konservativer Gruppierungen, an Luthers «Freiheit eines Christenmenschen» festhalten, also der Kirche als Institution bzw. der «verfassten Kirche» für den Glauben des Einzelnen eine deutlich geringere Rolle zuerkennen als die gelehrten Theologen im Vatikan. Man darf das bleibende Gewicht solcher fundamentaler Unterschiede nicht geringschätzen, und man sollte den Begriff der ökumenischen Einheit der Kirche nicht überstrapazieren. In der *Confessio Augustana*, dem Bekenntnistext, den die protestantischen Reichsstände 1530 dem Reichstag zu Augsburg vorlegten, heißt es im VII. Artikel: «Denn dies ist gnug zu wahrer Einigkeit der christlichen Kirchen, daß da einträchtiglich nach reinem Verstand das Evangelium gepredigt und die Sakrament dem gottlichen Wort gemäß gereicht werden. Und ist nicht not zur wahren Einigkeit der christlichen Kirche, daß allenthalben gleichformige Ceremonien, von den Menschen eingesetzt, gehalten werden, wie Paulus spricht zun Ephesern am 4.: ‹Ein Leib, ein Geist, wie ihr berufen seid zu einerlei Hoffnung euers Berufs, ein Herr, ein Glaub, ein Tauf.›» Gewiss ist Übereinstimmung unter den Christen gut. Aber dazu bedarf es keinerlei kirchlicher Einheitsorganisation. Jeder Versuch, sie herzustellen, etwa durch Fusionen oder klerikale Kartellbildung, würde nur neue Konflikte provozieren. Zur Signatur des neuzeitlichen Christentums gehört nun einmal die konfessionelle Pluralität. Man muss diese Vielfalt theologisch akzeptieren lernen, um mit ihr gelassen, friedensfähig umgehen zu können.

Nach dem Ende des Zweiten Weltkriegs entwickelten die führenden Funktionäre der christlichen Kirchen in Westdeutschland, stark unterstützt von den drei westlichen Besatzungsmächten, vielfältige Phantasien einer umfassenden Rechristianisierung der deutschen Gesellschaft. Als «Siegerin in Trümmern» sicherte sich «die Kirche» in der frühen Bundesrepublik erheblichen Einfluss in allen möglichen gesellschaftlichen Institutionen, etwa in den Rundfunkräten. Zudem suchten die beiden großen Volkskirchen ihre Vorstellungen vom guten Leben auch mit Hilfe des Gesetzgebers durchzusetzen. Ihre Klerikalmacht nutzten sie im deutschen Sozialstaatskorporatismus nicht zuletzt dazu, durch intensiven Lobbyismus für Caritas und Diakonie vielfältige Privilegien gesetzlich festzuschreiben. Zwar blieb ihr Einfluss auf die Ausgestaltung der Institutionenordnung des «rheinischen Kapitalismus» sehr viel geringer, als sie sich in ihren Interndebatten über den Einfluss der «katholischen Soziallehre» und des lutherischen Gemeinwohlethos auf die soziale Marktwirtschaft selbst einredeten. Doch gewannen sie in den 1950er Jahren großen Einfluß in Bildungsdebatten und im Moraldiskurs über Ehe, Familie und Sexualität. Allerdings wurden schon in der Adenauer-Zeit Bruchlinien deutlich. Die meisten Westdeutschen blieben zwar in der Kirche, entwickelten aber ihre je eigenen «Privatchristentümer», die auch deutlich bekundete Distanz zur kirchlichen Institution einschlossen. Dennoch: Statistisch gesehen, mit Blick auf die Kirchenmitgliedschaft, war die frühe Bundesrepublik ein deutlich christliches Land, in dem die beiden großen Kirchen als mächtige, zahlreiche Bereiche der Gesellschaft durchdringende Institutionen wahrgenommen wurden. Was 1950 bei einem Anteil von über 97 Prozent der Gesamtbevölkerung Westdeutschlands – 46,0 Prozent katholische und 51,5 Prozent evangelische Christen – nicht verwunderlich ist.

Auch 1970 waren nach den Daten des Statistischen Bundesamts fast 95 Prozent der bundesdeutschen Bevölkerung Mitglied einer der großen christlichen Kirchen, mit leichtem protestantischen Übergewicht: 49 Prozent Evangelische, 44,6 Prozent römische Katholiken. Nur 3,9 Prozent wurden 1970 als «konfessionsfrei» erfasst, und erst 1,3 Prozent der in der Bundesrepublik Lebenden zählte sich selbst zu den Muslimen. Doch die Verhältnisse veränderten sich vergleichsweise schnell. 1987 stellten die Katholiken nun 42,9 Prozent der westdeutschen Bevölkerung und die Protestanten nur noch 41,6 Prozent. Das sind zusammen 83,5 Prozent der Bevölkerung. 11,4 Prozent, insgesamt 6,7 Millionen Menschen, bezeichneten sich nun als konfessionslos, und 2,7 Prozent der in Deutschland Lebenden bekannten sich zu Allah und seinem Propheten.

Der Beitritt der DDR zum Staat des Grundgesetzes bedeutete eine folgenreiche religionskulturelle Zäsur. Man mag darüber streiten, ob Deutschland, wie damals vom letzten DDR-Ministerpräsidenten Lothar de Maizière angekündigt, nun wieder protestantischer wurde. Aber es duldet keinen Zweifel, dass mit dem glücklichen Ende der deutschen Teilung die Zahl derer, die keiner christlichen Kirche mehr angehörten, deutlich stieg: auf 22,4 Prozent der Bevölkerung. 1990 gehörten 36,9 Prozent der Deutschen einer evangelischen Kirche an und 35,4 Prozent der römisch-katholischen Kirche. 3,7 Prozent der in Deutschland Lebenden waren Muslime. Die seitdem zu beobachtenden Trends – ich habe sie mit Blick auf die beiden großen Volkskirchen 2011 in meinem Buch *Kirchendämmerung* zu analysieren versucht – lassen sich auf eine relativ einfache Formel bringen: Die beiden großen Kirchen schrumpfen kontinuierlich. Jahr für Jahr verliert die Evangelische Kirche in Deutschland 0,6 Prozent ihrer Mitglieder. Und auch bei den Kasualien lässt sich ein tiefgreifender Wandel beobachten: «Wurden Mitte der 1960er Jahre noch die Hälfte aller Neugeborenen evangelisch getauft, ist dieser Anteil seit 2000 auf unter 30 Prozent gesunken.»[4]

Die Entwicklungen im deutschen Katholizismus sind vergleichbar: Im Jahr 2010, vor dem Hintergrund des Missbrauchsskandals und der mangelnden Bereitschaft des deutschen Episkopats, auf die Opfer zuzugehen, sie – soweit dies überhaupt möglich ist – angemessen zu entschädigen und über mögliche Zusammenhänge zwischen Kirchenstruktur und Missbrauchsdichte nachzudenken, traten gut 180 000 Katholiken aus ihrer Kirche aus – 50 000 mehr als noch im Jahr 2009. Auch bei den Katholiken geht die Zahl der Täuflinge kontinuierlich zurück: Wurden 1970 noch 310 000 Taufen verzeichnet, so waren es 2010 nur noch etwa 170 000. Wie auch immer man diese Zahlen deutet, ein bestimmender Trend zur Entkirchlichung lässt sich jedenfalls mit Blick auf die beiden großen Volkskirchen nicht sinnvoll bestreiten. Einige kleinere christliche Gemeinschaften aber blühen und wachsen. Und die Zahl der Konfessionslosen nimmt dank der vielen Kirchenaustritte kontinuierlich zu: 2010 traten über 180 000 Menschen aus der römisch-katholischen und mehr als 145 000 aus der

evangelischen Kirche aus, was die Prozentzahl der Konfessions-
freien auf 37,2 ansteigen ließ – 2005 waren es erst 32,5 Prozent.

2. Von der Glaubensspaltung zur Alltagsökumene

«Ökumene» meint in Deutschland kirchen- wie allgemein-
politisch etwas signifikant anderes als in den sonstigen europäischen Gesellschaften. Schon im Alten Reich, dem Heiligen Römischen Reich Deutscher Nation, war der «Konfessionsfaktor» von
elementarer politischer Relevanz; die protestantischen Reichsstände hier und die römisch-katholischen Fürsten und Fürst-
bischöfe sowie der katholische Kaiser dort mussten in immer
neuen pragmatischen, bleibend fragilen Kompromissen die brü-
chige innere Einheit des Reiches sichern und zugleich eine reichs-
rechtliche Ordnung garantieren, die nach den Traumata der dreißigjährigen konfessionspolitisch motivierten Bürgerkriege einen
alltäglichen Modus vivendi der ganz unterschiedlich Glaubenden
ermöglichte. Die konfessionelle Pluralisierung des Christlichen
infolge der Reformation oder die – das sind ihrem Ursprung
nach antiprotestantische Kampfbegriffe aus dem katholischen
Deutschland – «Kirchen-» und «Glaubensspaltung» hat, so Thomas
Nipperdey, die deutsche Geschichte bis in die Gegenwart hinein
ungleich stärker geprägt als jede andere Strukturkonstante. Im
kleindeutschen Nationalstaat von 1870/71 repräsentierten die
Protestanten aggressiv und polemisch die sogenannte nationale
«Leitkultur», und Katholiken wurden in den hart geführten Kulturkämpfen als Bürger zweiter Klasse ausgegrenzt, mit Argumenten, die stark an die Rhetorik mancher Islamkritiker in der Gegenwart erinnern. Noch die Geschichte der Weimarer Republik ist
von harten fundamentalpolitischen Auseinandersetzungen zwischen republiktreuen, in der Zentrumspartei organisierten Katholiken und den zumeist – eine Ausnahme bilden nur die «ver-
fassungstreuen Kulturprotestanten» in der linksliberalen DDP
und in der Sozialdemokratie – republikfeindlichen, monarchis-

tisch restaurativ orientieren Kirchenprotestanten geprägt. Erst unter dem Druck der nationalsozialistischen Verfolgung fanden einzelne systemkritische Katholiken und Protestanten zu einer irgendwie gemeinsamen christlichen Identität. In der alten Bundesrepublik wurde «Ökumene» dann ebenso zum stabilitätspolitischen Imperativ wie die viel beschworene «Sozialpartnerschaft» von Arbeitgebern und Arbeitnehmern in der «sozialen Marktwirtschaft». In der Ost-West-Konfrontation mit der Sowjetunion und dem DDR-Kommunismus lautete das Überlebensgesetz der «Bonner» Republik: Wo Kulturkampf war, soll «Ökumene» sein, und statt Klassenkampf wurde nun in der «sozialen Marktwirtschaft» auf «Tarifpartnerschaft» gesetzt. «Ökumene» ist in (West-) Deutschland seit 1949, fern aller kirchenpolitischen Diskurse und Konflikte, deshalb auch ein zentraler Grundbegriff der politisch-sozialen Sprache. Um der inneren Integration des neuen demokratischen Gemeinwesens willen hatten Politiker aller Couleur zu Recht kein Interesse daran, die de facto immer noch vorhandenen tiefen religionskulturellen, theologischen und auch ethischen Gegensätze zwischen den beiden Konfessionskirchen in ihrer Härte wahrzunehmen oder gar zu verstärken. Wenn demokratische Politik in allem fundamentalen Streit immer auch auf pragmatische Verständigung und allseits akzeptierten Konsens zielen muss, gibt es ein legitimes politisches Interesse daran, religiöse Gegensätze herunterzuspielen und die mit Gottesglauben oft verbundenen starken Gewissheiten pragmatisch zu relativieren. Im weltanschaulich neutralen Verfassungsstaat und in der offenen, pluralistischen Gesellschaft der Vielen je Eigenes Glaubenden darf sich der Staat, schon aus Eigeninteresse, nicht zum Partner oder gar Komplizen nur eines religiösen Akteurs machen. Er hat das Gebot der Nichtidentifikation mit irgendeiner, weil eben nur partikularen Glaubensgemeinschaft zu wahren und muss religiöse Akteure zumindest der leitenden Tendenz nach gleich behandeln. Deshalb hat er ein Interesse daran, dass potentielle Konflikte zwischen religiösen Akteuren früh pazifiziert werden. Der deutsche Staat wollte und will diese Ökumene, vor allem zwischen den beiden großen Volkskirchen, weil diese immer auch die innere Integration der Gesellschaft fördert. Man muss nur auf die immer neue Dramatisierung von Wertkonflikten im politischen System der USA und den durch kulturkämpferische Aggressivität hier erzeugten Mangel an Kompromissfähigkeit oder aber an die leicht wieder zu entzündenden Konfessionskämpfe in Nordirland denken, um das nicht nur staatliche, sondern auch zivilgesellschaftliche Interesse an ökumenischer Pazifizierung von jahrhundertealtem Glaubensdissens nachvollziehen zu können. In pluralistischen Gesellschaften ist viel Konflikt völlig legitim. Aber sie brauchen auch ein wenig *common ground* oder verfassungspatriotischen Konsens über die in der Verfassung kodifizierte Ordnung des Zusammenlebens (aber keine «Grundwerte»!), also auch Bereitschaft zur Einsicht, dass man Kompromisse schließen können muss, um nicht durch dramatisierte Politisierung handlungsunfähig zu werden. Zudem haben CDU und CSU, als «ökumenische Sammlungsparteien», die sich trotz aller personellen Kontinuitäten zum «Zentrum», der katholischen Milieupartei, und trotz der Gründung eines eigenen «Evangelischen Arbeitskreises» dezidiert als überkonfessionelle christliche Parteien definierten, ein starkes Interesse am Abbau konfessioneller Spannungen. Und auch die beiden großen Kirchen sehen jenseits alles Religiösen und Theologischen hier ganz pragmatisch die Vorteile ökumenischer Verständigung: Wenn sie im politischen Betrieb gemeinsam agieren, sind sie deutlich stärkere, gewichtigere Lobbyisten, als wenn jeder von ihnen allein Politik zu machen versuchte. So gibt es in Deutschland auch eine politische Zweckökumene. Institutionell Gestalt gewann sie vor allem in der schon 1948 gegründeten «Arbeitsgemeinschaft Christlicher Kirchen in Deutschland e.V.», der ACK, der neben mehreren orthodoxen Kirchen – Armenisch-Apostolische Kirche in Deutschland, Äthiopisch-Orthodoxe Kirche in Deutschland, Syrisch-Orthodoxe Kirche von Antiochien, Orthodoxe Bischofskonferenz in Deutschland – auch die Evangelische Kirche in Deutschland (EKD), der Bund Evangelisch-Freikirchlicher Gemeinden in Deutschland, die Evangelisch-altreformierte Kirche

in Niedersachsen, die Heilsarmee in Deutschland, die Evange-
lische Brüder-Unität (Herrnhuter Brüdergemeine), die Evangelisch-
methodistische Kirche, die Selbständige Evangelisch-Lutherische
Kirche und der Mühlheimer Verband Freikirchlich-Evangelischer
Gemeinden angehören; hinzu kommen die römisch-katholische
Kirche in Gestalt des Verbandes der Diözesen Deutschlands, die
Arbeitsgemeinschaft Anglikanisch-Episkopaler Gemeinden in
Deutschland sowie das Katholische Bistum der Alt-Katholiken
in Deutschland. Auch unabhängig von der ACK suchen die bei-
den großen Kirchen immer wieder in gemeinsamen Erklärungen
Einfluss auf den politischen Prozess zu gewinnen.

Neben dieser institutionellen, an gemeinsamen Interessen orientierten Ökumene gibt es in Deutschland die gelebte Alltagsökumene. Konfession prägt und ist wichtig, aber sehr viele Menschen
sind weder an den lebensfernen Lehrstreitigkeiten der Theologen
noch an den hohlen Pathosformeln kirchlich wohlalimentierter
Berufsökumeniker interessiert. Gewiss, wer ein bischöfliches Gymnasium in Bonn besucht, wird mit anderen Traditionen, Riten
und Kulturidealen konfrontiert als ein Schüler am durch protestantische Traditionen geprägten Theresiengymnasium in München.
Aber alter Konfessionsdissens spielt hier eine geringere Rolle. An
der gern beschworenen «Basis» wird im Lande viel pragmatische
Alltagsökumene gelebt. Katholische Kirchengemeinden helfen
den Protestanten am Ort und umgekehrt, man feiert gemeinsam
Abendmahlsgottesdienste auch am Sonntag (obgleich der katholische Bischof es den Seinen untersagt), und man kooperiert immer
enger bei gemeindediakonischen Aktivitäten, etwa in der Alten-
betreuung. An der Münchner Universität veranstalten die Studierenden der Katholisch-Theologischen Fakultät und der Evangelisch-Theologischen Fakultät zu Beginn jedes Semesters ein
«Ökumenisches Weißwurstfrühstück», das durch Weißbier am
Morgen schon Dialogbereitschaft fördert. Auf dem «Ökumenischen Jugendkreuzweg» können junge bayerische Lutheraner gemeinsam mit jungen Katholiken aus der Erzdiözese München
und Freising konfessionsübergreifende «spirituelle Erfahrungen»

machen und den eigenen Lebensentwurf überdenken. Und im November laden zahlreiche oberbayerische Kirchengemeinden zu einem «Ökumenischen Martinsumzug» ein, bei dem der katholische wie der evangelische Pfarrer hoch zu Ross ihren Gemeinden zu gemeinsamer Andacht und einer Art verspätetem Erntedankfest voranreiten. Auch stellen beide große Kirchen kleineren christlichen Kirchen und Glaubensgemeinschaften, etwa den Gemeinden von Migranten oder im Lande lebenden Ausländern, nicht selten ihre Kirchenräume für Gottesdienste zur Verfügung.

Gerade hier, an der «Basis», hat Vielfalt in den letzten zwei oder drei Jahrzehnten sehr schnell zugenommen. Protestantische Hamburger ziehen an den Tegernsee, ein schwuler agnostischer Sozialpädagoge aus Berlin verliebt sich beim Stuttgarter CSD in einen katholischen Geistlichen aus der Diözese Rottenburg, und überhaupt gewinnt Verschiedenheit an Gewicht: protestantischer Mann mit katholischer Frau, Mann aus streng katholischer Familie mit freikirchlich-pietistischer Frau, muslimischer Jüngling mit christlicher Freundin, aber auch: der Kantor der lutherischen Kirchengemeinde, der mit einem katholischen Religionslehrer höchst innig und liebevoll zusammenlebt. Auch das ist «Ökumene», und zwar nicht dogmatisch konstruierte oder von Funktionären rituell beschworene, sondern «gelebte Ökumene» – freilich nicht selten in entschiedenenr Distanz zu den Kirchen. Denn diese oft sehr religiösen Menschen erleben elementar und konfliktreich, dass die etablierten Glaubensorganisationen, vor allem die beiden großen Kirchen, und hier speziell die römisch-katholische Kirche, der alltäglichen Vielfalt der Lebensentwürfe und Alltagspraktiken nicht gerecht werden. Kein Zufall, dass viele Deutsche die Kirchen, um Distanz zu markieren, gern als «Amtskirchen» bezeichnen. Wie naiv oder blind etwa müssen Kirchenvertreter sein, wenn sie – so der spätestens seit dem ausgehenden 18. Jahrhundert überkommene Begriff – «Mischehen» nun in ökumenepolitischem Korrektheitswahn als «konfessionsverbindende Ehen» bezeichnen? Ehepartner unterschiedlicher konfessioneller Herkunft wollen ja ihre Liebe leben, nicht aber unter Organisationen subsumiert werden. Und soll man nun die Ehe zwischen einer Jüdin und einem protestantischen Christen als «religionsverbindende» Ehe bezeichnen? Nur am Rande sei erwähnt, dass die christlichen Kirchen noch keine angemessene Antwort auf eine ganz neue gesellschaftliche Situation gefunden haben: die wachsende Zahl von Ehen oder standesamtlich bekundeten Partnerschaften zwischen Christen und Muslimen sowie zwischen Christen und entschieden Areligiösen, Konfessionslosen.

Wie ist der «Stand der Ökumene» im Lande? Man muss unterscheiden. Mehr Verschiedenheit bedeutet, wie nun schon zweimal gesagt, in aller Regel mehr Konflikt, und so steht zu erwarten, dass neben der rituellen Ökumene-Rhetorik Positionsdifferenzen zwischen den christlichen Kirchen, etwa in Fragen der Biopolitik, der Akzeptanz und kirchlichen Segnung von gleichgeschlechtlichen Partnerschaften oder der Familienpolitik, weiter an Gewicht gewinnen werden. Aber die bleibenden tiefen theologischen Gegensätze zwischen den beiden Volkskirchen werden dadurch relativiert, dass sie angesichts des wachsenden religiösen Pluralismus verstärkt darauf angewiesen sind, ihre Eigeninteressen – Eigeninteressen sind ethisch legitim! – und ihren Morallobbyismus gemeinsam wahrzunehmen. Überkommene Konfessionsgräben werden zudem dadurch überbrückt, dass vielen kirchlich engagierten Christen, Katholiken wie Protestanten, der theologische Streit von einst gleichgültig geworden ist. Oft verstehen sie gar nicht, worüber einst so heftig gestritten wurde, und alte dogmatische Lehren sind ihnen hier wie dort, in beiden großen Kirchen, einfach bedeutungslos geworden. Auf lokaler Ebene, in der Welt der Gemeinden und in der Gemeindediakonie, sind sich viele Katholiken wie Protestanten nicht zuletzt im ganz fundamentalen Misstrauen gegenüber ihren kirchlichen «Obrigkeiten» bzw. den «Amtskirchen» einig. Auch in Sachen Kirchenkritik funktioniert die deutsche Alltagsökumene bemerkenswert gut.

IV. Europäische Sonderwege

Kurz nach der kleindeutschen Reichsgründung erhält der protestantische Theologe und Philosoph Eduard Zeller, ein Schwiegersohn des prominenten Tübinger liberalprotestantischen Kirchenhistorikers Ferdinand Christian Baur und Schüler des radikalen, mit seinem Buch *Das Leben Jesu kritisch bearbeitet* 1835/36 überall in Europa berühmt gewordenen Hegelianers David Friedrich Strauß, einen Ruf an die Berliner Friedrich-Wilhelms-Universität. Sein Lehramt tritt der Historiker der antiken Philosophie mit Vorlesungen über «Staat und Kirche» an, die, 1873 publiziert, in ganz Deutschland schnell große Resonanz finden. Zeller diskutiert drei Möglichkeiten, das schwierige Verhältnis von Staat und Religionsgemeinschaften zu ordnen: substantielle Einheit, radikal laizistische Trennung, funktionale Trennung mit weitgehender Kooperation der beiden eigenständigen Akteure. Im Modell einer Einheit von Staat und nationaler Volkskirche sind alle Staatsbürger auch Kirchenmitglieder, was religiöse Homogenität in der Bevölkerung voraussetzt und Minderheiten diskriminiert. In lupenreiner Trennung, etwa nach dem Vorbild der religiös pluralistischen USA, werden große Kirchen wie kleine Sekten als bloße Glaubensvereine behandelt. Funktionale Trennung hingegen erlaubt es Staat und Kirchen, bestimmte Aufgaben kooperativ zu gestalten.

Als von David Friedrich Strauß geprägter Hegelianer weiß Zeller um die starke innere Bindungskraft religiöser Emotionen. Gemeinschaftlich gelebter Gottesglaube könne für die politische Ordnung gefährlich werden. Aber religiös fundierte Sittlichkeit vermöge dem Gemeinwesen auch zu nützen, indem sie Bürgertugend und Rechtstreue stärke. Hegel hatte in seinen 1821 erschienenen *Grundlinien der Philosophie des Rechts oder Naturrecht und Staatswissenschaft im Grundrisse* Religion als das den Staat «für das

Tiefste der Gesinnung integrierende Moment» erklärt und dem Staat das Recht zuerkannt, von den Bürgern die aktive Teilnahme an «irgendeiner Kirchengemeinde» zu fordern. Der große Vorzug solcher substantiellen Einheit von Staat und Kirche liegt darin, politische Institutionen im Gottvertrauen der Frommen zu fundieren. Allerdings negiert das Einheitsmodell die negative Religionsfreiheit der Bürger, ohne Einschränkung von Bürgerrechten die Kirche zu verlassen und sich von religiösem Glauben überhaupt loszusagen.

Im laizistischen Modell hingegen kann sowohl bunter Glaubensvielfalt als auch dem Grundrecht auf Gottlosigkeit Rechnung getragen werden. Hier drängt der Staat gelebte Frömmigkeit in die Privatsphäre ab und verzichtet darauf, sich mögliche religiöse Sinnressourcen zu eigen zu machen. Seine strenge Weltlichkeit droht freilich leicht in Staatskult umzuschlagen. Will er Bürgertugend mobilisieren, muss der laizistische Staat auf zivilreligiöse Surrogate setzen, etwa den Glauben an die eigene Nation. Wieder anders stellen sich Nachteile und Vorzüge des Kooperationsmodells dar. Die vertraglich vereinbarte Zusammenarbeit mit den Kirchen und sonstigen Religionsgemeinschaften droht die gebotene religiös-weltanschauliche Neutralität des freiheitlichen Verfassungsstaates zu gefährden. Andersgläubige und Gottesleugner werden hier schnell durch die Vertreter der religiösen Mehrheitsgesellschaft diskriminiert. Dass Staat und Kirchen eng zusammenarbeiten, kann allerdings dem Gemeinwohl dienen. Auch wird hier der innerliche Zwiespalt vermieden, den die Frommen im laizistischen Modell erleiden: Sie sollen im Laizismus loyale Staatsbürger sein, ohne dass der Staat sie zumindest momentan auch mit Blick auf ihren Glauben anerkennt. So müssen sie ihre Frömmigkeit von ihrem Bürgersein abspalten. Im Kooperationsmodell hingegen wird der religiöse Bürger auch als *religiöser* Bürger ernst genommen, der aus inneren Glaubensgründen der politischen Institutionenordnung gegenüber loyal ist.

Zellers klare Begriffe sind hilfreich, um die hohe Komplexität der religionsrechtlichen Verhältnisse im heutigen Europa zu erfas-

sen. Irgendeine europäische Normalität gibt es hier nicht. *Das
liberale Modell der institutionellen Entkoppelung von Staat und
Glaubensgemeinschaften findet sich in Europa nicht.* Vielmehr
lassen sich höchst unterschiedliche institutionelle Arrangements
beobachten. Diese ganz unterschiedlichen Ordnungsmodelle im
Staatskirchenrecht oder, pluralismusoffener formuliert, im Religionsverfassungsrecht spiegeln die vielen religionskulturellen Sonderwege in Europa seit der konfessionellen Pluralisierung des
Christentums im 16. Jahrhundert und den frühneuzeitlichen Reli-
gionskriegen. Die rechtlichen Arrangements, die im 17. und
18. Jahrhundert entwickelt wurden, haben eine erstaunlich starke
Beharrungskraft entfaltet und wirken in zahlreichen europäischen
Ländern bis heute fort. Dies verdient gerade mit Blick auf all jene
Spannungen Beachtung, die aus verstärkter religiöser Pluralisierung, etwa infolge der Einwanderung von Menschen aus außereuropäischen Ländern nach Europa, resultieren. Die hohe Vielfalt
ganz unterschiedlicher institutioneller Ordnungen im Verhältnis
von Staat und Religionsgemeinschaften wird von der Europäischen Union explizit anerkannt. In der Amsterdamer Kirchen-
erklärung aus dem Jahre 1997 wurde ausdrücklich festgehalten, dass
«die Union den Status, den Kirchen und religiöse Vereinigungen
und Gemeinschaften in den Mitgliedsstaaten nach deren Rechts-
vorschriften genießen, achtet und ihn nicht beeinträchtigt».

1. Radikaler Laizismus und Staatskirchen

Das klassische Beispiel für eine entschieden laizistische
Ordnung ist Frankreich. Revolutionsnostalgisch antiklerikal kul-
tiviert Frankreich seit den Trennungsgesetzen von 1905 strikten
Laizismus, die Trennung von Religion und Staat, also radikale Zu-
rückdrängung der Religionsgemeinschaften aus dem öffentlichen
Raum – mit einer fatalen Folge: Gläubige, die sich in staatlichen
Institutionen wie öffentlichen Schulen durch sichtbare Zeichen zu
ihrem Glauben bekennen wollen, erfahren den angeblich religiös

neutralen Staat primär als religionsfeindliche Unterdrückungs-
agentur. In den staatlichen Kindergärten und Schulen ist das
Tragen von Kopftuch, Kippa und Kruzifix bekanntlich verboten.
2013 wollte der Staat in Fortschreibung einer seit 2007 für alle
öffentlichen Verwaltungen gültigen «Charta der Laizität» noch
eine speziell das Erziehungssystem betreffende zweite «Charta der
Laizität» durchsetzen, die in allen staatlichen Erziehungseinrich-
tungen aushängen soll. Hier heißt es unter anderem: «Kein Schüler
kann sich auf eine religiöse oder politische Überzeugung berufen,
um einen Lehrer in Frage zu stellen, der ein bestimmtes Thema im
Unterricht behandelt.» Ziel der Charta sei es, so der sozialistische
Bildungsminister Vincent Peillon, alle Kindergartenkinder und
Schüler vor unterschwelliger religiöser Indoktrination zu schützen. Doch ist es ein heimliches Bekenntnis zum Katholizismus,
wenn es in der Schulmensa am Freitag Fisch zu essen gibt?

Welch absurde Folgewirkungen ein radikaler Laizismus haben
kann, zeigt sich seit 2011 in Quebec, der französischsprachigen
(und stark durch französische Tradition beeinflussten) Provinz
Kanadas. Hier wird nicht nur jede religiöse Unterweisung oder
das gemeinsame Basteln religiöser Symbole in staatlichen und
staatlich finanzierten Kindergärten untersagt. Wenn ein Erzieher
oder eine Erzieherin betet, dürfen sie die ihnen anvertrauten Kinder nicht zum Mitbeten auffordern. Um eine mögliche religiöse
Indoktrination der Kinder zu verhindern, ist es Rabbinern, Imamen, Pfarrern und anderen Vertretern von Religionsgemeinschaften verboten, einen staatlichen oder staatlich (mit-)finanzierten
Kindergarten zu betreten. Wird dieses Verbot übertreten, werden
dem Kindergarten die staatlichen Fördermittel entzogen. Zwar
darf im Dezember ein Weihnachtsbaum aufgestellt werden. Aber
die Erzieher dürfen ihn nicht irgendwie religiös deuten.

Durch die Zurückdrängung der Religionsgemeinschaften aus
dem öffentlichen Raum und die damit verbundenen Versuche,
gelebte Religion in die Privatsphäre zu verweisen, hat der französische Staat allerdings nur vielfältige neue Religionskonflikte provoziert. Gegen die im September 2013 verkündete «Charta der

Laizität» erhob sich konfessionsübergreifend heftiger Protest: Muslimische Verbände beklagten ebenso die Unterdrückung der Meinungsfreiheit wie katholische Elternorganisationen und ein jüdischer Verband. Das staatliche Interesse, den schnell explosiven Mentalstoff «Gottesglaube» durch Privatisierung zu entschärfen, hat jedenfalls nicht dazu geführt, dass Religion kein Thema politischen Streits und zivilgesellschaftlicher Diskurse mehr ist. Das Gegenteil ist der Fall: Wo die Säkularität des Staates als *gegen* die Freiheit des Glauben gerichtet erfahren wird, regt sich bald der öffentlich bekundete Protest aller möglichen Frommen. Die Annahme, dass entschiedene Laizität des Staates Religionskonflikte von vornherein ausschließe, hat sich nicht bewahrheitet. Im neuen religiösen Pluralismus sind nicht nur vielfältige Auseinandersetzungen zwischen miteinander rivalisierenden religiösen Akteuren inszeniert worden, sondern vor Gericht ist immer wieder auch um die Auslegung des Menschenrechts auf Glaubens- und Gewissensfreiheit gestritten worden.

Aber Europa kennt im frühen 21. Jahrhundert auch klassisch staatskirchliche Institutionenordnungen. Die griechisch-orthodoxe Kirche, der rund 95 Prozent der Griechen angehören, ist laut Verfassung eine Staatskirche, deren Bischöfe vom Parlament bestätigt werden müssen. Dänemark und Norwegen haben seit der Reformation lutherische Staatskirchen, die den starken Sozialstaat mit alten lutherischen Gemeinwohlideen fundieren. Diese Volkskirchen sind gemeinsam mit den entschieden lutherischen Monarchen die wichtigsten Integrationsmächte des Gemeinwesens. Auch wenn in Schweden die lutherische Staatskirche 1999 abgeschafft wurde, bleibt der Wohlfahrtsstaat hier doch stark durch ein lutherisches Gemeinwohlethos imprägniert.

Die Folgeprobleme klassisch staatskirchlicher Ordnungen lassen sich besonders gut am Beispiel Griechenlands verdeutlichen. Die Verfassung der Griechischen Republik vom 9. Juni 1975, die seitdem durch Gesetze von 1986, 2001 und 2008 geändert wurde, beginnt mit dem Satz: «Im Namen der Heiligen, Wesensgleichen und Unteilbaren Dreifaltigkeit», einem Zitat der Präambel der

Unabhängigkeitserklärung der ersten griechischen, revolutionären
Verfassung von Epidaurus aus dem Jahr 1822. Dem folgt ein I. Ab-
schnitt über die «Staatsform» als «republikanische parlamentarische Demokratie», die auf der Grundlage der «Volkssouveränität» die «Grundverpflichtung des Staates» anerkennt, «die Würde
des Menschen zu achten und zu schützen». Schon im II. Ab-
schnitt, beginnend mit Artikel 3, geht es dann um die «Beziehungen zwischen Kirche und Staat». «Vorherrschende Religion in
Griechenland ist die der Östlich-Orthodoxen Kirche Christi. Indem sie als Haupt unseren Herrn Jesus Christus anerkennt, bleibt
die Orthodoxe Kirche Griechenlands in ihrem Dogma mit der
Großen Kirche in Konstantinopel und jeder anderen Kirche
Christi des gleichen Bekenntnisses unzertrennlich verbunden und
bewahrt wie jede unerschütterlich die heiligen apostolischen und
die von den Konzilen aufgestellten Kanones sowie die heiligen
Überlieferungen. Sie ist autokephal und wird geleitet von der Heiligen Synode der sich im Amte befindlichen Bischöfe und der aus
deren Mitte hervorgehenden Dauernden Heiligen Synode, die
sich nach den Bestimmungen der Grundordnung der Kirche zu-
sammensetzt unter Beachtung der Vorschriften des Patriarchalischen Tomus vom 29. Juni 1850 und des Synodalaktes vom 4. September 1928.» Zwar streiten griechische Juristen darüber, ob die
Rede von der «vorherrschenden Religion» eher deskriptiv, als
Hinweis auf die Tatsache, dass rund 95 Prozent der griechischen
Staatsbürger der orthodoxen Kirche angehören, zu lesen ist oder
aber in dem Sinne normativ, dass der Verfassungstext hier «die
Institution der Staatskirche einführt beziehungsweise die vorherrschende Religion mit konkreten Privilegien, die den Merkmalen
der Staatskirche entsprechen, anerkennt».[1] Aber man kann einen
Staat wohl nur eingeschränkt als «säkular» oder «religiös-weltanschaulich neutral» bezeichnen, der in Art. 3 Absatz 3 seiner «Verfassung» erklärt: «Der Wortlaut der Heiligen Schrift bleibt unverändert erhalten. Eine offizielle Übertragung in eine andere
Sprachform ohne vorherige Genehmigung der Autokephalen
Kirche Griechenlands und der Großen Kirche in Konstantinopel

ist verboten.» Auch wird nicht viel gewonnen, wenn der Begriff «Staatskirche» vermieden und stattdessen von «national church» bzw. «Nationalkirche» gesprochen wird.[2] Denn die griechisch-orthodoxe Kirche ist de facto insoweit Staatskirche, als sie nur geringe Autonomie genießt und ihre Ordnung «die Gestalt eines typischen Parlamentsgesetzes»[3] hat. Ihre Bischöfe müssen vom Parlament bestätigt werden. Zwar werden auch die israelitische Religionsgemeinschaft und die diversen muslimischen Gemeinschaften als eine Art «Körperschaften des öffentlichen Rechtes» anerkannt. Zwei noch immer gültige Gesetze aus den 1930er Jahren legen jedoch fest, dass sie vom Staat, genauer: vom Ministerium für Erziehung und Religion, eine Erlaubnis zu öffentlichen Gebetsveranstaltungen einholen müssen. Laut dieser Gesetze muss der Staat sich zuvor der Zustimmung des örtlichen orthodoxen Bischofs versichern. Auch bleibt die «vorherrschende Religion», die trotz ihrer vielfältigen wirtschaftlichen Aktivitäten fast völlig von Abgaben an den Staat befreit ist, insoweit privilegiert, als staatliche Festlichkeiten weiterhin nach dem Ritus der orthodoxen Kirche durchgeführt werden, der Klerus vom Staate, also indirekt auch von Andersgläubigen, bezahlt wird und der orthodoxe Religionsunterricht in der Grund- und Mittelschule weiterhin für alle Schüler obligatorisch ist – mit Ausnahme des Sonderfalls West-Thrakien. Eine in der Verfassung eigens behandelte rechtliche Sonderstellung kommt zudem den Klöstern des Athos und ihren Mönchen zu.

In Griechenland fällt es religiösen Minderheiten sehr viel schwerer als in anderen europäischen Gesellschaften, ihr Recht auf Religionsfreiheit wahrzunehmen. Dies hat auch viel mit der Ekklesiologie der orthodoxen Kirchen zu tun. Sie haben erhebliche theologische Probleme damit, den christlichen konfessionellen Pluralismus als legitim anzuerkennen, und haben auch noch keine theologischen Ethiken entwickelt, die es ihnen erlaubten, ein vorstaatliches Grundrecht auf Religionsfreiheit anzuerkennen, das auch Nichtchristen wie insbesondere Juden und Muslimen gleiche Rechte garantiert. Gerade die griechisch-orthodoxe Kirche sieht sich als Hüterin der Nation und ist mit Blick auf die jahrhundertelange osmanische Fremdherrschaft entschieden islamophob.

Besonders deutlich zeigt dies der schon seit den 1920er Jahren immer wieder und nun mit zunehmender Schärfe geführte Streit um den Bau einer repräsentativen Moschee in Athen. Im Großraum von Athen leben derzeit wohl rund 750 000 Muslime – die Zahlenangaben in der Literatur schwanken sehr stark. War Griechenland einst eine arme Gesellschaft, aus der Menschen auf der Suche nach Arbeit und Einkommen auswanderten, so lassen sich seit Beginn der 1970er Jahre mehrere große Einwanderungswellen beobachten.[4] Kamen zunächst zahlreiche junge, meist männliche Pakistaner und Ägypter ins Land – zumeist illegal, ohne Aufenthaltserlaubnis –, so folgten in den 1990er Jahren große Gruppen von jungen Albanern, die inzwischen knapp zwei Drittel der eingewanderten Menschen stellen. Zwischen 1990 und 2006 kamen rund 800 000 Einwanderer aus Albanien und verschiedenen osteuropäischen Ländern nach Griechenland. Über ihre möglichen religiösen Aktivitäten ist nur wenig bekannt. Dies ist anders bei den eingewanderten jungen Männern aus Ägypten, Syrien, Marokko, Libanon, Bangladesh, Algerien, Sudan, Jordanien, Palästina und Pakistan. Sie verstehen sich als Muslime, und sie werden von der Mehrheitsgesellschaft als Muslime identifiziert. Die meisten von ihnen leben im Großraum von Athen, zunächst als sehr schlecht bezahlte, leicht ausbeutbare Schwarzarbeiter im informellen Sektor, seit dem neuen Einwanderungsrecht von 1998 und 2001 dann auch mit einer amtlichen *white card* für legale Arbeitsverhältnisse. Eigene, oft übersehene Beachtung verdient, dass es in Griechenland schon vor der Ankunft von Migranten aus dominant muslimischen Gesellschaften eine indigene muslimische Bevölkerung von gut 110 000 Menschen in West-Thrakien gab – griechische Staatsangehörige mit gleichen Rechten, die vor allem durch den Vertrag von Lausanne aus dem Jahr 1923 geschützt werden: Die griechische Regierung beruft für diese Muslime Muftis, als schariakundige Rechtsgelehrte, erkennt das Familienrecht der

Scharia an, unterstützt muslimische Stiftungen durch Steuermittel und fördert auch die Ausbildung von muslimischen Religionslehrern an einer eigenen Pädagogischen Akademie in Thessaloniki. Dennoch wanderten in den 1970er bis 1990er Jahren größere Gruppen dieser thrakischen Muslime in die Türkei aus, wurden hier aber als Griechen angefeindet – der türkische Staat verweigerte ihnen jede Aufenthalts- und Arbeitserlaubnis –, so dass viele von ihnen nach Griechenland zurückkehrten, wo man ihnen aber mit Blick auf das (bis Juni 1998) geltende Recht – wer auswandert, kann die Staatsangehörigkeit verlieren – die Wiedereinbürgerung verweigerte, mit der Folge, dass sie nun als illegale Einwanderer galten.[5]

Zu den seit 1970 neu ins Land gekommenen Muslimen unterhalten diese thrakischen Muslime so gut wie keinerlei Kontakte, und auch die aus West-Thrakien stammenden muslimischen Abgeordneten des griechischen Parlaments setzen sich nicht für die Belange der muslimischen Einwanderer ein.

Das zeigt sich gerade beim alten Streit um den Bau einer repräsentativen Moschee in Athen. Eine erste kleine Moschee wurde zu Beginn der 1990er Jahre auf dem Dach eines Luxushotels im Stadtzentrum errichtet – für reiche Geschäftsleute aus dem Nahen Osten, speziell aus dem Libanon und aus Saudi-Arabien und Kuwait, die mit ihren Familien während des ersten Golfkrieges nach Athen gezogen waren. Nachdem sie Mitte der 1990er Jahre weiter westwärts wanderten, vor allem nach London und Paris, wurde diese Moschee wieder geschlossen. So bleiben den vielen Migranten nur Gebetsversammlungen in privaten Räumen: in Wohnungen, Kellerräumen und Garagen. Versuche von Diplomaten aus Indonesien, Libyen, Marokko, Tunesien, Jordanien und Saudi-Arabien, die griechische Regierung im Vorfeld der Olympischen Sommerspiele 2004 zum Bau einer Zentralmoschee und eines islamischen Kulturzentrums in Athen zu bewegen, schienen insoweit erfolgreich, als der 2005 verstorbene saudische König Fahd seine Bereitschaft zur Übernahme aller Bau- und Infrastrukturkosten erklärte und die griechische Regierung daraufhin im Juni

2004 im Rahmen einer speziellen Gesetzesinitiative zur Vorbereitung und Durchführung der Olympischen Spiele die Zusage gab, bald eine Baugenehmigung zu erteilen. Doch noch bevor das Parlament darüber diskutieren und abstimmen konnte, gab es massive öffentliche Proteste, die vor allem von prominenten orthodoxen Klerikern angeführt wurden. Ernsthaft erklärte der Sprecher des Erzbischofs, dass man schon deshalb keine Moschee im Stadtzentrum errichten könne, weil der Anblick eines Minaretts für einen Griechen unzumutbar sei. Bevor nicht die Hagia Sophia in Istanbul wieder in eine christliche Kirche umgestaltet werde, brauche man über das Thema Moscheebau in Athen gar nicht weiter zu diskutieren. Als sich daraufhin der Menschenrechtskommissar des Europarates gemeinsam mit Vertretern der EU-Kommission zu Wort meldete, rief Metropolit Seraphim aus Piräus, der die geplante Moschee als ein «Kasernengebäude» bezeichnete, zu Protestdemonstrationen gegen die «Türkenfreunde» aus Brüssel auf. Unter dem Druck der EU beschloss die griechische Regierung im Januar 2013 den Bau einer Moschee in Athen – aber nicht im Zentrum und ohne Minarett! – unter der Bedingung, dass die Türkei den Bau finanziere.

Dies zeigt die sehr schwierige Lage: Nicht nur sind Staat und orthodoxe Kirche rechtlich ganz eng miteinander verbunden. Vielmehr nimmt ein erheblicher Teil der griechischen Bevölkerung den Islam primär nur als die Religion der osmanischen bzw. türkischen Unterdrücker wahr; man darf nicht vergessen, dass die sogenannte Turkokratia, das «Türkenjoch», vierhundert Jahre dauerte. Im Bewusstsein der großen Mehrheit sind griechische Nationalität bzw. Ethnizität und Zugehörigkeit zur orthodoxen Kirche identisch. Dies erklärt, warum nicht nur konservative Politiker der Nea Dimokratia und rechtsradikale Eiferer der Chrysi Avgi den Moscheebau ablehnten (und noch ablehnen), sondern sich auch Vertreter der radikalen Linken, etwa der Kommunistischen Partei, an Protestdemonstrationen beteiligten. Der orthodoxe Klerus versucht den Bau derzeit mit dem Argument zu verhindern, dass zunächst das von der Türkei 1971 geschlossene

Seminar von Halki, die bis dahin führende Theologische Hochschule des Ökumenischen Patriarchats von Konstantinopel, wieder eröffnet werden müsse. Die elementare Diskriminierung von Bürgern, die nicht der griechisch-orthodoxen Kirche angehören – man denke an den Zwang, am griechisch-orthodoxen Religionsunterricht teilnehmen zu müssen –, hat zu zahlreichen Verfahren vor dem Europäischen Gerichtshof für Menschenrechte in Straßburg geführt. Doch in der griechischen Rechtspraxis hat sich bisher nur wenig geändert.

Wieder anders und historisch individuell sind die religionsrechtlichen Verhältnisse in Großbritannien. Mit Blick auf die rechtliche Stellung der Kirchen und sonstigen Religionsgemeinschaften ist zunächst zwischen England, Schottland, Wales und Nordirland zu unterscheiden. Gerade im Religionsrecht zeigt sich hier die starke Prägekraft des Geschichtlichen. Das Vereinigte Königreich entstand 1707 durch die Union dreier bis dahin souveräner Länder mit je eigenen Kirchen. Deshalb haben die großen christlichen Kirchen keine institutionellen Strukturen entwickelt, die sich auf Großbritannien insgesamt beziehen, sondern bleiben in den Prinzipien ihrer inneren Gestaltung und rechtlichen Stellung auf die einzelnen Länder des United Kingdom bezogen. Komplexität wird dadurch noch gesteigert, dass Nordirland erst 1921 zum Vereinigten Königreich kam und die Kirchen hier an überkommene gesamtirische Organisationsstrukturen gebunden bleiben.

Sehr lange waren Katholiken und Juden in England Bürger minderer Klasse. Auch die protestantischen Dissenters und Freikirchen genossen weniger Rechte als die eng mit der Monarchie verbundene Church of England, die *established church*. Diese ist insoweit Staatskirche, als die Queen als formelles Oberhaupt, Supreme Governor, der Kirche auf Vorschlag des Premierministers Erzbischöfe und Bischöfe ernennt. Auch sind die beiden Erzbischöfe von Canterbury und von York und vierundzwanzig weitere Bischöfe Mitglieder im House of Lords: the Lords Spiritual. Noch immer gilt der antikatholisch geprägte Act of Settlement aus

dem Jahre 1700. Er schließt von der Thronfolge aus, «wer ausge-
söhnt ist oder sich aussöhnen wird oder Gemeinschaft hält mit
dem Stuhle oder der Kirche Roms oder wer die papistische Religion
bekennt oder sich mit einem Papisten vermählt».

Bis heute hat es in Großbritannien keinen römisch-katholischen Prime Minister gegeben; Tony Blair hat seine lange vor-
bereitete Konversion zur römisch-katholischen Kirche erst 2007,
nach dem Auszug aus 10 Downing Street vollzogen. Ein katholischer Prime Minister ist von der Beratung der Queen (oder des
kommenden Königs) in allen die Church of England betreffenden
Fragen ausgeschlossen. Über Reformen bis hin zur Anerkennung
der Freiheit des Thronfolgers, seine Konfession zu wechseln, ohne
der Nachfolgerechte verlustig zu gehen, wird bisweilen gestritten.
Tony Blairs Nachfolger Gordon Brown hat 2007 Gesetzesinitia-
tiven zur Reform der Beteiligung des Prime Ministers an der Ernennung anglikanischer Bischöfe angekündigt. Doch ist bisher
nichts geschehen. Natürlich leben auch in Schottland, Wales und
Nordirland anglikanische Christen. Aber die Scottish Episcopal
Church, die der weltweiten Anglican Communion angehört, ist
keine Tochterkirche der Church of England, sondern entstand
1690 durch Abspaltung von der Church of Scotland. Und in den
1920er Jahren wurde die anglikanische Kirche in Wales «disestab-
lished» und gewann so organisatorische Eigenständigkeit gegenüber der Church of England. So hat die Church in Wales einen
eigenen Erzbischof, der von den sechs Diözesanbischöfen der
Church in Wales gewählt wird. Die Scottish Episcopal Church
sowie die Church in Wales gehören der Anglican Communion an.

Im glaubensstrengen Schottland wurde die calvinistisch geprägte Church of Scotland, «the Kirk», 1926 von der «Staatskirche» zur «Nationalkirche» umdefiniert. Da der Staat hier, trotz des
eigenen schottischen Parlaments, vergleichsweise schwach ist, genießt die Church of Scotland seit 1921 vergleichsweise große Autonomie. Im Church of Scotland Act wurde ihr zugesichert, dass sie
«keiner bürgerlichen Gewalt untertan … in allen Angelegenheiten
von Lehre, Gottesdienst, Leitung und Disziplin in der Kirche»

autonom, ohne jede Einmischung staatlicher Organe, entscheide. Das Verhältnis zur Krone ist so geregelt: Die Queen (bzw. der zukünftige König) ist ein einfaches Mitglied der Kirche, aber mit einer besonderen Rolle. Sie (oder er) muss nach der Krönung einen Eid ablegen, die «Protestantische Religion und das Presbyterianische Kirchenregiment zu erhalten und zu bewahren». Pietistische Reformbewegungen und harte Lehrstreitigkeiten über liberale Theologie und historisch-kritische Deutung der Bibel führten im 19. Jahrhundert dazu, dass sich mehrfach kleinere Gruppen von der Church of Scotland abspalteten, unter anderem eine Free Church of Scotland, die den Anspruch erhebt, in wahrer institutioneller Kontinuität zur Church of Scotland zu stehen. Doch auch von dieser Free Church spalteten sich 1893 noch einmal besonders strenge Gläubige ab, indem sie die Free Presbyterian Church of Scotland gründeten.

Bis zum Trinitarian Act im Jahr 1812 war es für britische Staatsbürger verboten, sich zum Glauben des Propheten zu bekennen. Inzwischen leben etwa 2,4 Millionen Muslime in Großbritannien, vor allem in London und Wales. Dies hat in einigen britischen Städten zu mancherlei Konflikten zwischen alteingesessener Bevölkerung und Aktivisten von Migrantenorganisationen geführt. Weltbekannt wurden 1989 die Morddrohungen und Fatwas gegen den indischstämmigen Autor Salman Rushdie, der mit seinem Roman *Die satanischen Verse* die religiösen Gefühle vieler Muslime verletzt hatte und von zahlreichen muslimischen Akteuren der Blasphemie bezichtigt wurde. Ein Committee des House of Lords erklärte jedoch, dass der Fall Rushdie nicht unter die überkommenen strafrechtlichen Bestimmungen gegen Blasphemie falle, da diese sich nur auf den Schutz des christlichen Glaubens bezögen. Angriffe auf andere Glaubensweisen könnten unter dem alten Blasphemy Law nicht verfolgt werden. Hatte der Europäische Gerichtshof für Menschenrechte 1997 noch geurteilt, dass die alten strafrechtlichen Bestimmungen gegen Blasphemie nicht gegen die Meinungsfreiheit verstießen, so änderte der Gerichtshof in einem anderen britischen Fall 2002 seine Rechtsprechung. Auch dadurch entstand Handlungsdruck. 2002 setzte das House of Lords deshalb erneut ein Committee ein, zur Prüfung der Frage, ob es ein eigenes Gesetz gegen religiöse Beleidigungen geben solle. Dieses Committee stellte in seinem Bericht 2003 fest, dass das alte Blasphemy Law seinen Zweck nicht mehr erfülle, Handlungsbedarf bestehe und Großbritannien um des gesellschaftlichen Friedens willen ein neues Gesetz zum Schutz aller Glaubensrichtungen benötige. 2006 verabschiedete das House of Parliament nach langen, konfliktträchtigen Beratungen den Racial and Religious Hatred Act gegen ein neues Vergehen: Strafbar macht sich, wer von einer Person oder einer Gruppe von Personen aufgrund ihres religiösen Glaubens «inciting hatred» spricht. 2008 wurden dann auch die alten Strafbestimmungen zur Blasphemie aufgehoben.

Noch einmal ganz anders sind die Verhältnisse auf dem Balkan und im östlichen Europa. Die rechtliche und religionskulturelle Lage in Griechenland ist bereits geschildert worden. Aber auch andere orthodoxe Kirchen in Ost- und Südosteuropa vertreten ein Selbstverständnis, das auf die Fusion von Nation und Kirche hinausläuft; sie sind, soziologisch gesehen, christianisierte Ethno-Religionen mit vielfältigen dichten Beziehungen zwischen Klerus und (neo-)nationalistischen Bewegungen. Auf dem Balkan und im östlichen Europa machen die autokephalen orthodoxen Kirchen seit 1989 politisch mobil, um wieder als vielfältig privilegierte Staatskirchen oder «Nationalkirchen» anerkannt zu werden. Gelungen ist dies unter anderem in Moldawien, Mazedonien und Bulgarien. Hier sieht sich die orthodoxe Kirche, ganz im Sinne der orthodoxen Lehre von der «Symphonia» von Staat und Kirche im christlichen Gemeinwesen, als «Nationalkirche», deren besondere Rolle auch in der Verfassung betont wird: Zwar garantiert Artikel 13 der bulgarischen Verfassung aus dem Jahr 1991 die Konfessionsfreiheit, und es wird auch die Trennung von Staat und Religion betont. Doch zugleich erkennt Artikel 13 der orthodoxen Kirche den besonderen Status als «traditioneller Religion Bulgariens» zu; ihr gehörten bei der Volkszählung von 2011 76 Prozent der Bevölkerung an. Die Bevölkerung Rumäniens gehört zu knapp 87 Pro-

zent der rumänisch-orthodoxen Kirche an. 6,8 Prozent der Bürger
sind Mitglieder protestantischer Kirchen, 5,5 Prozent Katholiken,
davon knapp 1 Prozent griechisch-katholische Christen. Obgleich
die Verfassung Religionsfreiheit garantiert, ist die sich als Nationalkirche verstehende rumänisch-orthodoxe Kirche vielfältig
privilegiert. Vor allem protestantische Christen erleiden Diskrimi-
nierungen. Nur wenig liberal sind auch die religionsrechtlichen
Verhältnisse in Malta: Hier ist die römisch-katholische Kirche
Staatsreligion.

Starke staatskirchliche Traditionen gab und gibt es auch in den
vom lutherischen Protestantismus dominierten skandinavischen
Ländern. In Finnland sind sowohl die evangelisch-lutherische als
auch die russisch-orthodoxe Kirche Staatskirchen. In Artikel 2 der
Verfassung des Königreichs Norwegen war zwar das Recht auf
freie Religionsausübung garantiert. Aber sie wurde bis 2012 dann
zugleich eingeschränkt: Die evangelisch-lutherische Kirche bleibt
die offizielle Kirche des Staates. Wer ihr angehört, muss auch seine
Kinder evangelisch-lutherisch taufen lassen. Artikel 4 erklärte,
dass der König zu allen Zeiten die evangelisch-lutherische Religion bekennen soll und sie zu bewahren und zu schützen habe.
Nach langen Beratungen zur Reform der Norwegischen Kirche
erfolgte 2012 eine Verfassungsänderung, der zufolge Kirche und
Staat stärker getrennt werden. Der König ist nun nicht mehr
Oberhaupt der Kirche. Er ist nicht mehr verpflichtet, die christliche Religion zu verbreiten und zu schützen. Aber er muss weiterhin evangelisch-lutherisches Kirchenmitglied sein. Als König
Harald erfuhr, dass die Reformkommission die Bekenntnispflicht
des Königs abschaffen wollte, ließ er ihren Mitgliedern ausrichten,
dass er ihre Beibehaltung wünsche und ihm in einer das Selbstverständnis des Monarchen betreffenden Frage die Entscheidungs-
kompetenz zukomme. Statt von «Staatsreligion» wird in der Verfassung nun von der «nationalen Kirche Norwegens» gesprochen.
Auch fiel die Bestimmung fort, dass mindestens die Hälfte der
Minister der evangelisch-lutherischen Kirche angehören müssen.
Der einst für die Ernennung von Bischöfen zuständige Staats-

kirchenrat, gebildet aus den evangelisch-lutherischen Regierungsmitgliedern, wurde abgeschafft. Bischöfe werden nun von den Kirchenmitgliedern gewählt. Die inneren Angelegenheiten der Kirche werden nicht mehr von der Stortinget, dem staatlichen Parlament, sondern von der Kirche selbst geregelt. Dazu musste sich diese laut Parlamentsbeschluss stärkere demokratische Strukturen geben.

Die evangelisch-lutherische «Volkskirche» hat jedoch weiterhin einen besonderen rechtlichen Status. Sie bleibt Teil der staatlichen Verwaltung. Ihre Geistlichen – Bischöfe, Pröpste und Pastoren – dienen dem Land als gut bezahlte Staatsbeamte. Und die Mitglieder der Kirche, das sind 76 Prozent aller Norweger, zahlen keinerlei Kirchensteuer oder sonstige Abgaben – weil die Kirche direkt vom Staat finanziert wird. Auch ist es weiterhin Gesetz, dass man durch Geburt Mitglied der «Volkskirche» wird, sofern ein Elternteil ihr angehört. Doch mit Blick auf den neuen religiösen Pluralismus im Lande – es gibt 2 Prozent Katholiken, 2 Prozent Muslime und 4 Prozent Christen in zumeist protestantischen Freikirchen – hat sich der Staat darauf festgelegt, auch andere Glaubensgemeinschaften und Weltanschauungsverbände zu alimentieren. So wird auch der Human-Etisk Forbung, der kirchenkritische Humanistische Verband, der die nur unzureichende Trennung von Staat und Kirche beklagt, von jenem christlichen Kulturstaat finanziert, dessen christliches Wertefundament – genau davon spricht die Verfassung nun – er ablehnt.

Die Mehrheit der europäischen Länder hat sich für kooperativ angelegte Trennungsmodelle entschieden. Sie wollen keinen radikalen Laizismus oder «säkularen Fundamentalismus» (Dieter Grimm), sondern erkennen religiöse Akteure als wichtige gesellschaftliche Kräfte an, die im gelingenden Fall dem Gemeinwohl dienen. Zumeist sind Staat und Kirche bzw. Religionsgemeinschaften durch Verträge aneinander gebunden. Seit 1989 haben, mit Ausnahme nur der Tschechischen Republik, alle neuen mittel- und osteuropäischen Mitgliedsländer der EU Konkordate mit dem Heiligen Stuhl abgeschlossen. Große Vielfalt prägt die Eidgenossenschaft, wo Artikel 72 der Bundesverfassung Staat und Kirche trennt, aber jeder Kanton vor dem Hintergrund seiner je eigenen Geschichte konfessioneller Konflikte diese Trennung individuell gestaltet. Initiativen zur vollständigen, laizistischen Trennung haben hier keine Mehrheiten gefunden. Auch hat die Schweiz 2009 ein völkerrechtlich hoch problematisches Gesetz zum Verbot des Baus von Minaretten verabschiedet, also muslimische Bürger gegenüber christlichen Bürgern klar diskriminiert.

Auch in Deutschland ist die sogenannte hinkende Trennung weithin akzeptiert. Seit dem Ende der Monarchie sind Staat und Kirchen zwar getrennt. Im Sinne einer positiven Religionsfreiheit erhielten die Kirchen in der Weimarer Reichsverfassung jedoch den besonderen Rechtsstatus von Körperschaften des öffentlichen Rechtes, der ihnen mancherlei Sonderrechte und staatliche Transferleistungen garantiert. Zudem verpflichtete sich der religiös-weltanschaulich neutrale Staat, der die gleiche Freiheit aller zu achten hat, also nicht diskriminieren darf, in zahlreichen Konkordaten und Verträgen auf eine enge Zusammenarbeit mit beiden großen Kirchen. Sie sind in Deutschland, anders als etwa in Frankreich, bis heute die stärksten gesellschaftlichen Organisationen mit großer öffentlicher Präsenz, insbesondere im Sozialbereich. Um eine Diskriminierung kleinerer religiöser Akteure zu vermeiden, wurden in der Bundesrepublik zunächst die jüdischen Landesverbände, später auch diverse christliche wie nichtchristliche Glaubensgemeinschaften als Körperschaften des öffentlichen Rechts anerkannt. Deshalb ist die bisweilen in der Presse vertretene Behauptung, das deutsche Staatskirchenrecht bevorzuge einseitig die beiden großen Volkskirchen, falsch. So hat, um nur zwei aktuelle Beispiele zu nennen, der Tempelverein des Hindutempels in Hamm im Juni 2013 mit einer Klage beim Verwaltungsgericht Arnsberg Erfolg gehabt; als Körperschaft des öffentlichen Rechts muss das Land Nordrhein-Westfalen ihn nun den christlichen Kirchen und sonstigen Religionsgemeinschaften mit Körperschaftsstatus gleichstellen. Ebenfalls im Juni 2013 ist die Ahmadiyya Muslim Dschamaat als erste muslimische Gemeinde im

Bundesland Hessen als Körperschaft des öffentlichen Rechts anerkannt worden.

Was im Staate rechtlich gilt, muss in den Kirchen und sonstigen religiösen Gemeinschaften theologisch begriffen sein. Den
unterschiedlichen religionsrechtlichen Ordnungen entsprechen in
den diversen europäischen Christentümern je eigene theologische
Deutungskulturen. Orthodoxe Theologen begründen die Einheit
von Staat und Kirche gern klassisch byzantinisch mit demütiger
Anerkennung unbedingter Staatsautorität. Theologische Kritiker
dieses Systems beleben mit klarem Willen zu mehr Klerikalmacht
derzeit die alte Vorstellung von der «Symphonie», um Staat und
Kirche einander als zwei relativ selbständige Gebilde zuzuordnen
und so für die Kirche größere Autonomie zu gewinnen. Oft sind
im orthodoxen Diskurs auch ethno-religiöse Argumente im Spiel,
die nationalistische Fiktion einer gottgegebenen Einheit von Volk,
Kirche und souveränem Nationalstaat.

Hingegen blieb die römisch-katholische Staatslehre sehr lange
durch naturrechtliche Denkmuster geprägt, die keine wirkliche
Autonomie des Politischen zu akzeptieren erlaubten. Oft wird behauptet, dies sei seit dem II. Vatikanischen Konzil (1962–1965)
nun ganz anders. Aber elementare Spannungen bleiben. Das Lehramt erkennt nur die «wahre» oder «echte» Demokratie als kirchlich
legitim an, also einen demokratischen Staat, der in fundamentalen
ethischen Fragen dem der Kirche als Offenbarungswahrheit er-
schlossenen «natürlichen Sittengesetz» folgt. Wegen des behaupte-
ten Vorrangs des «Sittengesetzes» vor dem positiven, staatlichen
Recht erklärt die römisch-katholische Kirche staatliche Gesetze
zahlreicher europäischer Staaten für Unrecht.

Wieder ganz andere theologische Begründungsmuster finden
sich in protestantischen Diskursen. Für Lutheraner ist der Staat
nur «ein weltlich Ding». Doch taten sie sich bis zur Mitte des
20. Jahrhunderts schwer damit, demokratische Volkssouveränität
und Menschenrechte anzuerkennen. Nicht wenige Reformierte
wollten den Staat zu einer Sittenanstalt machen, die im engen
Bündnis mit der Kirche die Sünder diszipliniert. Es brauchte sehr

lange Jahre, bis protestantische Theologen die eigene ethische wie religiöse Dignität des schlicht weltlichen Rechtsstaates entdeckten: Er erlaubt es, Moral, Recht und Glaube prägnant zu unterscheiden. Die Kirche muss hier nicht Staat spielen, und der Staat kann sich auf sein Eigenes, die Sicherung von Recht und öffentlichem Frieden, beschränken. Er muss nicht Werte-, Sitten- oder Konfessionsstaat sein. Das tut dem Glauben nur gut. Er ist nun davon entlastet, sich selbst politisch misszuverstehen.

Durch verstärkte religiöse Pluralisierung, etwa infolge der Einwanderung von ganz anderen Christen aus Asien, Afrika und Lateinamerika, und speziell durch die wachsende Präsenz von Muslimen sehen sich die europäischen Gesellschaften neu dazu gezwungen, die friedensstiftende Integrationskraft ihres Religionsverfassungsrechtes zu überdenken. So ziehen derzeit mancherlei Fromme vor Gericht, weil sie sich diskriminiert fühlen oder Sonderrechte durchsetzen wollen. Die vielen religionsrechtlichen Streitfälle auf europäischen Gerichtsbühnen haben gezeigt: Das Einheitsmodell und der radikale Laizismus werden wachsender religiöser Vielfalt sehr viel weniger gerecht als Kooperationsmodelle. Jedenfalls werden sie von vielen Frommen als diskriminierend erlebt.

2. Muslime in Europa

Um der antagonistischen Komplexität der hier bestehenden Probleme gerecht werden zu können, muss kurz die große national- wie religionskulturelle Vielfalt unter den nun in Europa lebenden Muslimen skizziert werden. Zunächst: Viele Menschen aus dominant muslimischen Gesellschaften, die nach Europa kommen und hier von der mehr oder minder christlichen Mehrheitsgesellschaft als Muslime wahrgenommen, genauer: identifiziert werden, haben gar kein stark oder gar explizit gelebtes muslimisches Selbstverständnis. Gewiss, sie kommen aus muslimisch geprägten Gesellschaften und sind in ihren Familien dort als Muslime sozialisiert worden und aufgewachsen. Aber religiöser Glaube bedeutet ihnen oft nicht viel, und so sind sie in ganz ähnlicher Weise Muslime wie nicht wenige Christen in Europa eben Christen sind: von der religiösen Tradition und (mit Blick auf die Kirchen) Institution ganz distanziert, irgendwie diffus gläubig, aber gewiss nicht kirchlich, am religiösen Ritus nur beim Heiligen Abend, bei der Taufe des Enkels bzw. der Enkelin oder wegen der eigenen – als christliche Feier gewollten – Beerdigung interessiert.

In der Europäischen Union leben derzeit 18 Millionen Muslime. Die große Mehrheit von ihnen wird wohl hier bleiben und in mehr oder minder konfliktreichen Integrationsprozessen in den immer noch sehr stark von den diversen Christentümern geprägten europäischen Gesellschaften ihren Platz finden. Auch beim «Islam in Europa» muss man freilich unterscheiden können. Denn es finden sich von Land zu Land ganz unterschiedliche muslimische Lebenswelten. Zunächst zu unserem, dem deutschen Fall: Hier ist die große Mehrheit der Muslime seit den 1960er Jahren infolge von Arbeitsmigration, um höheren Wohlstands willen, aus der Türkei ins Land gekommen. Daneben gibt es Muslime aus Serbien, aus den nordafrikanischen Ländern einschließlich Ägyptens, aus Palästina und den arabischen Ländern. Aber man muss aufpassen, nicht falsche Labels zu verwenden: Viele der türkischen Einwanderer sind nicht besonders fromm, sehen sich eher als säkulare Türken denn als gläubige Muslime. Die Mehrheitsgesellschaft aber nimmt sie primär als Muslime wahr, und aus dieser Differenz von Selbstdeutung und Fremdwahrnehmung resultieren mancherlei Konflikte. Einige eher glaubensferne türkische Migranten entwickeln bald ein stärker muslimisch akzentuiertes Selbstverständnis – weil man sie immer als Muslime ansieht. Andere werden zu bisweilen aggressiven Kritikern des Islam und fühlen sich von der Mehrheitsbevölkerung nicht angemessen wahrgenommen und respektiert. Viele türkische Migranten sind inzwischen wirtschaftlich erfolgreich, und schon lange hat sich in zahlreichen deutschen Städten ein wohlhabender deutsch-türkischer Mittelstand gebildet. Zahlreiche in Deutschland geborene und hier gut ausgebildete Türkinnen und Türken aus der zweiten und dritten Generation sind in den letzten Jahren in die Türkei, vor allem nach Istanbul, zurückgegangen, womit sie auch die inneren Polarisierungen in der türkischen Gesellschaft, die Kulturkämpfe zwischen den religiös gestimmten Anhängern Recep Tayyip Erdogans (und seiner Partei AKP) und strikt westlich orientierten säkularen Eliten verschärft haben.

Ganz anders die Verhältnisse in unseren Nachbarländern: In Frankreich stammen die meisten Muslime aus Marokko und Algerien und zunehmend auch aus einigen schwarzafrikanischen Staaten. Hier haben die Integrationskonflikte sehr viel mit den Kolonialkriegen zu tun. Auch in Großbritannien und in den Niederlanden ist in den muslimischen Lebenswelten die koloniale Vergangenheit präsent.

Die Zahl der britischen Muslime belief sich 2005 auf 2,4 Millionen neben etwa 1,5 Millionen Hindus und rund 300 000 Juden, die der Muslime in den Niederlanden auf knapp 1 Million neben etwa 150 000 Hindus und 18 000 Juden. Die meisten britischen Muslime kommen aus den früheren Kolonien, vor allem aus Pakistan, Bangladesh und Indien. Kleinere Gruppen muslimischer Migranten in Großbritannien sind aus Malaysia, Indonesien und Somalia ins Land gekommen. Aber die Verhältnisse ändern sich schnell. Allein zwischen 2004 und 2008 hat die Zahl der Muslime in Großbritannien um rund 400 000 zugenommen. Das Pew Forum geht davon aus, dass inzwischen 2,9 Millionen Muslime im Vereinigten Königreich leben. Von den 2,4 Millionen britischen Muslimen im Jahre 2009 waren 301 000 unter vier Jahre alt. Aber der Begriff «Muslime im Vereinigten Königreich» ist allzu abstrakt und allgemein, um die Situation zu erfassen. Nicht nur aufgrund ihrer ganz unterschiedlichen Herkunft, sondern auch aufgrund der Bindung an je partikulare muslimische Traditionen und Gemeinschaften gibt es unter den britischen Muslimen viel Konkurrenz, Rivalität und Streit. Einige Migranten haben sich in der britischen Gesellschaft schnell und erfolgreich durchgesetzt, andere bleiben marginalisiert und klagen über Ausgrenzung, Rassismus und manifeste Verfolgung – vor allem seit dem 11. September und seit 7/7, den Anschlägen auf die Londoner U-Bahn und einen Bus am 7. Juli 2005.

Eine traumatisierende Erfahrung aber verbindet jenseits allen Streits die in Großbritannien lebenden Muslime: die Erfahrung kolonialer Fremdherrschaft, imperialistischer Politik und massiver Ausbeutung der Kolonien durch das Mutterland. Und stärker als in anderen europäischen Einwanderungsgesellschaften – dies sind inzwischen alle europäischen Gesellschaften – sehen sich die britischen Muslime in der Konkurrenz mit anderen nichtchristlichen Migranten: 2007 dürften wohl rund 1,5 Millionen Hindus in Großbritannien gelebt haben, die große Mehrheit von ihnen im Großraum von London. Schon beim amtlichen Zensus des Jahres 2001 wurden in Großbritannien 336 149 Sikhs erfasst. Ihre Zahl hat seitdem noch einmal deutlich zugenommen.

Deshalb muss man hier jeweils ganz genau hinsehen und Stereotypen wie etwa «die europäischen Muslime» vermeiden. Integration wird in genau dem Maße gelingen, in dem sich beispielsweise junge Muslime nicht weiter gedemütigt und ausgegrenzt fühlen, sondern sie Respekt erfahren und ihnen Bildungschancen eröffnet werden. Dazu muss man sie in ihrer Individualität ernst nehmen, also nicht einfach als «Muslime» definieren. Denn in aller Regel geht kein Mensch in seinem Glauben auf, sondern bestimmt sich auch durch Sprache, Nation, regionale Herkunft, Geschlecht oder sexuelle Identitätskonstruktion sowie soziale Lage und Bildungsgrad. Mehr Verschiedenheit kann auch mehr an Lernchancen und kreativer Spannung bedeuten. Es hängt von der Mehrheit der Nichtmuslime ab, ob die verstärkte und weiter zunehmende Präsenz von Muslimen in Europa eine Erfolgsgeschichte wird. Von kleinen glaubensradikalen, auch gewaltbereiten Gruppen sollte man sich nicht die Sicht der komplizierten Dinge vorschreiben lassen.

Innerhalb der Europäischen Union hat derzeit nur ein einziges Mitgliedsland, die Republik Österreich, ein Religionsverfassungsrecht, das den Muslimen einen gleichberechtigten gesetzlichen

Status zuerkennt. Zwei Jahre vor Beginn des Ersten Weltkriegs, der «Urkatastrophe» (George F. Kennan) des 20. Jahrhunderts, wurde in der österreichisch-ungarischen Doppelmonarchie ein Gesetz «betreffend die Anhänger des Islam nach hanefitischem Ritus als Religionsgesellschaft» verabschiedet. Denn durch die Annexion Bosniens lebten nun mehr als 500 000 Muslime in Österreich, und deren Glaubensrechte mussten nach dem Vorbild der diversen christlichen Kirchen und Glaubensgemeinschaften kodifiziert werden. Der entscheidende Paragraph lautete, dass die Muslime hanefitischen Ritus «als solche sowie hinsichtlich ihrer Religionsausübung und ihrer Religionsdiener denselben gesetzlichen Schutz wie andere gesetzlich anerkannte Religionsgesellschaften genießen». «Auch die Lehren des Islams, seine Einrichtungen und Gebräuche genießen diesen Schutz, insofern sie nicht mit den Staatsgesetzen im Widerspruch stehen.» Der Erste Weltkrieg und sein Ausgang machten dieses Gesetz zwar obsolet; aber es wurde – österreichische Hofratsbürokratie folgt ihren eigenen Gesetzen – bis heute nicht aufgehoben. Und mit der Arbeitsmigration von Muslimen nach Österreich gewann es seit den 1970er Jahren wieder an Relevanz. Dennoch wird es der komplexen Gegenwartslage nicht gerecht: Denn natürlich sind die nach Österreich eingewanderten, nun im Lande lebenden und als Staatsbürger inkludierten Muslime nicht mehr nur dem «hanefitischen Ritus» zuzurechnen. Immerhin: Österreich hat ein geltendes Religionsgesetz, in dem die Parität einer muslimischen «Religionsgesellschaft» – dies ist ein Begriff der aufklärerischen Religionsdiskurse des 18. Jahrhunderts – festgeschrieben ist.

Nun wird im Nachbarland zwar über ein neues Religionsrecht mit speziellem Blick auf die muslimischen Minderheiten gestritten. Darin spiegelt sich auch die Erfahrung, dass es auf lokaler oder kommunaler Ebene beim beantragten Bau von Moscheen und islamischen Kulturzentren oft äußerst polemische Kritik von – in manchen Bundesländern Österreichs bekanntlich sehr starken – neonationalistischen, rechtsradikalen Akteuren gab. Aber weil das alte Recht noch gilt, sind sich auch viele Vertreter muslimischer Organisationen und Repräsentanten des Staates darüber einig, dass es kein Zurück hinter die kodifizierte Gleichberechtigung des Jahres 1912 geben kann – erst recht mit Blick auf europäische Rechtsstandards nicht. Aber man braucht nun eine rechtliche Regelung, die auch diversen anderen muslimischen Gruppen und Gemeinschaften Gleichberechtigung garantiert.[6] Dabei geht es nicht nur um vergleichsweise schnell zu regelnde Fragen wie die seelsorgerliche Präsenz von Imamen in staatlichen Krankenhäusern und Gefängnissen. Heeres-Imame gab es schon in der Doppelmonarchie, und so spricht nichts dagegen, dass es sie wieder geben kann und wird. Aber es geht nun, mit Blick auf jene Menschen- und Grundrechte, die 1912 noch gar nicht anerkannt waren, auch um ungleich schwierigere Themen: das Ehe- und Familienrecht, speziell die Gleichberechtigung der Frau vor dem Gesetz; das Grundrecht auf körperliche Unversehrtheit und die damit nun einmal kollidierende Praxis der Beschneidung jüdischer wie muslimischer neugeborener Jungen; das mit den geltenden Tierschutzgesetzen kollidierende Schächten. Nach dem Vorbild der deutschen Islamkonferenz hat das österreichische Innenministerium deshalb einen eigenen Staatssekretär für Integration berufen und ein Dialogforum Islam institutionalisiert.

3. Theokratische Versuchungen

In den Ländern mit «hinkender Trennung» hält man gern an den alten institutionellen Arrangements fest und sucht innerhalb des überkommenen Ordnungsrahmens Platz für muslimische Akteure zu schaffen. Dies ist jedoch insofern schwierig, als die meisten Varianten des Islams ja keine feste Glaubensorganisation kennen, in die man eintritt und aus der man nach individueller Dezision auch wieder austreten kann. Mit wem soll der Staat hier Verträge schließen? In Kooperationsmodellen setzt die Integration muslimischer Minderheiten voraus, dass sie sich irgendwie kirchenanalog organisieren. Repräsentativ ist das Beispiel

der «Islamkonferenz» des deutschen Bundesinnenministers: Wenn
der Staat nur endlich einen die oder gar alle Muslime wirklich
vertretenden Ansprechpartner habe, könne er diese muslimische
Gesamtvertretung als Körperschaft des öffentlichen Rechts anerkennen. Bisher ist nur einzelnen muslimischen Moscheevereinen
der Körperschaftsstatus zuerkannt worden.

Man setzt in der deutschen Islam-Politik auf einen Tauschhan-
del: Ihr organisiert euch, dann geben wir euch Privilegien und
Zugang zu staatlichen Ressourcen. Für die Staatsleistungen dankt
ihr wiederum mit der Zusicherung bürgerlicher Loyalität zum
Staat des Grundgesetzes. Hier wird stark etatistisch, in tendenziell
autoritären Mustern einer Integration der radikal pluralistischen
religiösen Lebenswelten von oben gedacht. Die interne Vielfalt
ganz unterschiedlicher Ausprägungen des Islams bleibt im deutschen Diskurs oft unterschätzt.

Gern wird an die europäischen Muslime appelliert, endlich
westliche Werte zu akzeptieren. Gewiss, einen Anspruch auf Ein-
bürgerung und gleiche Rechte hat nur, wer die Rechtsordnung zu
akzeptieren bereit ist. Aber niemand muss im freiheitlichen Staat
öffentliche Wertbeschwörungsrituale absolvieren oder Bekenntnisse zu einer abendländischen Kultursubstanz ablegen. Erinnert
sei an den umstrittenen Fragebogen der Einwanderungsbehörden
in Baden-Württemberg. Hier hatte man Migranten, die deutsche
Staatsbürger werden wollten, gefragt: «Stellen Sie sich vor, ihr
volljähriger Sohn kommt zu Ihnen und möchte gern mit einem
anderen Mann zusammenleben. Wie reagieren Sie? Was halten Sie
davon, dass in Deutschland Homosexuelle öffentliche Ämter be-
kleiden?» Nun ist die Gleichberechtigung von Mann und Frau
Gebot der Verfassung, und die relative Gleichstellung gleichgeschlechtlicher Lebensgemeinschaften mit der traditionellen, hete-
rosexuellen Ehe von Mann und Frau ist in der Bundesrepublik,
auch unter dem Druck der Rechtsprechung des Bundesver-
fassungsgerichts, seit 2001 Gesetz. Das muss anerkennen, wer im
deutschen Rechtsstaat seine Bürgerrechte wahrnehmen will. Aber
der liberale Staat hat keinerlei Recht, seine Bürger danach zu

fragen, was sie denn über Homosexuelle in öffentlichen Ämtern denken. Hier muss prägnant zwischen Moralität und Legalität unterschieden werden. Die Bereitschaft zum strikten Rechtsgehorsam genügt, um deutscher Staatsbürger werden zu können. So lautet die entscheidende Frage, ob und inwieweit es mit Reflexionsfiguren aus islamischen Überlieferungen möglich ist, die Weltlichkeit des Staates und speziell seine weltanschauliche Neutralität als theologisch legitim anzuerkennen. Lässt sich aus islamischen Traditionen die Säkularität des Staates als freiheitsdienlich und ethisch geboten begründen? Hier ist leider wohl (noch) einige Skepsis geboten.

Man kann Staat und Kirchen mehr oder minder konsequent trennen, aber eben nicht Religion und Gesellschaft. Religiöse Akteure, die sich am öffentlichen Diskurs beteiligen, haben in einer freien Gesellschaft Anspruch darauf, auch von den entschieden säkularen Bürgern gehört zu werden. Als zivilgesellschaftliche Akteure sind die Kirchen und andere Religionsgemeinschaften umgekehrt verpflichtet, sich im Diskurs an Spielregeln der Fairness zu halten. Wer nicht, wie John Rawls, alle «umfassenden religiösen oder philosophischen Lehren» von vornherein aus dem öffentlichen Diskurs ausschließen will, muss von religiösen Akteuren die Bereitschaft erwarten, im immer neuen Streit um die Auslegung und Fortschreibung der Verfassung elementaren Regeln – wie etwa Respekt vor dem Andersdenkenden und Bereitschaft zum Kompromiss – zu folgen.

Damit tun sich auch die großen christlichen Kirchen nicht selten schwer. Gern geben sie der theokratischen Versuchung nach, den Staat auf ihre weltanschaulich partikularen Positionen festlegen zu wollen. So bleibt die religiös-weltanschauliche Neutralität des Staates gerade in kooperativ angelegten Trennungsmodellen permanent umkämpft. Man muss sie auch theologisch, um der Entlastung des Glaubens von politischer Überforderung willen, verteidigen. Das allein bietet die Chance, dass auch muslimische Akteure in Europa den säkularen Rechtsstaat als einen Ort der Freiheit entdecken können. Die christlichen Kirchen können dies durch kluge Selbstbegrenzung fördern. Lernprozesse bei muslimischen Akteuren können sie jedenfalls nur in genau dem Maße stimulieren, in dem sie selbst darauf verzichten, den Rechtsstaat zu einem christlichen Wertestaat machen zu wollen.

V. Religiöse Globalisierung

1. Weltweite Ökumene

«Ökumene» ist ein vieldeutiger, schillernder Begriff. Im Griechischen bezeichnet *oikumene* «die ganze bewohnte Erde» bzw. den «Erdkreis». Doch in den Sprachspielen der Theologen und Kirchenfunktionäre hat der Begriff seit dem ausgehenden 19. Jahrhundert noch ganz andere Bedeutungsgehalte gewonnen. Im kirchlichen Diskurs seit dem frühen 20. Jahrhundert wurde «Ökumene» zunächst zu einem emanzipatorisch gemeinten *Bewegungsbegriff* aller möglicher Gruppen in verschiedenen, zunächst vor allem protestantischen Kirchen in Europa und den USA, die angesichts der harten Kulturkämpfe zwischen Protestanten und Katholiken und mit Blick auf einen dogmatisch engen, doktrinären Konfessionalismus nach einer überkonfessionellen Einheit aller Christen, dem Verbindenden oder Gemeinsamen in allen überkommenen lehrhaften Unterschieden suchten. Für diesen Bewegungsbegriff von «Ökumene» ist der Wille zur Globalität, ein Hoffnungsdenken in weltweiten Bezügen kennzeichnend. Nicht die Verschiedenheit und institutionelle Selbständigkeit der vielen Kirchentümer steht hier im Vordergrund, sondern jenes religiöse, geistliche Element, das Christen welcher konfessionellen Herkunft auch immer miteinander als weltweite Gemeinschaft aller Getauften durch Treue zum einen Herrn der Kirche verbindet. Institutionelle Gestalt gewann die ökumenische Utopie, dass Christen gemeinsam Zeugnis vom befreienden Evangelium Jesu von Nazareth ablegen und zum kollektiven diakonischen «Dienst» an der Welt zusammenfinden, erstmals in der ersten Weltmissionskonferenz, die 1910 in Edinburgh zum Thema «Evangelisation der Welt in dieser Generation» abgehalten wurde. Nach dem Ende des Ersten Weltkriegs, im Jahr 1920, rief dann der Ökumenische Patriarch von Konstantinopel dazu auf, in Analogie zum Völkerbund ein weltweit tätiges Repräsentativorgan aller christlichen Kirchen zu schaffen. Ähnliche Initiativen ergriffen auch der schwedische lutherische Erzbischof Nathan Söderblom, ein bedeutender Religionswissenschaftler, und der britische Theologe und langjährige Geschäftsführer des International Mission Council Joseph Houldsworth Oldham. Vor allem infolge der Beratungen in Edinburgh und auch angesichts des «Bankrotts des Christentums» (Martin Rade) durch die jeweils stark nationalistischen Kirchen der kriegführenden Länder Europas entstand die Bewegung für «Faith and Order», Glaube und Kirchenverfassung, neben einer zweiten ökumenischen Bewegung für «Life and Work» bzw. für praktisches Christentum. Bei einer internationalen Konferenz von «Faith and Order» wurde 1937 in Oxford die Gründung eines «World Council of Churches» beschlossen. In Utrecht vereinigten sich «Life and Work» und «Faith and Order» dazu 1938. Doch der Überfall Nazideutschlands auf Polen und der damit beginnende Zweite Weltkrieg verhinderten die ersehnte transnationale weltweite Vertretung aller Christen.

Erst nach Ende des Krieges konnte im August 1948 in Amsterdam das «World Council of Churches» gegründet werden. Als Sitz wurde, nach dem Vorbild des Völkerbundes, Genf gewählt. Dieser ökumenische Prozess von Edinburgh bis nach Amsterdam bzw. Genf wurde traditionell von protestantischen Kirchen und Denominationen dominiert und nach dem Zweiten Weltkrieg vor allem von Kirchen in den USA und in Großbritannien, die große ökumenische Konferenzen auch dazu nutzten, den deutschen zumeist lutherischen evangelischen Kirchen etwas vom Geist reformierter Bürgertugend und religiös fundiertes Menschenrechtsdenken zu vermitteln. Seit der Aufnahme von orthodoxen christlichen Kirchen in den Genfer Weltkirchenrat im Jahre 1961, bei seiner 3. Vollversammlung, hat diese Genfer Konferenzökumene vielfältige interne politische wie theologische Konflikte zu pazifizieren versucht, zumeist ohne anhaltenden Erfolg. Lehnen die orthodoxen Kirchen etwa die Ordination von Frauen zum Priester- oder Pfarramt ab, so ist sie in den protestantischen Kirchen inzwischen ganz selbstverständlich. Aber auch in einzelnen die Genfer Ökumene mittragenden Konfessionskirchen oder konfessionellen Bünden, etwa in den diversen anglikanischen Kirchen, lassen sich interne kirchenpolitische Konflikte beobachten, etwa ein zunehmend schärfer geführter Streit über die Frage, ob offen homosexuell lebende Männer zum Priesteramt geweiht oder bereits geweihte schwule Priester in Bischofsämter gewählt werden dürfen. Hier scheiden sich die Geister vor allem zwischen den afrikanischen und asiatischen anglikanischen Kirchen einerseits und den Anglikanern bzw. Presbyterianern in den USA, Kanada, Australien und in Europa andererseits.

Von den euphorischen Hoffnungen der heroischen Anfänge, die nach der Katastrophe von NS-Diktatur und Zweitem Weltkrieg von dem starken Wunsch bestimmt waren, über bessere Verständigung und neue Kooperation der Kirchen auch politische Versöhnung zwischen den soeben noch Verfeindeten zu befördern, ist in der Genfer Konferenzökumene nur noch wenig zu spüren. Immer wieder werden fundamentale dogmatische wie politisch-ethische Dissense zwischen den diversen protestantischen Kirchen einerseits und den orthodoxen Kirchen andererseits sichtbar. Konnten bei den alle sieben oder acht Jahre stattfindenden «Vollversammlungen» die Vertreter protestantischer Kirchen früher die Repräsentanten aus der Orthodoxie überstimmen und dominieren, so ist seit einer Reform im Jahre 2005 nun ein «Konsensverfahren» vereinbart, das für bindende Entscheidungen, etwa die Verabschiedung von Erklärungen, de facto die Zustimmung aller Kirchenvertreter voraussetzt – wenn nicht die Minderheit akzeptiert, dass eine argumentativ faire, theologisch sachliche Debatte stattgefunden hat und sie deshalb einer gegen ihre eigene Position gerichteten Mehrheitsentscheidung keinen weiteren öffentlichen Widerstand entgegensetzen wird.

Elementare theologische wie politische Konflikte aber bleiben. Weil der «Ökumenische Rat der Kirchen» massiv die Apartheidpolitik Südafrikas kritisiert hatte, traten 1961 drei «weiße» reformierte Kirchen, de facto Kirchen der Buren, aus dem ÖRK aus. Später verließen die Presbyterian Church of Ireland sowie die Salvation Army, die Heilsarmee, das World Council wegen dessen erheblicher materieller Unterstützung für südafrikanische Befreiungsbewegungen, die den Apartheidstaat bekämpften. Oft bestreiten führende Vertreter der orthodoxen Kirchen, dass die diversen protestantischen Kirchen und Denominationen wirklich wahre, gar gleichrangige Kirchen seien – vor allem wegen der Frauenordination und der mehr oder minder expliziten Akzeptanz gleichgeschlechtlicher Lebensgemeinschaften. Auch gibt es massive Dissense mit Blick auf so fundamentale Themen wie Menschenrechte bzw. individuelle Freiheitsrechte, Glaube und Nation sowie Mission unter Juden. Die Genfer bürokratischen Apparate sind inzwischen weithin sklerotisiert und erstarrt, und bei den Vollversammlungen und diversen sonstigen Konferenzen herrscht zumeist nur eine geistlose Langeweile selbstzufriedener Funktionäre aus aller Welt.

Man kann insoweit verstehen, dass die römisch-katholische Kirche, die sich nun einmal als einzig wahre Kirche Jesu Christi versteht und die Anerkennung des unbedingten Primats ihres Papstes, des Bischofs von Rom, für heilsnotwendig erklärt, konsequent Distanz zum Weltkirchenrat hält – man will nicht eine Konfessionskirche unter und neben vielen anderen sein – und nur gelegentlich, bei einzelnen Aktionen, etwa im «konziliaren Prozess» für Frieden, Gerechtigkeit und «Bewahrung der Schöpfung», sowie in nur zwei Kommissionen, der Kommission über Glaube und Kirchenverfassung sowie der Kommission über Weltmission und Evangelisation, die Zusammenarbeit mit Genf sucht.

Gewiss, es klingt zunächst eindrucksvoll: Das «World Council of Churches» soll ein globales Repräsentativorgan von nicht weniger als zur Zeit 349 Kirchen in rund 150 Ländern sein. Addiert man die Mitgliedszahlen dieser Kirchen, so kommt man auf die stolze Summe von 590 Millionen Christinnen und Christen, die in 525 000 Ortsgemeinden leben und mit ihren Kirchensteuern oder mehr oder minder freiwilligen Abgaben nicht weniger als 493 000 Pfarrern, Pastoren, Priestern und, im Falle der nichtorthodoxen, zumeist protestantischen Kirchen, auch Pastorinnen Arbeit und Brot geben. Aber man muss zugleich sehen: Nicht nur gehört die den Mitgliedszahlen nach größte christliche Konfessionskirche, die römisch-katholische Kirche, nicht dem Ökumenischen Rat an. Vielmehr haben auch die vielen neuen christlichen Kirchen und Gemeinschaften des 20. Jahrhunderts, die religiös überaus dynamischen charismatischen Bewegungen und die Pfingstkirchen bisher mit nur ganz seltenen Ausnahmen keinerlei Interesse an der Genfer Ökumene gezeigt. Diese hat zudem keine ernsthafte Bereitschaft erkennen lassen, sich mit ihren vielfältigen massiven «Verstrickungen» in die Christenverfolgung und überhaupt diktatorisch repressive Politik der UdSSR und ihrer Satellitenstaaten auseinanderzusetzen.

Zahlreiche – keineswegs nur einzelne, wie jetzt apologetisch von orthodoxen Kirchenfunktionären behauptet wird – Vertreter der orthodoxen Kirchen bei Vollversammlungen und Konferenzen des ÖRK waren Geheimdienstmitarbeiter mit dem Auftrag, Resolutionen für die Stärkung von Grundrechten und hier speziell der Glaubens- und Gewissensfreiheit zu verhindern oder so abzuschwächen, dass religiöser Dissens kriminalisiert werden konnte. Als die General Assembly des Weltkirchenrats 1961 in Delhi tagte, schaffte es der KGB, den damals zweiunddreißig Jahre alten Bischof Aleksey Rüdiger, einen aus einer deutsch-baltischen Familie stammenden Mitarbeiter des estländischen KGB, in den Rat und diverse andere Gremien wählen zu lassen – auch unter Einsatz erheblicher finanzieller Mittel zur Bestechung von Delegierten aus «westlichen» Kirchen; er wurde, weiterhin treuer KGB-Soldat, 1990 dann zum höchsten Repräsentanten der russisch-orthodoxen Kirche gewählt und trieb als Patriarch Alexius II. mit großem Erfolg eine Kirchenpolitik voran, die nach dem Zerfall der Sowjetunion darauf setzte, der russisch-orthodoxen Kirche in Russland eine Monopol- oder zumindest klare Vorrangstellung zu sichern, auch durch ein ganz enges Bündnis mit dem Staat. Einen Besuch des Papstes in Russland lehnte er ab, weil er davon «proselytische» Werbung für den römischen Katholizismus befürchtete. Auch bekämpfte er mit großer Entschiedenheit alle Versuche, in der russischen Öffentlichkeit, etwa durch *gay pride parades*, für gleiche Rechte von Homosexuellen zu werben. Prominente Repräsentanten des alten vorrevolutionären Russland wie die Großherzogin Elisabeth und Zar Nikolaus II. und seine Familienangehörigen wurden als Märtyrer heiliggesprochen. Seine alte enge Verbindung zum KGB leugnete Alexius trotz zahlreicher das Gegenteil belegender Dokumente. Doch die massive Instrumentalisierung von Kirchenvertretern für die Politik der UdSSR wird inzwischen von jüngeren kritischen Historikern intensiv betont.

Ich habe als ein Vertreter der EKD bei der Ersten Europäischen Ökumenischen Versammlung in Basel 1989 und der Ökumenischen Weltversammlung in Seoul 1990 selbst erlebt, wie versucht wurde, systemkritische Kirchenvertreter aus Ungarn, der Tschechoslowakei und vor allem aus Polen über Nacht mundtot zu machen – mit Erpressung und der Androhung von teils struktureller – etwa kein Studium für die Kinder –, teils physischer Gewalt gegen Familienmitglieder. Nie werde ich – solange ich mich zu erinnern vermag – vergessen, dass ein besonders systemkritischer Delegierter aus Ungarn, der in unserer Arbeitsgruppe einen entschieden liberalen, mit guten theologischen Argumenten individuelle Freiheitsrechte einklagenden Entwurf für eine auch *gay rights* stärkende Erklärung des Plenums vorgebracht hatte, seinen Text zwei Beratungstage später zurückzog – man hatte seinen jüngeren Partner, ebenfalls ein Theologe, wegen einer angeblichen Fahrerflucht in Untersuchungshaft genommen. Leider können Hunderte von ÖRK-Geschichten dieser Art erzählt werden. Doch hat es der Einfluss orthodoxer Kirchenfunktionäre bis heute verhindert, dass der ÖRK historisch seriös und selbstkritisch die sehr dunklen Seiten seiner Geschichte erkundet. Das hat erheblich zum Verlust an Reputation und zu innerer Paralysierung beigetragen. So hat, gerade auch im Vergleich mit anderen NGOs, internationalen Nichtregierungsorganisationen, der Genfer Weltkirchenrat in den letzten beiden Jahrzehnten deutlich an moralischer Autorität und politischem Einfluss verloren. Dies gilt ebenso für die internationalen konfessionellen protestantischen Organisationen, den «Lutherischen Weltbund» und den «Reformierten Bund». Auch hier gab es massive Versuche der Beeinflussung von Kirchenpolitik durch östliche Geheimdienste.

Als ökumenische Aktivitäten gelten auch die *vielfältigen Lehrgespräche*, die einzelne Kirchen oder Kirchenbünde miteinander führen, um sich über dogmatische Dissense der Vergangenheit zu verständigen. Der Vatikan spricht in Gestalt des dafür eigens zuständigen Kurienkardinals vom Päpstlichen Rat zur Förderung der Einheit der Christen – 2001 bis 2010 war dies der frühere Tübinger Dogmatik-Professor und Bischof von Rottenburg Walter Kardinal Kasper, seitdem nun Kurt Kardinal Koch, ein Schweizer – mit Repräsentanten der verschiedenen orthodoxen Kirchen, um etwa einen von Rom schon seit Johannes Paul II. erhofften Besuch des Papstes in Moskau durchzusetzen; dieser große Wunsch Benedikts XVI. und seines Vorgängers ist bekanntlich nicht in Erfüllung gegangen, und auch unter dem neuen Papst sind die kirchendiplomatischen Beziehungen zwischen Rom und Moskau von massiven Interessengegensätzen und Spannungen geprägt. Dies hat viel damit zu tun, dass gerade Kurt Koch die Vertreter anderer christlicher Kirchen davon zu überzeugen sucht, «den Papst als Repräsentanten nicht nur der katholischen Kirche, sondern der gesamten Christenheit»[1] anzuerkennen – ein wahrlich starker Machtanspruch. Auch verhandeln Rom und der Lutherische Weltbund miteinander über kontroverse Deutungen des «kirchlichen Amtes» oder der Sakramente, und die Anglikanische Gemeinschaft und Rom reden darüber, inwieweit sich neue Verständigungsbrücken bauen lassen, um die harten Lehrstreitigkeiten der Vergangenheit zu überwinden. Bisweilen haben solche zwischenkirchlichen Lehrgespräche produktive religionskulturelle Folgen: So haben sich etwa die diversen lutherischen, reformierten bzw. calvinistischen und unierten Kirchen Europas 1973 auf die «Konkordie reformatorischer Kirchen in Europa», oft auch nach dem Tagungshaus Leuenberg in Hölstein bei Basel «Leuenberger Konkordie» genannt, verständigt und damit die seit der Reformationszeit bestehende Trennung zwischen lutherischen und reformierten Konfessionskirchen überwunden – mit wechselseitiger Anerkennung der Ordination und Kanzel- wie Abendmahlsgemeinschaft; allein die dezidiert konservative Selbständige Evangelisch-Lutherische Kirche, eine von altlutherischen Traditionen geprägte «Bekenntniskirche» mit derzeit knapp 34 000 Mitgliedern, trat der Konkordie nicht bei, und auch viele protestantische Freikirchen wie die Mennoniten, Adventisten und Baptisten, die die Kindertaufe ablehnen, nahmen an den innerprotestantischen Lehrgesprächen nicht teil. Erst nach weiteren theologischen Konsultationen unterzeichneten die Europäische Baptistische Föderation und die aus den Leuenberger Gesprächen hervorgegangene Gemeinschaft Evangelischer Kirchen in Europa 2010 eine Art Kooperationsvertrag. Auch intensive Konsensgespräche zwischen der Church of England und der EKD führten zum Erfolg. 1988 unterzeichneten die Anglikaner und die in der EKD zusammengeschlossenen Landeskirchen die «Meissener Gemeinsame Feststellung», deren wichtigster Teil die «Meissener Erklärung» ist; hier betonte man die wechselseitige Anerkennung und erklärte, sowohl die Sakramente als auch die ordinierten Ämter zu respektieren. So kann man sich nun wechselseitig zum Abendmahl einladen. Auch erklärte man den Willen zu vertiefter Kooperation: «Wir werden alle möglichen Schritte zu engerer Gemeinschaft auf so vielen Gebieten christlichen Lebens und Zeugnisses wie möglich unternehmen, so dass alle unsere Mitglieder gemeinsam auf dem Weg zu voller, sichtbarer Einheit voranschreiten mögen.» Doch bisweilen verabschiedet man sich im bleibenden Streit, was den Funktionären hier wie dort Gelegenheit bietet, sich wechselseitig zu versichern, dass man schon bald wieder von neuem miteinander reden müsse. Bisweilen unterzeichnet man auch an religionspolitisch bedeutsamen Erinnerungsorten und in feierlichen Riten sogenannte «Konsensdokumente» oder «Erklärungen», die dann freilich in den einzelnen Kirchen noch «rezipiert» werden müssen. In diesen Aktivitäten steckt nicht sel-

ten auch viel eitles Gehabe von Funktionären, die durch Konsens-
geschwätz als Beruf gern ihre Pfründen zu sichern suchen.

Für diese Ökumene der leeren Lehrversprechungen können
die in der deutschen Öffentlichkeit kontrovers diskutierten Verhandlungen über die «Gemeinsame Erklärung zur Rechtfertigungslehre» als repräsentativ gelten. Am 31. Oktober 1999, also
am Reformationstag, unterzeichneten mit großem medialem
Aufwand der Kurienkardinal Edward Idris Cassidy als Präsident
des Päpstlichen Rates zur Förderung der Einheit der Christen
und der Präsident des Lutherischen Weltbundes, der Braun-
schweiger Landesbischof Christian Krause, in der evangelisch-
lutherischen St. Anna-Kirche zu Augsburg die «Gemeinsame
Offizielle Feststellung» und einen Annex zur Erklärung – trotz
des entschiedenen Protests von gut 160 deutschen protestantischen Universitätstheologen, unter ihnen der prominente Tübinger Systematiker Eberhard Jüngel, die hier reformatorische
Grundeinsichten vernebelt oder verwässert sahen. De facto
wurde die Öffentlichkeit mit ein paar vagen Formeln zu täuschen
versucht, weil es genau genommen gar keinen substantiellen
Konsens über die zentralen Gehalte der Rechtfertigungslehre
Luthers gab.

Dies zeigte demonstrativ bald die päpstliche Symbolpolitik:
Nur sieben Wochen nach dem Augsburger Medienspektakel rief
Johannes Paul II. ein «Ordentliches Heiliges Jahr» aus, in dem
man bei würdigem Empfang des Bußsakraments und der Eucha-
ristie in bestimmten römischen Kirchen den «Jubiläumsablass»
erwerben konnte – ganz im Sinne jener Entschuldungstheologien
und Ablasskonzepte, die die Reformatoren des 16. Jahrhunderts als
zutiefst unevangelisch, dem neutestamentlichen Zeugnis funda-
mental widersprechend erkannt hatten. In «Dominus Jesus», einer
Erklärung «über die Einzigkeit und die Heilsuniversalität Jesu
Christi und der Kirche», stellte der damalige Präfekt der Glaubenskongregation, Joseph Kardinal Ratzinger, der spätere Papst
Benedikt XVI., am 6. August 2000 zudem in der ihm eigenen prägnanten dogmatischen Härte klar, dass die aus der Reformation

hervorgegangenen «kirchlichen Gemeinschaften» der römischen Papstkirche keineswegs «auf gleicher Augenhöhe» zu begegnen imstande seien, subsistiere die wahre Kirche Christi doch allein in der römischen. Eberhard Jüngel, seit 2009 Kanzler des Ordens Pour le Mérite für Wissenschaften und Künste, hat mit Blick auf die Ökumene der Lehrgespräche vor einer «Schummelökumene» gewarnt. Unklar ist häufig nur, ob hier ein Kirchenvertreter den anderen (und umgekehrt) zu betrügen versucht oder man sich in kontrastharmonischer Funktionärsgemütlichkeit auf gemeinschaftlichen Selbstbetrug verständigt hat.

2. Die Selbstglobalisierung des Protestantismus

Zu Beginn des 21. Jahrhunderts denken viele Europäer noch immer eurozentrisch. Ihr Bild der gegenwärtigen Welt ist primär von Europa her entworfen. Europa ist aber, wie der aus Kolkata stammende, in Princeton lehrende Historiker Dipesh Chakrabarty in *Provincializing Europe* gezeigt hat, nur eine «Provinz» der Welt neben anderen.[2] In eurozentrischen Perspektiven lassen sich gerade die gegenwärtigen Christentümer und speziell die Vielfalt der Protestantismen nur äußerst unzureichend erkennen. Zwar nahm die Reformation in einer kleinen mitteldeutschen Universitätsstadt ihren Ausgang. Die deutschen Protestanten und die Protestanten Europas stellen global gesehen heute jedoch bloß noch eine vom Nutzen und Nachteil halbtausendjähriger Historie zeugende Minderheit des «Weltprotestantismus» dar. Seit den frühneuzeitlichen Anfängen der Selbstglobalisierung der europäischen Protestantismen sind die protestantischen Lebenswelten außerhalb Europas kontinuierlich und zum Teil sehr schnell gewachsen. Auch in der Gegenwartsmoderne des frühen 21. Jahrhunderts, unter den Bedingungen von kapitalistischer Globalisierung, weltweit intensivierter medialer Kommunikation und vielfältiger Migration, wird die Entwicklungsdynamik des Protestantismus gerade von den vielen außereuropäischen Protestantismen getragen. Drei Tendenzen verdienen besondere Beachtung.

Erstens: Auf dem pluralistischen Religionsmarkt der USA lassen sich gerade mit Blick auf die etablierten protestantischen Kirchen signifikante Veränderungen beobachten. Die klassischen *main line churches* verlieren hier kontinuierlich Mitglieder, wohl auch deshalb, weil sie trotz ihrer betont volkskirchlichen Offenheit für ganz unterschiedliche Sozialgruppen der hohen Vielfalt sehr widersprüchlicher, heterogener Erwartungen nicht mehr gerecht zu werden vermögen. In den fortwährend durch Kulturkampfrhetorik verschärften öffentlichen Kontroversen zwischen einem liberalen Amerika der *rainbow coalition* und einem entschieden restaurativen Amerika der Christian Right, besonders radikal und mit hoher ideologischer Aggressivität repräsentiert von den Politikern der Tea Party, vermögen sie kaum noch Integrationskraft zu entfalten. Davon profitieren all jene protestantischen Kirchen, Denominationen und Gruppen, die in kritischen Außenperspektiven gern als «fundamentalistisch» etikettiert werden. Gerade die harten, in Lehre und Lebensführung stark bindenden evangelikalen Protestantismen sind auf dem konkurrenzbestimmten Religionsmarkt der USA seit den 1970er Jahren besonders erfolgreich gewesen. Harte Religionen fordern viel, etwa finanzielles Engagement, starke Sozialdisziplin innerhalb der religiösen Gemeinschaft, Solidarität insbesondere mit den eigenen Glaubensgenossen, strikte Habitus-Treue gegenüber den heiligen Normen gottgewollter Lebensführung sowie aktive Aneignung und Kommunikation der Lehre und des mit ihr verbundenen Weltbildes. Aber so viel sie den Frommen auch abverlangen, sie schütten hohe Renditen auf die investierten Symbolkapitalien von Glaubensstrenge, Schrifttreue, sittlichem Ernst und heiliger Lebensführung aus: In einer Welt des radikalen Pluralismus, in der viele Menschen unter neuer Unübersichtlichkeit, mangelnder Orientierungssicherheit und relativistischer Infragestellung aller überkommenen Verbindlichkeiten leiden, bieten harte Religionen den in ihnen vergemeinschafteten Frommen etwa ein stabiles, krisenresistentes Weltbild mit prägnanten Innen-Außen-Unterscheidungen (zum Beispiel zwischen den Sündern und den Erretteten), klare Muster gottgewollter guter Lebensführung, feste Gut-Böse-Unterscheidungen, einen heiligen Ordnungsrahmen für das politische Gemeinwesen in Gestalt des göttlichen Gesetzes, etwa der Zehn Gebote, die durch intensive religiöse Kommunikation fortwährend erneuerte Erwartungssicherheit jenseitiger Himmelsgüter, dichte Sozialkontakte unter Gleichgesinnten und die sozialen Halt gewährende Geborgenheit in einer solidarischen Glaubensgruppe mit hocheffizienten Assistenz-Netzwerken für alle Krisenfälle des Lebens. Auch wer aus individuellen moralpolitischen oder religionsästhetischen Motiven die verschiedenen fundamentalistischen Protestantismen der USA nicht mag oder aggressiv ablehnt, wird doch die spezifische religionskulturelle Leistungskraft dieser Formen des Protestantischen nicht leugnen können: Gerade das Fundamentalistische an ihnen, die harten dogmatischen wie moralischen Absolutismen und der Ausschluss alles kritischen Raisonnements und Glaubenszweifels, macht sie so erfolgreich. Zwar sind Religionsprognosen methodisch ebenso problematisch wie alle sonstige Zukunftsvorausschau auch. Aber es lassen sich einige starke Indizien für die Vermutung anführen, dass gerade die äußerst effizient organisierten protestantischen Gruppen der Christian Right in den USA weiter auf Kosten der eher liberalen alten *main line churches* wachsen und ihre Glaubensmarktanteile weiter ausbauen werden.

Zweitens: Schon Max Weber hatte im Schlussteil seiner *Protestantischen Ethik* betont, dass der moderne okzidentale Betriebskapitalismus der puritanischen Askeseenergien nicht mehr bedürfe, die einst ursprüngliche Akkumulation und Kapitalvermehrung befördert hätten. Mit Blick auf die konfliktreichen Prozesse kapitalistischer Globalisierung in der Gegenwart lässt sich diese These Webers empirisch problematisieren. Religionssoziologen wie Peter L. Berger und David Martin haben die protestantische Glaubensrevolution in Lateinamerika als eine implizite Bestätigung von Grundelementen der «Weber-These» interpretiert. Jedenfalls deuten hier viele Fromme ihren Übergang aus der römisch-katholischen Kirche in eine protestantische Pfingstgemeinde selbst in Konzepten einer moralischen Ökonomie, die langfristige Gewinne durch starke innerweltliche Askese verspricht. Die strenge asketische Selbstdisziplin, die in den pfingstlerischen Gemeinden erfolgreich institutionalisiert ist, die Bereitschaft, mehr und härter zu arbeiten und weniger in den Tag hineinzuleben, führt auch dazu, dass viele der Pfingstchristen ihren neuen Gottesglauben durch wirtschaftliche Erfolge bestätigt sehen. Ihr sozialer Aufstieg, von anderen häufig als ein Zeichen wunderbarer Errettung durch Gott gedeutet, wird so zum Vehikel erfolgreicher Mission. Erneut gilt: Religionsprognostik ist – methodologisch bedingt – äußerst schwierig. Aber viele Indikatoren nähren die Vermutung, dass die Pfingstler ihre missionarische Anziehungskraft in Entwicklungs- und Schwellenländern noch steigern werden können. Durch sie werden die außereuropäischen Protestantismen weiter an Bedeutung gewinnen, und dies wird auch in globaler religiöser Symbolosmose und durch Ritentransfer auf die europäischen Protestantismen zurückwirken.

Drittens: Protestantismus ist ursprünglich ein Rechtsterminus, der in komplizierten Überlieferungsprozessen zu einem christentumshistorischen und konfessionskundlichen Oberbegriff für alle Formen des Christentums avancierte, die sich auf die reformatorischen Protestbewegungen des 16. Jahrhunderts zurückführen und sich als dritte Sozial- und Glaubensgestalt des Christlichen neben den orthodoxen Kirchen und der römisch-katholischen Kirche verstehen. Das Protestantische wurde dabei immer assoziiert mit der niemals abgeschlossenen Erneuerung der Religion durch den Rekurs auf ihre normativen Grundlagen, im Fall des Christentums auf die Bibel, mit der Vertiefung des religiösen Lebensernstes durch Verinnerlichung, Vergeistigung, Individualisierung, mit der Unmittelbarkeit des einzelnen Frommen zu Gott, mit der Ablehnung von Herrschaftsansprüchen der Kleriker, mit der Aufwertung des innerweltlichen Berufs und aktiver Weltgestaltung. In diesem Sinne hat das Protestantische in den Religionsgeschichten weit über die Grenzen des Christentums hinaus eine starke religionskulturelle Prägekraft zu entfalten vermocht. Schon im 19. Jahrhundert hatte das deutschsprachige Reformjudentum seine Religionssynthese von jüdischer Überlieferung und aufklärerisch-liberaler Bürgerlichkeit stark nach dem Vorbild des Kulturprotestantismus modelliert. Die Selbstglobalisierung des Protestantismus brachte es mit sich, dass auch außerhalb Europas indigene protestantische Frömmigkeitsmuster und Habitusformen in die nichtchristlichen Religionskulturen ihrer jeweiligen Gesellschaften einwanderten. Schon in den 1930er Jahren sprachen nordamerikanische Religionssoziologen von der «protestantization» der römisch-katholischen Kirche in den USA. Angesichts des massiven kulturellen Drucks der protestantischen Mehrheit, der protestantischen Grundierung der nationalen *civil religion* und des mit dem hohen religiösen Pluralismus verbundenen Denominationalismus wandle sich das Selbstverständnis der katholischen Amtskirche zunehmend von der «Heilsanstalt» hin zur «Freikirche» und «Freiwilligkeitsgemeinde». Da die vielen katholischen Einwanderer in die USA aus ganz unterschiedlichen Nationalkatholizismen und katholischen Lebenswelten kämen, sich aber, wie bei allen Immigranten, im Prozess der Integration in die amerikanische Gesellschaft ihre religiöse Identität deutlich verstärke, werde der US-Katholizismus in sich immer bunter, vielfältiger, auch individualistischer; er nehme die Sozialgestalt und ekklesiologische Selbstdeutung der protestantischen Freikirchen an.

Buddhistische Mönche in Sri Lanka forderten in den 1950er Jahren eine Erneuerung des Buddhismus im Sinne eines «protestantischen Buddhismus», so dass immer wieder eine genuin buddhistische «Reformation» postuliert oder nach einem buddhistischen Luther gerufen wurde. Ähnliches lässt sich in der globalisierten Gegenwartsmoderne nun in höchst unterschiedlichen Religionskulturen beobachten. In den Selbstverständigungsdebatten islamischer Gelehrter ist, unter dem Eindruck der modern-antimodernen islamistischen Bewegungen, in den letzten dreißig Jahren immer wieder die Rede davon gewesen, dass der

Islam einer unmittelbar aus den eigenen heiligen Texten schöpfen-
den theologischen «Reformation» bedürfe, und andere muslimische Intellektuelle weisen darauf hin, dass die konfessionelle Pluralisierung des lateinischen Christentums im 16. Jahrhundert dieses
langfristig gerade nicht geschwächt, sondern gestärkt habe. Wieder andere Gegenwartsexegeten deuten theologische und religiöse
Reformströmungen innerhalb der verschiedenen islamischen Lebenswelten als eine «muslimische Reformation». Deren Protagonisten nehmen zum Teil ausdrücklich Luther als über alle Reli-
gionsgrenzen hinweg wirkende religiöse Autorität in Anspruch.
Wie auch immer die religionskulturelle Prägekraft solcher Reform-
diskurse langfristig zu beurteilen sein wird – sie zeigen, dass sich
das Protestantische über seine originären konfessionschristlichen
Schranken hinaus entgrenzt hat zu einem vielfältig wirkmächtigen
theologischen und religionskulturellen Ideenkomplex, der in den
Symbolsprachen höchst unterschiedlicher Religionen und Glaubensrichtungen jeweils mit eigenen Elementen verschmolzen werden kann. In reformatorischer Perspektive ist dies allerdings keine
überraschende Entwicklung. Denn der freie Gottesgeist lässt sich
eben nicht institutionell fixieren, und er wirkt, wo er will.

3. Die Glaubensrevolution der Pfingstchristen

Solange ich mich an Ereignisse meines Lebens erinnern
kann, werde ich diesen Flug von Rio de Janeiro nach Frankfurt nie
vergessen. Erstmals in meinem Leben durfte ich, damals Mitte
dreißig, in der Business Class der Lufthansa fliegen – zu meiner
großen Überraschung schenkte man mir ein Upgrade aus der
überfüllten Economy Class. Der Flug brachte, und deshalb wird
er hier erwähnt, nicht nur im Genuss des besseren Fliegens, sondern auch mit Blick auf Religion und Christentum eine ganz neue
Erfahrung. Denn mein Sitznachbar, ein hochrangiger deutscher
Ingenieur von VW do Brasil, fragte mich nach meinem Beruf,
und als er hörte, dass ich protestantischer Theologe sei und mich

mit Religion beschäftige, stellte er gleich die nächste Frage: Bei
VW in Brasilien seien sehr viele Facharbeiter Protestanten, und
dies habe ihn schon deshalb überrascht, weil er immer geglaubt
habe, dass Brasilien ein katholisches Land sei. Ob es irgendeine
Erklärung für das Wachstum evangelischer Gemeinden in Brasilien gebe? Ich kannte damals keine, habe nach meiner Rückkehr
aber einige Bücher über Religion in Brasilien zu lesen begonnen.
Peter L. Berger, der in Boston lebende große lutherische Religionssoziologe, gab mir dann Jahre später den entscheidenden
Buchtipp: Ich müsse David Martins *Tongues of Fire. The Explosion
of Protestantism in Latin America*, 1990 bei Oxford University Press
erschienen, lesen. Hier fände ich die Antwort auf die mir von dem
VW-Ingenieur gestellte Frage.

In der Tat markierte die Lektüre von David Martins noch
nicht ins Deutsche übersetztem bedeutendem Buch für meine
Wahrnehmung des modernen Protestantismus eine tiefe Zäsur.
Mit Methoden und Begriffen, die er den klassischen religionssoziologischen Protestantismus-Studien eines Max Weber und Ernst
Troeltsch verdankte, deutete Martin die Konversionsbereitschaft
vor allem von katholischen Frauen in diversen lateinamerikanischen Ländern nicht als ein rein religiöses Phänomen, sondern als
Interesse an einer ganz anderen, neuen «Lebensführung», weg aus
dem Elend des Status quo, hin zu sozialer Mobilität und Auf-
stiegsorientierung. Noch immer ist seine inzwischen als Standard-
werk geltende Monographie von hoher Aktualität. Denn auch
derzeit wachsen die Pfingstkirchen weltweit schneller und stärker
als jede andere christliche Gemeinschaft, und die Bereitschaft
zahlreicher Katholiken, ihre Kirche zu verlassen und in protestan-
tisch-pfingstlerische Gemeinden überzugehen, ist ungebrochen –
inzwischen nicht nur in Lateinamerika und diversen afrikanischen
und asiatischen Ländern, sondern auch in den USA.

Das Pfingstchristentum ist eine noch sehr junge, äußerst dyna-
mische christliche Bewegung.[3] Sie entstand erst zu Beginn des
20. Jahrhunderts in Kalifornien. 1906 kommt der Methodist William Joseph Seymour (1870–1922),[4] ein homosexueller schwarzer

Prediger, auf einem Auge blind und entstellt durch Pocken, nach Los Angeles, baut einen alten großen Lagerraum in einem heruntergekommenen Stadtteil zu einer Kirche um und verkündet seinen zumeist sehr armen, schwarzen Hörern, dass der «Herr Jesus» bald wiederkommen und Gott einen neuen Pfingstgeist schicken werde, wenn nur die Leute hart genug beteten und arbeiteten. Trotz massiver Widerstände des religiösen Establishments und lokaler Behörden hat der charismatische Prediger in der Azusa Street bald Tausende um sich versammelt, Geistergriffene, die in Zungen sprechen, in Trance fallen, wilde Tänze aufführen und, besonders folgenreich, die überkommenen Trennlinien zwischen Schwarzen und Weißen, Reichen und Armen hinter sich lassen.

Seymour beschwor den Heiligen Geist, um die Grenzen von Rasse, Stand, Geschlecht, Bildung und konfessioneller bzw. denominationeller Bindung zu überwinden. Schnell berühmt wurde er, als sich weiße Professoren gemeinsam mit schwarzen Waschfrauen, asiatischen Kaufleuten und mexikanischen Arbeiterwitwen zu Buße und Umkehr erwecken ließen. Die bürgerliche Presse hatte für den «selbsternannten Negerpropheten» nur Spott übrig. Seymours Anhänger aber sahen sich darin bestätigt, gleich Jesu Jüngern von aller Sündenlast befreit worden zu sein. In Spirituals und Gospel Songs bezeugten schwarze Pfingstler die Erfahrung, trotz aller äußeren Unterdrückung dank direkter Erfahrung des Heiligen Geistes innerlich frei zu sein. Indem sie Gott auf der Seite der Mühseligen und Beladenen sahen, konnten sie sich als wahre Herren der Welt vorstellen. Durch Zungenreden, Traumdeutung, ekstatischen Tanz, spontanes öffentliches Gebet und wundersame Heilung von alten Gebrechen erschlossen sie sich eine starke Identität. In den symbolischen Sprachen der christlichen Überlieferung begründeten sie eine neue moralische Ökonomie. Vielen Schwarzen verhalf der ekstatische Pfingstglaube zu einer aktiven Lebenshaltung, die sozialen Aufstieg in die Mittelschicht ermöglichte. Stärker noch als andere Protestanten sind die Pentecostals von der befreienden Wirkkraft des Heiligen Geistes überzeugt. Die Geschichte ihrer Erweckungsbewegung konnten sie als eine Bestätigung ihrer religiösen Grundüberzeugungen lesen. Jedenfalls breitete sich Seymours «Azusa-Street-Mission» innerhalb der USA in kürzester Zeit «wie ein Feuer» – so die klassische Metapher der vom Pfingstgeist Ergriffenen – aus.

Hundert Jahre später ist aus dieser «new sect of fanatics» – so die *Los Angeles Times* im September 1907 – die rasant wachsende globale Massenbewegung der Pentecostals geworden. Vor dreißig Jahren waren in den Tausenden von Pfingstkirchen gerade 6 Prozent der Christen weltweit organisiert, aber 2011 ist ihr Anteil schon auf gut 13 Prozent gestiegen. Rund 320–330 Millionen Pentecostals werden derzeit gezählt; hinzu kommen etwa 300 Millionen Charismatiker in traditionellen christlichen Kirchen, insbesondere in vielen protestantisch evangelikalen Kirchen der USA und diversen römisch-katholischen Nationalkirchen.

Keine andere Form des Christentums hat die Religionsgeschichte des 20. Jahrhunderts so tiefgreifend verändert wie die Pfingstbewegung – so irritierend, wenn nicht abstoßend deren Frömmigkeitsstil auf viele europäische Bürger auch wirken mag. Aus der Religionsgeschichte der Moderne ist keine andere christliche Reform-, Erweckungs- und Missionsbewegung bekannt, die sich vergleichbar schnell weltweit durchzusetzen vermochte.

Die Anfänge der Pfingstkirchen und ihre Genese aus dem Geist des methodistischen Protestantismus werden in der Forschung kontrovers diskutiert. Viele Historiker der Bewegung sehen in Seymour den ersten Künder des neuen antirational ekstatischen Protestantismus. Andere Religionshistoriker verweisen darauf, dass die innovativen religiösen Ideen von dem jungen Methodistenpfarrer Charles F. Parham (1873–1929) entwickelt wurden. Parham war eine schillernde, widersprüchliche Gestalt. Ein schweres rheumatisches Leiden sensibilisierte ihn für mögliche Zusammenhänge zwischen körperlicher Gesundheit und religiösem Heil. Traumatische Erfahrungen mit Ärzten, die seine Homosexualität therapieren wollten, bearbeitete er durch eine radikale Kritik des modernen medizinischen Glaubens an eine wissenschaftlich exakte, abschließende Definition des Individuums. 1895 verließ Par-

ham die methodistische Kirche und begann mit «Geistheilungen».
In deren Zentrum stand die Taufe durch den Heiligen Geist, die
er, analog zum «Pfingstwunder» der Apostelgeschichte, durch
«Zungenreden» bestätigt sehen wollte. Unter Handauflegung und
kurzem Gebet des Predigers errichtete sich Parhams Personal-
gemeinde ein sozioakustisches Heiligtum spontaner Zungenrede
(Glossolalie).

Parhams methodistische Anhänger kultivierten ein charismati-
sches Erwählungsbewusstsein und sahen sich als die Avantgarde
der wahrhaft Frommen, Geisterleuchteten. Dazu trug eine typisch
amerikanische Erwählungstheologie bei. So wie sich die Pilger-
väter der Massachusetts Bay Colony (1629) als Gemeinschaft mit
besonderem Gottesbezug gesehen hatten, so beschwor auch Parham eine direkte Kontinuität zwischen Gottes erwähltem Volk
Israel und Briten wie weißen Amerikanern. In den Angelsachsen
sah der dem Ku-Klux-Klan nahestehende Heilungsprediger Nach-
fahren der in der assyrischen Deportation verschwundenen zehn
Stämme Israels. Mit Symbolen des Alten Testaments grenzten
sich seine Geistgetauften von der Masse der verlorenen Sünder
ab, die primär Afroamerikaner waren. Die synkretistische Verschmelzung des überkommenen calvinistischen Erwählungs-
glaubens mit einem modernen Rassismus prägte viele Pfingstgemeinden der nordamerikanischen weißen Mittelklasse. Der
Pfingstgeist, der sie beseelte, garantierte ihnen Ordnung, Autorität, Familienwerte, starke Gemeinschaftsbindungen und die
Überlegenheit des neuen, amerikanischen Israels über dessen
böse Feinde, etwa die Kommunisten.

In Afrika, Lateinamerika und Asien ließen sich pfingstliche
Frömmigkeitspraktiken leichter als die rationale, wortorientierte
Verkündigung der alten protestantischen Kirchen mit einheimi-
schen religiösen Traditionen verschmelzen. Die großen Missionserfolge der Pfingstkirchen erklären sich auch durch ihre undog-
matische Flexibilität in Lehrfragen. Ihre Offenheit bot die Chance
zur Anknüpfung an Rituale und Symbole anderer Religionen und
Kulturen. Afrikaner konnten den Heiligen Geist als Sieger über

Dämonen und böse Geister, als Inbegriff aller guten heilenden Geister der je eigenen Tradition annehmen. Lateinamerikanischen Katholiken eröffnete der Geist asketischer Sittenstrenge die Aussicht auf ein anständiges Leben in bürgerlichem Wohlstand und Ansehen. In Asien führte der von den Charismatikern gefeierte Heilige Geist Menschen dazu, dumpfe Passivität zugunsten tätiger Weltgestaltung zu überwinden. Die unterschiedlichen protestantischen Pfingstkirchen sind so jeweils durch synkretistische Verschmelzung indigener religiöser Traditionen mit christlichen Symbolen geprägt. Trotz der großen Vielfalt religiöser und kultureller Überlieferungen, an die die Pfingstkirchen bei ihrer aggressiven Mission anknüpfen, bleibt in ihrer streng biblizistischen Theologie aber zumeist der entschiedene Bezug auf den auferstandenen «Herrn Jesus» bestimmend. Es geht ihnen in ihrer Frömmigkeitspraxis oft darum, ein ganz enges Vertrauensverhältnis des einzelnen Gläubigen zu Jesus zu fördern. Zwar deuten die Pfingstler den Ritus der Geisttaufe teils als Beginn des Glaubens, teils als die krönende dritte Stufe nach dem Akt der Bekehrung und den Vollzügen der Heiligung. Immer geht es in dieser Zeichenhandlung aber darum, eine starke psychische Bindung des Gläubigen an Jesus, den persönlichen Freund und hilfreichen Begleiter auf den riskanten Wegen des Lebens, zu stiften.

Menschen, die sich für rational halten, ist ein Protestantismus äußerst fremd, der nicht durch den Vorrang des gesprochenen Wortes, sondern durch ekstatische Begeisterung, wilden Tanz, spontanes Zungenreden und die Hoffnung auf Wunderheilungen geprägt ist. In den pfingstlerisch-charismatischen Protestantismen wird eine Einheit von Geist, Seele und Körper beschworen. Darin dürfte eine spezifische Faszinationskraft der pfingstlerischen und charismatischen Frömmigkeit liegen. Mit Blick auf die neuen Tanzkulturen der Flashlight-Diskotheken, die seit den sechziger Jahren in den westlichen Gesellschaften entstanden sind, lässt sich die prononcierte Körperbetonung der pfingstlerischen Glaubenspraxis auch als eine moderne Reaktion auf die Erfahrungen von Kälte, Zweckrationalität, forcierter Emotionskontrolle und Körperdisziplinierung deuten. Modern ist auch der aktivistische Grundzug der pfingstlerischen Frömmigkeit. In allen synkretistischen Verschmelzungen einheimischer kultureller Praktiken und religiöser Vorstellungen mit dem alles umschaffenden Pfingstgeist betonen die Pfingstler immer die Botschaft, dass sich der Mensch durch Buße und Umkehr zu einer selbstbestimmten Lebensführung emporarbeiten kann. Oft gilt die erfolgreiche moralische Selbstdisziplinierung als Zeichen dafür, dass ein Mensch tatsächlich vom Heiligen Geist beseelt ist. So lässt sich die für die Pfingstkirchen kennzeichnende Rede von der heilenden Kraft des Geistes auch als ein neuer Ausdruck des modernen Glaubens an die aktive Selbstbefreiung eines starken Menschen deuten. Inzwischen ist eine eigene *healing industry* entstanden, mit Gebetskliniken, in denen Wunderheiler durch Gebet und Handauflegen alle möglichen Leiden, zumal Suchtkrankheiten, zu kurieren versprechen.

Die Pfingstbewegung setzte sich in den USA als Reaktion auf bürgerliche Protestantismen durch, die wenig geistliche Kraft ausstrahlten. Als «Religion der Hochspannung» wollte sie die Erlösung des Menschen ernst nehmen. In ihrem Unbedingtheitsanspruch und in der triumphalistischen Gewissheit, vom Heiligen Geist beseelt zu handeln, erzeugte die Pfingstbewegung aber auch zahllose Opfer, die die Geisttaufe als seelischen Terror und Versklavung ihres Ich erlebten. Gerade diese Unbedingtheit und die entschiedene Intoleranz scheinen die Missionserfolge der Pfingstler begünstigt zu haben.

In Deutschland entwickelte die Pfingstbewegung nur einen marginalen Einfluss auf die überkommenen protestantischen Kirchentümer. Zwar wurde 1907 in Kassel mit Hilfe zweier norwegischer Pfingstlerinnen (Agnes Telle und Dagmar Gregersen) eine erste Pfingstversammlung durchgeführt, die aufgrund der ausufernden Prophezeiungen und Geisttaufen große öffentliche Beachtung fand. Aber selbst in den pietistisch-konservativen Milieus des deutschen Protestantismus wurden die Pfingstler als eine kleine Sekte um den Pastor Jonathan Paul (1853–1931) ausgegrenzt, obwohl dieser selbst die Eskalation als «Erregung öffent-

lichen Ärgernisses» heftig kritisiert hatte. Seit den 1950er Jahren
entstand unter dem Einfluss der nordamerikanischen «Assemblies
of God» ein – so der offizielle Name seit 1979 – «Forum Freikirch-
licher Pfingstgemeinden», das Ende der 1990er Jahre etwa 50 000,
in neun Gliedkirchen organisierte Vollmitglieder vertrat. Auch
in Deutschland gewinnen die diversen Pfingstchristentümer an
Einfluss. Folgt man der protestantischen Kirchenpresse, so ging
2008 bereits jeder vierte protestantische Gottesdienstbesucher
sonntags in einen pfingstlerisch-charismatischen Gottesdienst:
300 000 Menschen an jedem Sonntag des Jahres. Hier wachsen
die Gemeinden gegen den volkskirchlichen Trend des Schwunds
der Gottesdienstgemeinde. Pfingstlerische Präsenz wird zudem
durch viele kleine Gemeinden von hoch engagierten Christen
gestärkt, die aus anderen Kontinenten nach Deutschland eingewandert sind.

In anderen westlichen Gesellschaften und vor allem in Ländern
der Dritten Welt gelang es den Pfingstkirchen demgegenüber, vor
allem auch katholische Christen zur Konversion zu bewegen oder
Nichtchristen zu missionieren. Im Milieu der Pfingstkirchen bil-
dete sich seit den 1960er Jahren die sogenannte Charismatische
Bewegung, die auf den kalifornischen Episkopalisten-Pfarrer
Dennis Bennett (1917–1991) zurückgeführt wird. Zunächst auf
protestantische Kirchen beschränkt, erfasste sie seit 1967 auch
römisch-katholische Christen, die sich durch die «Taufe im Heiligen Geist» und andere übernatürliche Charismata wie Heilung,
Prophetie und intuitive Erkenntnis für eine geistliche Erneuerung
der Kirchen begeistern ließen. Zunächst wurden die Anhänger der
neuen Bewegung «Neo-Pentecostals» oder «Neupfingstler» genannt,
doch setzte sich rasch ihre Selbstbezeichnung als «Charismatiker»
durch. Im Zentrum ihrer Theologie steht die Vorstellung, dass
Gott seiner Kirche jetzt eine neue Ausgießung des Heiligen Geistes bzw. ein zweites Pfingsten geschenkt habe. Durch charismatische Gebetskreise, eigene Gottesdienste und große Kongresse soll
diese Erfahrung gestärkt werden. In den protestantischen Kirchen
wurden die Charismatiker unterschiedlich beurteilt. Vor allem

viele lutherische Kirchen blieben kritisch distanziert, da man zentrale Elemente des Lutherischen wie das Wort und die Rechtfertigung allein aus Glauben missachtet sah. In der römisch-katholischen Kirche hingegen wurde die charismatische Bewegung trotz der protestantischen Ursprünge oft positiv gewürdigt. Besonders wirkungsvoll agieren derzeit aggressiv missionierende charismatische Protestanten aus den USA und aus Großbritannien. In den USA werden die Charismatiker häufig auch von den *electronic churches* unterstützt. Inzwischen bekennen sich über 300 Millionen Christen in allen Kirchen als Charismatiker.

Westliche Intellektuelle tun sich schwer damit, die erstaunlich schnelle Durchsetzung der Pfingstler und ihre zum Teil sehr großen Missionserfolge in nichtchristlichen Ländern zu verstehen. Rein theologische oder religionsinterne Deutungen greifen zu kurz. Zwar sind die Pfingstkirchen für viele Menschen gerade wegen der intensiven Glaubenspraxis attraktiv. Aber das individuelle Vertrauensverhältnis zum «Herrn Jesus» und das Erfülltsein durch den Heiligen Geist führen dazu, dass das Religiöse alle Dimensionen der Lebensführung der Frommen intensiv durchdringt. Stärker als in anderen Formen des modernen Christentums wird der Glaube zum bestimmenden Prinzip des Lebens in der Gemeinschaft. Pfingstgemeinden erzeugen häufig einen sehr hohen Binnendruck. Sie greifen tief in den Alltag der in ihnen vergemeinschafteten Frommen ein und verlangen eine unbedingte Treue gegenüber den Regeln der Gemeinde, die in Außenperspektiven häufig als sektiererische Kleingruppen erscheinen, in denen die Freiheit der Individuen rigide unterdrückt wird. Liberale westliche Intellektuelle sprechen von repressivem Gruppenzwang und hohem Konformitätsdruck. Pfingstler nehmen dies, genau umgekehrt, als entlastende Geborgenheit und Schutz gegenüber den Bedrohungen einer chaotischen Welt wahr. Die Gemeinde vermittelt ihnen in einer diffusen, als gesetzlos erlittenen sozialen Umwelt starken Halt. Sie gibt klare moralische Weisungen und trägt in ihren dichten Vergemeinschaftungsstrukturen dazu bei, dass die Gemeindeglieder diese Normen im Alltag befolgen. Mit dem Geistglauben der Pfingstler ist eine moralische Ökonomie verbunden, in der starke Selbstdisziplinierung, Triebunterdrückung und Askese prämiert werden. Viele Pfingstler verzichten auf Nikotin und Alkohol, und sie leben ihre Sexualität sehr viel disziplinierter, entsagungsbereiter als andere Menschen. Sie betonen den Wert der Familie, bringen ihren Kindern relativ große emotionale Nähe entgegen und pflegen autoritäre Erziehungsstile. Auch investieren sie vergleichsweise viel Geld in die Bildung der Heranwachsenden und erzeugen eine demonstrative Kultur der Reinlichkeit mit adrett gekleideten Menschen, sauberen Häusern, gefegten Straßen und gepflegter Natur. Die pfingstlerischen Kirchen sind gerade deshalb in sozialen Milieus attraktiv, in denen bisher über Religion wenig moralische Steuerungskraft entfaltet wurde und die Kraft des Gottesglaubens nicht dazu ausreichte, um etwa hohen Drogenkonsum, Alkoholismus, Promiskuität und Glücksspielsucht einzuschränken. Ihre missionarische Dynamik wird primär von aktiven Frauen getragen, nicht zuletzt in Lateinamerika, auf dessen Religionsmärkten sich schon seit Jahrzehnten dramatische Veränderungsprozesse abspielen.

4. Die moralische Ökonomie der lateinamerikanischen Pfingstler

Die Wahl Jorge Mario Bergoglios, der seit März 2013 als Papst Franziskus an der Spitze der römisch-katholischen Kirche steht und sich programmatisch als «Papst der Armen» vorgestellt hat, könnte endlich den Blick schärfen helfen für die spannenden Entwicklungen in Lateinamerika, die in Deutschland lange nur das Spezialthema einiger weniger Religionsexperten waren. Hier schwärmte man für die «progressiven» Tendenzen der lateinamerikanischen Befreiungstheologie, schwieg über die antisemitischen Begleittöne in der Kapitalismuskritik einiger ihrer Vertreter und ergriff auch deshalb für «die Armen» Partei, weil die katholischen Amtskirchen in Lateinamerika oft gemeine Sache mit den diktatorischen Militäreliten gemacht hatten. Dass die Militärs linke Priester und Bischöfe brutal ermorden ließen, macht diese Parteinahme verständlich. Doch es waren keineswegs nur die diversen Militärdiktaturen der 1970er und 1980er Jahre, die die Armen arm bleiben ließen. Einen entscheidenden Anteil daran hatte auch die katholische Kirche. Oft blieb ihre «primary option for the poor» nur leere religiöse Rede ohne prägnante Analyse der Ursachen von Armut und Not der Massen. Viele Basisgemeinden zerfielen, weil ihre Mitglieder keinerlei Erfolge sahen. Zahlreiche Katholiken aus der Unterschicht gingen in neue protestantische Kleingruppen über, die dank ganz anderer sozialmoralischer Botschaften auch wirkmächtige Strategien sozialen Aufstiegs bieten konnten.

Lateinamerika wurde von zwei katholischen Mächten, Spanien und Portugal, kolonisiert. So war der Katholizismus, der jahrhundertelang feudale Strukturen konservierte, bis ins 20. Jahrhundert hinein Staatsreligion. Religiöse Vielfalt entstand erst seit dem frühen 19. Jahrhundert, als europäische Protestanten, in den Süden Brasiliens etwa deutsche Lutheraner, einwanderten. In den Norden Brasiliens gingen hingegen Baptisten, Methodisten und Presbyterianer. Neben diese «historischen Protestantismen» traten seit 1910 neue protestantische Akteure, die zunächst aus den USA, dann auch aus Schweden kamen und den Lateinamerikanern einen ganz neuen Protestantismus, eben das Pfingstchristentum, brachten. Die Religionsgeschichte Lateinamerikas ist im 20. Jahrhundert durch die zunehmend schnelleren Missionserfolge dieser neuen Protestantismen und die zum Teil dramatische Erosion des alten weithin monopolistischen Sinnkonzerns, der katholischen Kirche geprägt. Überall auf dem Kontinent, im Süden stärker als im Norden, nimmt die Zahl der Katholiken im Verhältnis zur Geburtenrate seit vierzig Jahren ständig ab. Der Monopolist von einst ist zu einem Glaubensakteur neben anderen geworden.

Zu Beginn des 20. Jahrhunderts gehörten 99 Prozent der Brasilianer der katholischen Kirche an. 1980 waren es 88 Prozent, 2000 dann 73,9 Prozent, beim letzten Zensus 2010 nur noch 65 Prozent. In nur dreißig Jahren hat der brasilianische Katholizismus knapp ein Viertel der Bevölkerung verloren. Die in Tausenden von kleinen Gemeinden und einigen größeren Kirchen organisierten Pfingstchristen konnten hingegen ihre Anhängerschaft seit 1980 alle zehn Jahre verdoppeln. Die Missionsdynamik der Pfingstler ist ungebrochen. So wächst die Igreija Universal do Reino Jahr für Jahr um 25 Prozent. Auch Zahlen aus anderen Gesellschaften Lateinamerikas zeugen vom neuen Pfingstwunder. In Guatemala waren im März 1990 20 Prozent der Bevölkerung Protestanten. Im September 2012 gehörten schon gut 38 Prozent protestantischen, zumeist pfingstlerischen Kirchen an. Die hohe Konversionsdynamik hängt eng mit dem für Lateinamerika so zentralen Armutsthema zusammen.

Die Pfingstler bieten eine ganz andere moralische Ökonomie an als die katholische Kirche, die patriarchalische Strukturen der Diskriminierung von Frauen ebenso konserviert wie sozialpaternalistische Entmündigung. Der herrschende Katholizismus gilt bei den kirchendistanzierten säkularen Eliten oft als eine Religion von Doppelmoral und korrupter Oberschicht. Niemals ist es ihm gelungen, den Machismo zu überwinden oder starke sozialmoralische Prägekraft zu entfalten. Die Pfingstchristen hingegen vertreten eine zumeist äußerst strenge Auffassung innerweltlicher Askese. Gegen die herrschende Promiskuität im Machismo werden außereheliche Sexualbeziehungen tabuisiert sowie Drogen, Alkohol und nicht selten auch Tabakkonsum abgelehnt. Zu ihrem Erfolg trägt entscheidend bei, dass sie eine religiös-sittliche Disziplinierung von Männern ermöglichen. Das macht pfingstlerische Gemeinden für Frauen attraktiv. Vor allem sie verlassen die katholische Kirche und gehen zu den Pfingstlern, bei denen sie sich als gleichberechtigt erfahren können. Gerade die neuen, neo-pentecostalen Gemeinden bieten ihnen Netzwerke weiblicher Solidarität, die es ihnen dank des *empowerments* durch andere Frauen erlauben, ihre Männer unter Familiendruck zu setzen: «Ich werde mich scheiden lassen, wenn du dich nicht von deiner Geliebten oder deinem Lover trennst.» «Werde endlich ein guter, anständiger Vater und folge mir und unseren Kindern in die Pfingstgemeinde – oder du wirst deine Kinder verlieren!»

Außereheliche Beziehungen, Bordellbesuche und die Macho-Kultur des Prahlens, Protzens und öffentlichen Saufens kosten viel Geld. Wo sie erfolgreich unter Tabu gestellt werden, stehen mehr Mittel für den Familienhaushalt zur Verfügung. Diese können nun in die Bildung der Kinder investiert werden. So trägt pfingstlerische Askese spätestens in der Generation der in den Gemeinden aufgewachsenen Jüngeren weltliche Früchte, etwa Chancen sozialen Aufstiegs durch höhere Bildung. Auch den konvertierenden Männern bieten die kleinen Glaubensgemeinschaften ganz neue Gelegenheiten. Sie treffen hier verlässliche Männer, die in Handel, Industrie und Dienstleistungssektor einen vergleichsweise guten Job haben. Sehen sie, dass der neu in die Gemeinde Gekommene sich deren strenge Moral zu eigen macht, werden sie ihm bald eine andere, bessere Stelle verschaffen. Denn sie wissen, dass er verlässlich ist, etwa montags pünktlich und nüchtern am Arbeitsplatz erscheint, und so können sie ihrem Chef empfehlen, ihn doch einzustellen. Religionssoziologen haben gezeigt, dass fromme Pfingstler dank der dichten Kommunikationsstrukturen in den Gemeinden ungleich mehr Sozialkapital bilden und akkumulieren als die Katholiken. Die Erfahrung der individuellen Begegnung mit dem Heiligen Geist schafft hohe emotionale Nähe zu jenen, die ebenfalls Geistesgegenwart gefühlsstark erlebt haben. So wirkt der Heilige Geist verbindend, und er schafft Austausch, erzeugt Vertrauen. In Brasilien gehen etwa 36 Prozent der Katholiken einmal pro Woche zur Kirche. Bei den Pfingstlern sind es hingegen 83 Prozent, in manchen Gemeinden gar über 90 Prozent. Pfingstchristen sehen sich sehr viel häufiger, und sie kennen sich besser als die Mitglieder der hierarchisch strukturierten katholischen Großorganisation. Die dichten Kontakte in der Gemeinde eröffnen ihnen neue Sozialräume: Man kann sich autonom definieren und seine Lebensumstände aktiv ändern.

Indem pfingstlerische Gemeinden Askese und harten Fleiß religiös prämieren, stärken sie die Fähigkeit zum sozialen Aufstieg.

Hier hilft der heilige Geist des dichten Austauschs zum Ausstieg aus der Armutsfalle. In Lateinamerika erzielen die Pfingstler ihre größten Erfolge in den suburbanen Randgebieten der Megastädte, in den Favelas und dichtbevölkerten Siedlungen all jener Armen, die auf der Suche nach ein bisschen Geld und Lebensglück vom Lande in die Stadt gewandert sind. Die katholische Kirche hat in den dramatisch schnellen (Sub-)Urbanisierungsprozessen schon deshalb keine zureichenden pastoralen Dienstleistungsstrukturen aufbauen können, weil sie in einigen lateinamerikanischen Gesellschaften stark unter Priestermangel leidet. Selbst die wenigen neu gebauten Kirchen haben oft keine Pfarrer. Pfingstler aber brauchen in ihrer undogmatischen Glaubenspraxis keine Priester, sondern rekrutieren den oder die männlichen wie weiblichen Leiter der Gemeinde unter den einfachen Geistgläubigen. Ihre Gemeinden sind *voluntary associations*, spontane Vereinigungen gleich Berechtigter, die dann einige besonders Fromme als Prediger küren – eine Einübung in Selbstorganisation und Demokratie. Auch brauchen die Pfingstler keine eigenen Kirchengebäude, sondern können ihre Gottesdienste in alten Kinos und Turnhallen feiern. Sie begegnen, schon aufgrund des egalitären Laienprinzips, den durch Migration Entwurzelten, Heimatlosen sehr viel offener, empfangsbereiter als eine alte kirchliche Institution, die Arme immer nur daran erinnert, dass sie eben arm und auf Barmherzigkeit angewiesen sind. In den Favelas und anderen urbanen Welten katastrophaler sozialer Anomie geben die Pfingstler ein Heilsversprechen, das nicht erst im Jenseits, sondern hier und heute schon erfahrbar ist. Statt der von den katholischen Befreiungstheologen verkündeten «Option für die Armen» predigen sie eine «Theologie des Reichtums», in der ökonomischer Erfolg, wie einst bei Max Webers Puritanern, als Zeichen besonderer Gottesnähe und Heiligung gilt. Religionswissenschaftler bezeichnen die Pfingstkirchen deshalb als «Health and Wealth Christianities», die Gesundheit, Glück, Aufstieg und Erfolg als gottgewollt verkünden. Hier erschließt der Heilige Geist die Option für den Wohlstand. Und all dies bleibt nicht nur religiöse Rede, sondern wird aktiv erzeugte gesellschaftliche Realität. Das beweisen harte sozialstatistische Daten: Pfingstler in Brasilien gehören zunächst zur Unterschicht oder mittleren Unterschicht. Aber sie haben dank ihrer religiösen Netzwerke vielfältige Chancen zu Aufstieg und allmählichem Wohlstand. So sind, zugespitzt formuliert, die Pfingstkirchen in Lateinamerika und Asien Religionen der Mittelstandsbildung.

5. *Evangelicos* in Nordamerika

Auch in den USA gehören die Pfingstchristen inzwischen zur am schnellsten wachsenden Gruppe unter den vielen kirchentreuen Christen. Nach Erhebungen des Pew Forum über «Religion and Public Life» gehören zwar zwei Drittel der in den USA lebenden gut 52 Millionen Latinos der römisch-katholischen Kirche an. Aber es wird erwartet, dass es schon 2030 weniger als die Hälfte der Latinos sein werden. Denn auch in den USA lässt sich beobachten, dass viele Latino-Katholiken zu Gemeinden protestantischer Evangelicals übergehen, vor allem die Jüngeren, Mobileren. Diese Konvertiten, die sich selbst als *evangelicos* bezeichnen, haben inzwischen ihre ganz eigene Glaubenskultur entwickelt, mit spanischsprachigen Zeitschriften und Musikgruppen, die CDs mit begeisternden Glaubensliedern für ein spanisch sprechendes Publikum produzieren. Versammelten sich die *evangelicos* einst als Hausgemeinschaften, die sich im Wohnzimmer zum Gebet trafen oder in kleinen Läden zusammenkamen, so haben sie nun eigene große Kirchen. Die New Life Covenant Church in Chicago, die größte Assemblies-of-God-Kirchengemeinde in den USA, hat 17 000 Mitglieder, ist aber nur eine von Hunderten *evangelicos*-Gemeinden im Großraum von Chicago. Begonnen hatte diese Kirchengemeinde vor gerade dreizehn Jahren, im Jahr 2000, mit einem spanischsprachigen Gottesdienst, zu dem knapp hundert Latinos kamen. Nun sind es in vier verschiedenen Gemeindezentren Sonntag für Sonntag gut 17 000 Fromme. Derzeit wird ein neuer großer Tempel gebaut, mit 1300 Sitzplätzen und einer so großen Bühne, dass auch Elefanten auftreten können – um etwa die Geschichte von Noahs Arche in Szene zu setzen. Allein in der Southern Baptist Church beten und tanzen die *evangelicos* derzeit in über 3200 eigenen Kirchen. Führende Vertreter der Southern Baptist Convention, der größten evangelikalen Denomination in den USA, behaupten zudem, dass es in den USA so gut wie keine Stadt mit einer baptistischen Kirche mehr gebe, in der sonntags nicht auch ein spanischsprachiger Gottesdienst gefeiert werde. In der National Hispanic Christian Leadership Conference der USA sind inzwischen 41 000 Kirchengemeinden von *evangelicos* repräsentiert.

In den USA hängt ihr Erfolg sehr stark mit den Migrationserfahrungen der Latinos zusammen. Etwa 17 Prozent der US-Bevölkerung sind inzwischen Latinos, aber nicht alle sprechen die Sprache des Landes, in das sie zumeist mit der Hoffnung auf Arbeit und ein wenig Wohlstand – sei es legal, sei es illegal – gewandert sind. In den Gemeinden der *evangelicos* finden sie leicht eine neue Heimat, Gleichgesinnte, Brüder und Schwestern mit denselben Erfahrungen von Wanderschaft, schwieriger Ankunft, immer neuem Kampf ums Überleben. Heber David Paredes, ein aus Guatemala stammender Pastor der Iglesia Roca de la Eternidad, schätzt, dass weit über die Hälfte seiner Gemeindemitglieder Konvertiten sind. Wohl noch mehr, vielleicht zwei Drittel, seien illegal in die USA eingewandert, und etwa ein Drittel habe große Schwierigkeiten, Englisch zu reden oder zu schreiben. «Church is what they have. They don't have many places where they can feel welcome. That's what they are looking for. That's where they have a family, a place to belong.»

Auch in Nordamerika lassen sich Glaubensmuster beobachten, wie sie schon mit Blick auf lateinamerikanische Pfingstchristentümer skizziert wurden. Latino-Protestanten in den USA gehen deutlich öfter in die Kirche als Latino-Katholiken: 70 Prozent der *evangelicos* nehmen Sonntag für Sonntag am Gottesdienst teil, aber nur 47 Prozent der Latino-Katholiken. 92 Prozent aller *evangelicos* erklären, dass Religion in ihrem Leben überaus wichtig sei – bei den Latino-Katholiken sind es 66 Prozent und in der «weißen» Bevölkerung der USA 58 Prozent. In moralischen Fragen sind die *evangelicos* deutlich konservativer als katholische Latinos: Abtreibung wird entschieden abgelehnt, und die große Mehrheit hält auch gleichgeschlechtliche Partnerschaften für falsch. In den Predigten wird fortwährend vor Drogen und Alkohol gewarnt sowie vor- und außerehelicher Sex zur Sünde erklärt. Ein gesundes Leben zu führen, sei wahrer christlicher Lebenswandel, so dass selbst Hygiene und Körperpflege zum Inhalt der Glaubensverkündigung werden können.

Zugleich geben die *evangelicos* dem Thema «soziale Gerechtigkeit» einen großen Stellenwert. Ihre Erfolge erklären sich auch dadurch, dass sie sich um Drogenabhängige, Prostituierte, kriminelle Jugendliche und herumlungernde Arbeitslose in einer Weise kümmern, die von den Betroffenen nicht als entmündigend oder entwürdigend erlebt wird. Oft bieten evangelikale Gemeindezentren medizinische Dienstleistungen für Gemeindeglieder an, die keinerlei Anspruch auf *health care benefits* haben. Sie verteilen Lebensmittel an jene, die gerade kein Geld haben, und bieten all jenen ein schützendes Dach über dem Kopf an, die aus Angst vor der Gewalt auf den Straßen arbeitsunfähig geworden sind. Und vor allem: Sie helfen den Illegalen, nicht nur in der eigenen Gemeinde, sondern auch anderen Migranten ohne Aufenthaltspapiere. Ein zentrales Thema auf den Kanzeln und an den Rednerpulten ist der Kampf gegen die Abschiebung von illegal Eingewanderten und die Zerstörung von Familien, wenn die Mutter bleiben darf, aber der Vater (oder einzelne Kinder etc.) abgeschoben wird. Politisch suchen führende Vertreter der *evangelicos* deshalb Druck auf Abgeordnete der Republikaner auszuüben, einer umfassenden Reform des Einwanderungsrechts zuzustimmen und den vielen Illegalen im Lande endlich zu einem rechtlich klaren Aufenthaltsstatus und Bürgerrechten zu verhelfen.

Auch mit Blick auf den Klerus lassen sich in den USA signifikante Unterschiede zwischen *evangelicos* und Latino-Katholiken beobachten. Nur 15 Prozent der in den USA neu ordinierten katholischen Priester sind Latinos, so dass die pastorale Versorgung von katholischen Latino-Gemeinden immer schwieriger wird. Ein Großteil der Prediger bei den US-*evangelicos* hat zwar keine seriöse oder halbwegs solide theologische Ausbildung erhalten. Hier können sich religiöse Virtuosen ganz unterschiedlicher Art selbst zum Prediger machen, wenn ihnen denn einige Fromme folgen. Aber diesen Predigern gelingt es offenkundig, in ihrem einfältigen Biblizismus und dem Gebetsappell an einen Gott, der die kranke Mutter heilen oder den bösen Nachbarn vertreiben soll, die Nöte und Sorgen ihrer Gemeindemitglieder ernst zu nehmen. Oft sind es Frauen, die besonders erfolgreich den Gemeindeaufbau vorantreiben. Und gerade sie knüpfen nicht nur effiziente Netzwerke der Solidarität, sondern können, weil sie etwa als Putzfrauen oder Kindermädchen in den Haushalten wohlhabenderer weißer Amerikaner arbeiten, also über Kontakte zu potentiellen Arbeitgebern verfügen, ihren Schwestern und Brüdern in der Gemeinde zu einem Job verhelfen – was man dann gemeinsam singend, betend, tanzend auf das Wirken des guten, heilsamen Gottesgeistes zurückführt.

Der katholische Diskurs hingegen bleibt auf eine Mitleidsrhetorik fixiert, in der man Armen Almosen gibt. «Der Arme als soziologische Kategorie entsteht nicht durch ein bestimmtes Maß von Mangel und Entbehrung, sondern dadurch, dass er Unterstützung erhält oder sie nach sozialen Normen erhalten sollte», hat Georg Simmel in seiner *Soziologie. Untersuchungen über die Formen der Vergesellschaftung* 1908 erklärt. So gut die «Option für die Armen» gemeint ist – sie droht Armut nur kognitiv zu verfestigen. Denn der Gegenbegriff «Reichtum» wird moralisch negativ besetzt – weil die Reichen, so die Suggestion, faul sind, hedonistisch genießen und keinen Überlebenskampf kennen. Aber will ein gnädiger Gott nicht auch Wohlstand gewähren?

6. Pfingstlerische Glaubenswirtschaft in Afrika

Die Frage gewinnt an Gewicht, blickt man auf die vielen neuen afrikanischen Christentümer.[5] Sie wirken auf westliche, durch Traditionen theologischer Aufklärung und Religionskritik geprägte Beobachter oft irritierend, schwer deutbar, verstörend. Denn viele afrikanische Christen führen ihr Leben in engem Kontakt mit sei es guten, sei es bösen Geistern, die den Alltag bestimmen und wirkkräftig ins Leben der Menschen eingreifen. Böse Geister machen Angst, erzeugen Furcht und lähmen den Willen zu aktiver Lebensgestaltung. Sie halten gerade die einfachen Leute in Abhängigkeit. Der christliche Glaube hingegen wird als eine Kraft erfahren, die die bedrohende, furchterregende Allmacht der Geister begrenzt – durch den großen Heiligen Geist. Dabei ist es keineswegs so, dass die vielen neuen Christen in Afrika mit dem Glauben an eine Geisterwelt mit guten Mächten, bösen Dämonen und auch verhexten Frauen brechen.[6] Sie bleiben all jenen kognitiven Strukturen verpflichtet, die im Glauben an eine ganz eigene *spiritual world*, Welt der Geister, erzeugt werden. Aber sie sind zugleich davon überzeugt, dass in dieser dicht bevölkerten, dynamischen und konfliktreichen Welt von Personen, Seelen, wirkmächtigen Ahnen, Geistern, Dämonen und Teufeln der gute Geist Gottes, der Heilige Geist, sich schon bald als stärkste Kraft erweisen wird. Er mache nicht nur ein Leben in Freiheit möglich, sondern werde die Menschen auch aus Armut zu Wohlstand führen und eine friedliche, versöhnte Gesellschaft mit einem hohen Maß an Gerechtigkeit und viel Lebensglück schaffen.

Die neuen afrikanischen Christentümer sind durch außerordentlich hohe Vielfalt und religiöse Kreativität geprägt. Im Unterschied zu den alten Missionskirchen der Katholiken, Protestanten und Anglikaner, die nach dem Vorbild der Kirchen des Nordens, das heißt der missionierenden Kirchen in Europa und den USA, entworfen waren, findet sich in den Independent Churches und hier allen voran in den diversen Pfingstkirchen – der Apostolic

Church, der Church of Pentecost, den Assemblies of God – ein ganz eigenes, äußerst dynamisches Glaubensleben: in Predigtzentren, mit eine ganze Nacht dauernden, sehr lauten Gottesdiensten, Bibelschulen, eigenen Radio- und Fernsehstationen, Bekehrungs-«Kreuzzügen» und großen Gebetskongressen. Die charismatischen Prediger und Glaubenshelden werden wie Popstars gefeiert. In Nigeria etwa, dem seit 1957 ersten unabhängigen Staat Afrikas, dessen Bevölkerung zu 60 Prozent christlichen Kirchen angehört, sind in den letzten vierzig Jahren zahllose pfingstlerisch-evangelikale Kirchen neu gegründet worden: «Winner's Chapel», «Synagogue Church of All Nations», «Lighthouse Chapel International», «World Miracle Church International», «International Central Gospel Church», «Catholic Church of Christ the King», «Action Chapel International», «Victory Bible Church» und «Alive Chapel International».[7]

Die charismatischen Glaubensstars dieser Kirchen wenden sich an ganz unterschiedliche soziale Gruppen und entwickeln religionskulturell wie theologisch je eigene, durch Abgrenzung von anderen Pfingstkirchen geprägte Profile. Folgt man den Arbeiten Paul Giffords, so lassen sich Missionsdynamiken der neuen Propheten und Geisteszeugen bemerkenswert präzise nachzeichnen. Gifford unterscheidet für Ghana vier Wellen der Ausbreitung neopentecostaler Kirchen: eine erste *gospel wave* Ende der 1970er Jahre, dann eine primär auf alttestamentliche Narrative bezogene zweite Welle, drittens eine breit angelegte, große Menschenmassen mobilisierende Verkündigungswelle mit perfekt inszenierten Wunderheilungen und schließlich neue prophetische Kampagnen, in denen es um materiellen Reichtum geht. Bei allen sozialstrukturellen und religiösen Unterschieden zwischen den diversen neo-pentecostalen Kirchen in Ghana lassen sich auch einige Gemeinsamkeiten beobachten. Immer geht es in der Verkündigung darum, dass das Leben des Christen, im Unterschied zu dem anderer Menschen, in jeder Hinsicht von Erfolg gekrönt ist. Christen sind Winner in einer Welt der vielen Loser, und sie müssen nur an ihren Erfolg glauben, dann werden sie ihn haben. Die großen Aufkleber auf ihren Autos, mit denen die Geistgläubigen die Zugehörigkeit zu ihrer Kirche bekunden, enthalten viele Siegesbotschaften: «I am a Stranger to Failure» oder «Unstoppable Achievers». In den Gottesdiensten singt man Lieder wie «Jesus is a Winner Men» oder «Abraham's Blessings are Mine», und bei den großen Glaubenskongressen in Mega-Churches mit Plätzen für Tausende von Teilnehmern geht es um Themen wie «Winning Ways» oder «Highway to Success». In den Predigten sind «progress, prosperity, breakthrough, achievement, success, blessing, excellence, plenty, elevation, promotion, increase, fullness, triumph, fulfillment, possession» und «richness» die leitenden Begriffe. Hinter sich lassen sollen die Predigthörer Armut, Traurigkeit, versperrte Wege, geschlossene Türen, Unglück, Stillstand, Stagnation, Ermüdung, Erschöpfung, Mattigkeit, Leiden, Dunkelheit, Selbstblockade, Mangel, Abhängigkeit, Sklaverei und Schuldgefühle. Bei all dem geht es keineswegs nur um Emotionen, Seelenlage und innere Befreiung, sondern ganz entscheidend um finanziellen wie materiellen Reichtum. Diese *prosperity gospel* meint Luxusautos, vor allem aus München, Stuttgart und Ingolstadt, und gut gefüllte Bankkonten, wenn über Erlösung und Heil gepredigt wird. Deshalb stützt sich die Glaubensverkündigung primär auf alttestamentliche Mythen: auf David, der Goliath besiegte und vom Hirtenjungen zum König aufstieg, auf Josua, der mutig den Jordan durchquerte, die Mauern Jerichos zerstörte und das Gelobte Land einnahm, auf Abraham, dessen Bundestreue mit reichem Segen belohnt wurde. Immer geht es den Predigern darum, den Gläubigen deutlich zu machen, dass man durch den innerlichen Wandel hin zu einer positiven Lebenseinstellung seine Lebensführung ändern und so zu Wohlstand und Reichtum gelangen kann. Wird das erhoffte Ziel nicht erreicht, sind eben die bösen Geister Schuld, die man, weil zu wenig betend und Gott preisend, noch nicht besiegt hat. Doch wenn mehr Wohlstand tatsächlich erreicht wird, hat der alles umschaffende Heilige Geist gewirkt.

Man mag dieser Glaubensökonomie vorwerfen, dass hier in erster Linie die Pfarrer, Propheten, Prediger, Bischöfe und Glau-

bensstars viel Geld verdienen – in der Tat lässt sich bei den neo-
pentecostalen Geistlichen in zahlreichen afrikanischen Ländern
massive Korruption beobachten. Aber die neuen «Health and
Wealth Christianities» haben auch die ökonomische Transfor-
mationsdynamik in vielen afrikanischen Gesellschaften gestärkt
– weil sie mit ihrer Wohlstandspredigt anschlussfähig sind an neo-
liberale Marktideen und einen globalen Kapitalismus, zur Aufwertung von Frauen im öffentlichen, zivilgesellschaftlichen Raum
beitragen und bei Jugendlichen dazu führen, das eigene Leben
als prinzipiell veränderbar und gestaltungsoffen zu begreifen. Sie
haben traditionelle Sozialstrukturen zerstört und einen religiösen
Markt geschaffen, auf dem man selbstbestimmt wählen kann, je
nach Divinalgeschmack. Für Jugendliche sind sie gerade in ihrer
Nähe zur modernen Popkultur attraktiv: in den großen Ver-
sammlungen unter freiem Himmel, mit viel lautem Gesang,
Bands, erregtem Tanz und nicht selten auch Alkohol – ganz anders als in den Abstinenz predigenden lateinamerikanischen
Pfingstkirchen. Und überall in Afrika haben sie in den postkolo-
nialen Gesellschaften die Zivilgesellschaft gegen den Staat (mit
seinen zumeist korrupten politischen Eliten) sowie das Bewusstsein der Unabhängigkeit nach der langen Abhängigkeit von den
Kolonialherren gestärkt – einfach schon dadurch, dass man nun
sein eigenes, afrikanisch-indigenes Christentum lebt. Inwieweit
sie dabei auch demokratische Strukturen bzw. Demokratisie-
rungsprozesse befördert haben, wird kontrovers diskutiert.[8] Aber
in ihrem religiösen Expansionsdrang und in ihren vielfältigen
transnationalen, oft auch globalen Vernetzungen[9] haben sie fortwährend auch die nicht selten sehr aggressive und gewaltsam
ausgetragene Glaubenskonkurrenz mit muslimischen Akteuren
radikalisiert.[10]

Starke religiöse Identität ist eben ein bleibend ambivalentes
Phänomen. Indem ihr kollektiv geteilter Glaube die Frommen der
einen Gemeinschaft integriert, schließt er zugleich andere, vor
allem Andersgläubige, aus, wirkt also polarisierend. «Though we
function differently, We got one identity, Because as children of

God we're Re-building identity», singen die Pfingstchristen auf den vielen Inseln der Karibik. Aber es ist dies ja eine Identität gegen andere oder eine fromme Identitätsarbeit, die der Marktkonkurrenz mit anderen religiösen Identitätslieferanten nicht entgehen kann.

VI. Die kreationistische Internationale

«Ich glaube an Gott, den Schöpfer Himmels und der Erden», bekennen Christen aller Konfessionen weltweit im Apostolischen Glaubensbekenntnis. Auch Juden, Muslime, Hindus und Gläubige vieler anderer Religionsgemeinschaften bekunden in frommen Texten und heiligen Riten ihr Vertrauen auf den Schöpfergott. Kaum eine religiöse Symbolsprache der Menschheit, in der nicht Bilder vom Ursprung, Metaphern des ersten Anfangs oder Mythen der Schöpfung eine zentrale Rolle spielten. Schöpfungssprachen prägen zudem neuzeitliche ästhetische Diskurse, etwa in der Vorstellung vom Künstler als einem *secundus deus*, zweiten Schöpfergott, und die Begriffsbildung diverser moderner Wissenschaften, von Joseph Schumpeters «kreativer Zerstörung» in der Ökonomie bis hin zur «Verfassungsschöpfung» in der Staatsrechtslehre. Doch in erster Linie ist Schöpfung ein Grundbegriff religiöser Sprache. Wie alle anderen religiösen Grundbegriffe ist er in der Moderne permanent umstritten und wird gerade von gelehrten jüdischen wie christlichen Theologen und Philosophen seit der Mitte des 18. Jahrhunderts höchst kontrovers diskutiert. Auch muslimische Gelehrte und Hindu-Denker führen verstärkt Debatten über die Auslegung des Begriffs. Zu diesem bis heute andauernden Grundlagenstreit trägt bei, dass Schöpfung analog zu Natur und Naturrecht als zentrale religiöse Vorstellung zugleich auch ein Grundbegriff moderner politisch-sozialer Sprache ist. «We hold these truths to be self-evident that all men are created equal, that they are endowed by their Creator with certain unalienable Rights, that among these are life, liberty and the pursuit of happiness», heißt es in der Unabhängigkeitserklärung der USA. Hier wird

Schöpfungssprache benutzt, um die prinzipielle Gleichheit aller menschlichen Geschöpfe als gottunmittelbarer Ebenbilder des himmlischen Vaters und aus dieser Gleichheit der Geschaffenen vor Gott Gleichheit vor dem Gesetz und eine demokratisch gleiche Freiheit aller Bürger abzuleiten: *Imago Dei* als menschheitsumspannendes, alle Menschen aller Zeiten inkludierendes Symbol einer vorstaatlich prinzipiellen, unverfügbaren Menschenwürde.

Die biblischen Schöpfungsmythen können aber auch, wie in der europäischen Romantik um 1800 und den vielen neoromantischen Bewegungen seither, den Beglückungsprogrammen unbedingter Vergemeinschaftung suggestive Sprachmuster und Bildarsenale zur Verfügung stellen. Schöpfungsvorstellungen konnten eben auch ganz andere, zur demokratischen Gleichheit vor dem Gesetz gegenläufige politische Ideen begründen helfen, Vorstellungen einer gottgewollten Prärogative von Monarch und Adel vor dem gemeinen Volk oder rassistisches Denken, vor allem die behauptete Überlegenheit der Weißen über die jeweils anderen, vor allem die Schwarzen. In den mythischen Bildsprachen von guter Schöpfung ließen sich zudem harte Ethno-Religionen fundieren, religiöse Deutungskulturen, in denen aus Gottes Schöpfungswillen eine unbedingt bindende, sakrosankte innere Einheit von Volk und Glaubensgemeinschaft abgeleitet und die Nation zu einer immer schon gegebenen, aller expliziten politischen Vergemeinschaftung der Bürger und Bürgerinnen vorausliegenden, insoweit transzendenten heiligen «Schöpfungsordnung» substantialisiert wird. Schöpfungsbegriffe haben zudem dazu gedient, historisch kontingente Geschlechterordnungen zu sakralisieren und eine patriarchalische Vorrangstellung des Mannes gegenüber der Frau zu begründen. Begriffs- oder diskurshistorische Studien über den politischen Gebrauch von Schöpfungssemantik sind rar. Doch ist deutlich, dass «Schöpfung» auch in der Gegenwart nichts von ihrer fundamentalen politischen Relevanz verloren hat. Man kann dazu exemplarisch auf die vielen umweltpolitischen Debatten um die «Bewahrung der Schöpfung» verweisen.

Wie auch immer in der Moderne seit 1800 «Schöpfung» gedeutet wurde: Im theologischen Diskurs und in den religiösen wie
explizit politischen Ideenkämpfen ging und geht es niemals nur
um Gottesglauben in einem engeren Sinn, sondern immer auch
um Ethik, also um eine tugendhafte individuelle Lebensführung,
eine gute Ordnung des gemeinsamen Lebens und insbesondere
das politische Institutionengefüge. Diese fundamentalpolitische
Dimension der Bedeutungskämpfe um den Schöpfungsbegriff
muss man im Hinterkopf behalten, um die im Folgenden erzählten
sechs Kurzgeschichten modernen frommen Schöpfungsglaubens
verstehen zu können.

1. Biologie als Sozialtheorie

Vor allem protestantische Theologen in Deutschland hatten die Schöpfungsmythen der Genesis mit ihren Vorstellungen
von sechs Schöpfungstagen, der Erschaffung von Adam und Eva,
dem Sündenfall und der Vertreibung aus dem Paradies schon seit
dem 17. Jahrhundert kritisch gelesen und Konzepte göttlicher
Schöpfung entwickelt, die mit dem jeweils erreichten Stand naturwissenschaftlicher Erkenntnis kompatibel waren. Die in Deutschland wie in Großbritannien entwickelten Physikotheologien trugen im 18. und frühen 19. Jahrhundert entscheidend zu empirisch
orientierter naturkundlicher Forschung bei. Seitdem bei den
naturkundlich Gelehrten Bilder gradueller Entwicklung und Evolution des Lebens an Attraktivität gewannen, nahmen auch viele
Theologen, die nicht selten selbst experimentelle Naturforschung
betrieben, Evolutionskonzepte auf, um teils aus dem *librum na-
turae*, der Ordnung der Natur, auf ein göttliches Ordnungssubjekt
zurückzuschließen, teils auch Gott als Subjekt des evolutionären
Schöpfungsprozesses zu denken; sehr alte jüdische wie christliche
Lehren von der *creatio continua*, der fortdauernden Erschaffung,
Bewahrung und Fortentwicklung der Welt durch Gott, ließen
sich unschwer in Konzepte einer theistischen Evolution überfüh-

ren: Gott als die *invisible hand* in den natürlichen Prozessen der Evolution des Lebens. Bis in die unmittelbare Gegenwart hinein sind von jüdischen, christlichen, muslimischen und hinduistischen Gottesgelehrten Abertausende solcher theistisch fundierten oder überformten Evolutionskonzepte geschrieben worden, mit zum Teil großer Resonanz beim religiösen Publikum – genannt sei nur Teilhard de Chardin. Charles Darwins *Origins of Species* aus dem März 1859 markieren in den theologischen Debatten der Zeit deshalb keine tiefe Zäsur; die meisten liberalen, *Broad-church-*Theologen des anglikanischen Establishments hatten zuvor schon Evolutionsdenken akzeptiert. Darwin, der selbst Theologie studiert und hier den Grad eines Bachelor erworben hatte, hielt, gegen seine eigene bessere Einsicht, in den *Origins* zudem am alten biblischen Bild vom «Baum des Lebens» fest, nahm Begriffe aus William Samuel Paleys *Natural Theology* aus dem Jahre 1802 auf und sprach in den poetisch gehaltenen Schlußpassagen der *Origins* ausdrücklich vom göttlichen «creator». Zwar kam es in Oxford zu einigem Streit zwischen Thomas Huxley, einem einflussreichen Popularisator Darwins, und anglikanischen Kirchenmännern. Aber die große Mehrheit von Darwins Unterstützern war selbst religiös und hielt seine Sicht der Evolution, geprägt durch die Prinzipien von Variation, Selektion und *struggle for existence*, für vereinbar mit christlichem Schöpferglauben. Asa Gray, Botaniker in Harvard und als enger Korrespondenzpartner der wichtigste Verbreiter von Darwins Einsichten in den USA, war ein überaus frommer und kirchlich aktiver Presbyterianer, der seinen Gottesglauben bruchlos mit der Akzeptanz von Evolution verbinden konnte. Die diskursive Lage änderte sich erst, als unter dem Einfluss von Herbert Spencer Begriffe und Ideen Darwins aus der Naturgeschichte auf die Geschichte menschlicher Gesellschaften und die Kultur übertragen wurden.

Diese «Sozialdarwinismen» – «social Darwinism» ist ein Neologismus aus dem Jahre 1879 – begründeten biologistische Modelle für ein *survival of the fittest*, verbanden sich also bald mit Konzepten von Bevölkerungshygiene und eugenischen Programmen, die Schwachen, Kranken, Leistungsunfähigen an Fortpflanzung zu hindern – um der Durchsetzung der Starken willen. In Deutschland, Großbritannien und den USA fanden solche sozialdarwinistischen Konzepte, die auch prominente Naturwissenschaftler, etwa Ernst Haeckel, propagierten, große Resonanz. Die frühen Kreationisten in den USA stützten sich in ihrem Kampf gegen Darwin auf einen bayerischen Haeckel-Gegner, den (kaum noch bekannten) Erlanger Ordinarius der Zoologie und vergleichenden Anatomie Albert Fleischmann, der 1900 in Erlangen unter dem Titel *Die Deszendenztheorie* «gemeinverständliche Vorlesungen über den Auf- und Niedergang einer naturwissenschaftlichen Hypothese» gehalten hatte. Doch der frühe kreationistische Antievolutionismus, gestützt auf den Kampf gegen liberale Theologie, historisch-kritische Exegese und jede nur allegorische Schriftlektüre, hat nur wenig mit Evolutionsbiologie oder der Autonomie der naturwissenschaftlichen Forschung, aber sehr viel mit Gesellschaftstheorie und harten Interessenkämpfen um die wahre ökonomische Ordnung zu tun. Die frühen Kreationisten bekämpften im biologischen Evolutionsdenken primär einen Sozialdarwinismus, den sie als ideologische Basis eines radikalen Marktdenkens, unbegrenzter kapitalistischer Konkurrenz, Ausbeutung der Schwachen und Legitimation für eugenische Programme wahrnahmen. Ihre Kritik gewann auch dadurch an religionspolitischer Schärfe, dass eugenisches Denken von führenden liberalprotestantischen Theologen als mit christlicher Nächstenliebe vereinbar erklärt und offensiv vertreten wurde. Diese frühen Kreationisten waren zumeist sozial Deklassierte, kaum gebildete Autodidakten, agrarromantische Verlierer in den Prozessen kapitalistischer Modernisierung. In ihren sektiererischen Glaubenstraktaten haben sie niemals Darwin selbst zitiert, und es spricht nichts dafür, dass sie jemals auch nur einen Darwin-Text gelesen haben.

2. Katastrophendenken

Akademische Religionsdeuter wissen nur wenig darüber zu sagen, wie frommes Bewusstsein sich wandelt und wie religiöse Organisationen Veränderungsdruck durch politische Entwicklungen, soziale Konflikte, ökonomische Modernisierung und auch das Rechtssystem verarbeiten. Deutlich ist jedoch die außerordentlich hohe Anpassungselastizität religiösen Bewusstseins, seine Fähigkeit, in uralten Symbolsprachen und überlieferten Glaubensbildern neue kognitive Herausforderungen konstruktiv wahrzunehmen. Dies zeigt eine zweite kreationistische Geschichte. Sie spielt in den USA, in den 1920er Jahren, nach der Erfahrung der «Urkatastrophe» des letzten Jahrhunderts, des Ersten Weltkriegs. Hunderte von antievolutionistischen Essays, Kampfschriften und Büchern finden nun große Resonanz. 1923 veröffentlicht George McCready Price, ein Sieben-Tage-Adventist, *New Geology*, mit der These, dass das Leben auf der Erde vergleichsweise jung sei und eine weltweite Sintflut die gesamten Lebensumstände auf der Erde tiefgreifend verändert habe. Price, geboren 1870 in Havelock, New Brunswick, also in Kanada,[1] nennt sein Denken selbst «New Catastrophism». Die meisten fossilen Nachweise für Evolution stammten aus der kurzen Zeit einer weltweiten Sintflut und der ihr folgenden Jahrhunderte. Mit seiner Sintflutgeologie findet Price zunächst nur in der eigenen Sekte Zustimmung, wird aber von theistischen Evolutionisten hart bekämpft. Diese Gegner halten an einer religiös überformten Evolutionsbiologie als Leitdiskurs fest; sie lesen allegorisch die biblischen Schöpfungstage als Zeitalter. McCready Price hingegen betont die Deutungsmacht der Geologie.

Ideen wirken, wenn sie sich mit Interessen verbinden. Zur Erfolgsgeschichte kreationistischen Denkens in den 1920er Jahren trägt entscheidend bei, dass prominente Politiker gegen alles Evolutionsdenken mobil machen. William Jennings Bryan, ein pazifistisch gestimmter frommer Presbyterianer, der dreimal als Kandidat der Demokraten um den Einzug ins Weiße Haus gekämpft hatte und von 1913 bis zu seinem Rücktritt am 9. Juni 1915 Außenminister unter Woodrow Wilson gewesen war, begann seit 1920 einen ideenpolitischen Kampf gegen den Einfluss darwinistischen Denkens in staatlichen Bildungseinrichtungen.[2] Der entschiedene Gegner von Eisenbahnmagnaten und reichen Bankern, in den USA einer der bekanntesten Redner der Zeit, sah im Darwinismus die kognitive Grundlage für eine zutiefst inhumane Gesellschaft, in der es nur brutalen Interessenkampf, grenzenlose Habgier, Ausbeutung, Egoismus, Willkür und die Herrschaft der Starken über die Schwachen, Marginalisierten gebe. Darwinistisches Denken untergrabe alle humanitäre, speziell christliche Moral und werde die USA von innen her paralysieren. Dafür bezog sich Bryan immer auf das deutsche Kaiserreich als Negativbeispiel.

Der seit 1894 in Stanford lehrende Insektenforscher und Evolutionsbiologe Vernon Lyman Kellog, ein Pazifist, ging 1915 für Herbert Hoovers American Commission for Relief in Belgium nach Brüssel. Da er in Leipzig studiert hatte, sprach er fließend deutsch. Er hatte 1917 ein bald berühmtes Buch *Headquarter Nights: A Record of Conversations and Experiences at the Headquarters of the German Army in France and Belgium* veröffentlicht, in dem er ausführlich über seine langen Gespräche mit deutschen Offizieren in Belgien und Frankreich berichtete: «the creed of the survival of the fittest based on violent and fatal competitive struggle is the Gospel of the German intellectuals».[3] Schockiert von der Arroganz der deutschen Offiziere, wandelte sich Kellog vom Pazifisten zu einem öffentlichen Intellektuellen, der nun für den Eintritt der USA in den Krieg warb.

Spätestens dadurch scheint Bryan auf Kellog und *Headquarter Nights* aufmerksam geworden zu sein. In Benjamin Kidds *The Science of Power* (1918) fand Bryan die These, dass das starke sozialdarwinistische Denken in den Eliten des Kaiserreichs in einem nietzscheanischen Kult des «Herrenmenschentums» kulminiert habe, der auf Ausmerzung der schwachen «Untermenschen» und vorsätzlich gewollten Vernichtungskrieg hinausgelaufen sei. Um einen vergleichbaren moralischen Verfall in den USA zu verhindern, initiierte Bryan 1921 einen antievolutionistischen «Crusade», «Kreuzzug», der sich nicht nur gegen Evolutionsdenken in Schulen und Universitäten, sondern auch gegen die Akzeptanz der Darwinschen Deszendenztheorie in den liberalen Theologeneliten der protestantischen Mainline Churches richtete. Zu den radikalen Kurzzeitkreationisten um McCready Price wahrte Bryan durchaus Distanz. Der erfolgreiche Autor von *In His Image*, erschienen 1922, las die Schöpfungstage der Genesis wie viele andere sogenannte Langzeitkreationisten als geologische Zeitalter – «Tausend Jahre sind vor dir, Herr, wie ein Tag» – und war bereit, eine Entwicklung der Lebewesen anzuerkennen – solange ein transzendenter, übernatürlicher Ursprung des Menschen, eine Unmittelbarkeit von Gottes Ebenbild zum Schöpfer gewahrt blieb. In Bryans Hauptwerk *The Menace of the Theory of Evolution* dient Evolutionsdenken erneut als Projektionsfläche dafür, ein elementares Leiden an den vielen Negativphänomenen eines entfesselten Kapitalismus zu artikulieren. Zwar scheiterte Bryan in seiner eigenen presbyterianischen Kirche damit, den von ihr getragenen Schulen, Colleges und Universitäten die finanziellen Mittel zu entziehen, wenn sie Evolutionismus, selbst ein theistisch überformtes Evolutionsdenken lehrten. Aber er konnte – als Demokrat! – in zahlreichen Südstaaten politische Initiativen für Gesetze anregen, die es den Lehrern verboten, im Biologieunterricht Darwin zu erwähnen und Evolution zu lehren.

Als in Tennessee 1925 nach diversen Initiativen des Farmers John W. Butler, des Präsidenten der World Christian Fundamentals Association, der Butler Act verabschiedet wurde, der es verbot, die Abstammung des Menschen von niederen Formen des Lebens zu lehren, kam es zum Show-down zwischen liberalen Evolutionisten und religiösen Antievolutionisten. Bryans politische Erfolge motivierten seine ideenpolitischen Gegner, die Verteidiger freier wissenschaftlicher Einsicht und naturwissenschaftlicher Aufklärung, jedenfalls dazu, nun ihrerseits mobil zu machen. Die American Civil Liberties Union überzeugte den Lehrer John T. Scopes davon, gegen das Gesetz demonstrativ Darwin zu lehren.

Der Lehrer wurde verhaftet und im sehr heißen Juli des Jahres 1925 in Dayton, einer Kleinstadt, deren lokales Establishment an großer öffentlicher Aufmerksamkeit interessiert war, angeklagt. Von beiden Seiten wurden nun berühmte Anwälte nach Dayton entsandt, und den Verteidigern um John R. Neal, einen Law-School-Professor aus Knoxville, und Clarence Darrow gelang es, die Kreationisten, die sie in den Zeugenstand beriefen, allen voran Bryan selbst, als ignorante, ungebildete Südstaatentrottel vorzuführen. Scopes selbst hatte seine Schüler gebeten, vor der Grand Jury gegen ihn auszusagen, und er hatte ihre Zeugenaussagen mit ihnen immer wieder einstudiert – er wollte verurteilt werden. *The State of Tennessee v. John Thomas Scopes*[4] war ein großes Medienspektakel, nicht nur in der Tagespresse, sondern auch wegen der erstmals erlaubten Direktübertragung aus dem überfüllten Gerichtssaal durch Hunderte von Radiostationen und zahlreiche Berichte in den Wochenschauen der Kinos. Über zweihundert Journalisten aus dem ganzen Land, allen voran der damals bekannteste US-Reporter Henry Louis Menken von *The Baltimore Sun*, und zwei britische Zeitungsleute aus London waren nach Dayton geeilt, und ihre Berichte über den Prozess erschienen Tag für Tag auf den Titelseiten ihrer Blätter. Zweiundzwanzig Beamte eines Telegraphenbüros übermittelten zudem große Berichte in alle Welt.

Gezielt wurden elementare Konfliktlinien in der US-Gesellschaft dramatisiert: hier die liberalreligiösen bzw. modernistischen Verteidiger von Aufklärung und wissenschaftlichem Fortschritt, die die Evolutionslehre für vereinbar mit recht, eben kulturliberal verstandenem christlichen Glauben hielten, dort als borniert geltende protestantisch-evangelikale oder fundamentalistische Fromme, die das in der Heiligen Schrift geoffenbarte Wort Gottes vorkritisch literal deuteten und allem menschlichen Wissenkönnen als unbedingt gültig vorordneten und so nur die notorische Rückständigkeit des agrarischen Südens gegenüber dem industrialisierten Norden repräsentierten. Die Bedeutung des Prozesses liegt auch darin, dass er bis in die Gegenwart hinein zum Modell für zahlreiche strukturell ähnliche juristische Konflikte in den

USA wurde: *Epperson v. Arkansas* 1968, *Daniel v. Waters* 1975, *Hendren v. Campbell* 1977, *McLean v. Arkansas* 1981, *Edwards v. Aguillard* 1987, *Kitzmiller v. Dover Area School District* 2005. In religionsgeschichtlicher Perspektive gilt: Gerichtssäle sind Schaubühnen für Kulturkampftheater.

The Scopes Trial, in der Presse auch «The Monkey Trial» genannt und 1960 unter dem Titel «Inherit the Wind» von Stanley Kramer mit Spencer Tracy, Frederic March und Gene Kelly verfilmt, machte Sensation und gilt als eines der wichtigsten Verfahren der amerikanischen Rechtsgeschichte. Der Lehrer John T. Scopes wurde nach einem elftägigen Verfahren zu einer Geldstrafe von 100 Dollar verurteilt, das Urteil in nächster Instanz aber wegen eines Formfehlers wieder aufgehoben. Doch zunächst schien es, als hätten die Vorkämpfer freier Wissenschaft zumindest einen moralischen Erfolg errungen. Genau besehen war dies nicht der Fall. Antievolutionistische Gesetze hatten in vielen Bundesstaaten der USA bis 1968 Bestand, als der Supreme Court im Verfahren *Epperson v. Arkansas* Antievolutionsgesetze nach langen juristischen Auseinandersetzungen für verfassungswidrig erklärte; sie verstießen gegen das First Amendment, das es dem religiös-weltanschaulich neutralen Staat verbiete, in welcher Form auch immer für eine bestimmte religiöse Position Partei zu ergreifen und ihn auf eine strikte Trennung von Staat und Religionsgemeinschaften verpflichte. In öffentlichen Schulen dürfe weder missioniert noch für einen religiös fundierten Antievolutionismus bzw. Kreationismus geworben werden.

Zunächst jedoch gingen die Kreationisten insoweit als Sieger aus den Konflikten der 1920er Jahre hervor, als sie die Zurückdrängung des Darwinismus aus den Biologiebüchern erreichten. In den in öffentlichen Schulen benutzten Lehrbüchern der 1930er bis 1950er Jahre spielt Evolution nur eine marginale Rolle, und der Name Darwins wird nur in ganz wenigen Büchern kurz erwähnt. Und noch eine weitere Folgewirkung des Scopes Trials verdient Beachtung: Erstmals berichteten Medien in den USA ausführlich über die neuen pentekostalen Christentümer der Schwarzen im

Süden. Einige Zeitungsreporter und Hörfunkjournalisten hatten den Gottesdienst einer Pfingstkirche von Schwarzen besucht und ebenso überrascht wie entsetzt eine zutiefst irrational wirkende Frömmigkeitspraxis erlebt, die man nicht zu deuten vermochte. «Gesang, Tanz, Ekstase, Zungenreden, das Sich-Wälzen auf dem Boden, laute Schreie, all dies rief einen verheerenden Eindruck auf die fassungslosen Beobachter hervor.»[5]

3. *Scientific Creationism* oder *Creation Science*

Darf nicht Religion, sondern nur Wissenschaft in den Schulen gelehrt werden, muss man *special creation* oder Schöpfungsglauben zur besseren Wissenschaft machen. Genau dies versuchen Kreationisten in den USA seit den 1960er Jahren durchaus erfolgreich.

Die bildungspolitische Lage in den USA hatte sich nun gegenüber den 1920er Jahren signifikant verändert. Nach dem Sputnik-Schock im Jahre 1957 beschlossen die für Bildungsfragen zuständigen Bundesbehörden eine tiefgreifende Reform des *Science*-Unterrichts in Schulen und Colleges. Im National Defense Education Act wurde 1958 festgelegt, dass die Schulbücher für den Biologieunterricht in enger Zusammenarbeit mit dem American Institute of Biological Sciences erarbeitet werden sollten. Als die Kinder neue Biologiebücher nach Hause brachten, kam es zu vielfältigen lokalen Konflikten, angeheizt durch schöpfungsfromme Eltern, die sich dagegen wehrten, dass ihre Kinder mit materialistischem Denken konfrontiert würden. Der Darwinismus galt jetzt zugleich als ideologische Grundlage des im Kalten Krieg verhassten Kommunismus. Zahlreiche Kreationisten verkündeten nun eine neue Gegenagenda. 1961 veröffentlichten der Alttestamentler John C. Whitcomb Jr. und der aus Texas stammende, seit 1957 am Virginia Polytechnic Institute and State University (Virginia Tech) lehrende Ingenieur Henry M. Morris *The Genesis Flood*, das wichtigste und mit weltweit über 200 000 verkauften Exempla-

ren erfolgreichste Buch der Kurzzeitkreationisten seit dem Zweiten Weltkrieg. 1963 wurde die Creation Research Society gegründet, 1970 das Creation Science Research Center, von dem sich
aufgrund heftiger interner Meinungsverschiedenheiten 1972 das
Institute for Creation Research abspaltete. Im breiten Spektrum
kreationistischer Positionen setzte das Institute for Creation Research auf eine Glaubensgeologie, die man durch – dem eigenen
Anspruch nach – seriöse wissenschaftliche Forschung erhärten
wollte. So begann man mit Untersuchungen zur vergleichenden
Mythologie, um nachzuweisen, dass Flutberichte in nahezu allen
Schöpfungsmythen der Menschheit eine wichtige Rolle spielten,
die in der Bibel «dokumentierte» Sintflut also kein lokales, sondern ein weltweites Phänomen war. Auch betrieb man geologische
Feldforschung, vom Grand Canyon bis hin nach Argentinien.
Nach dem Vorbild der vor allem von deutschen und britischen
Alt- wie Neutestamentlern seit Mitte des 19. Jahrhunderts betriebenen «Biblischen Archäologie» mit ihren zahlreichen Grabungs-
projekten in Palästina warb man bei diversen Stiftungen zudem
Forschungsmittel für Ausgrabungen am Berg Ararat ein, wo man
im April 2010 Überreste von Noahs Arche zu finden meinte.

Hatten die Kreationisten zunächst gehofft, im staatlichen Bildungssystem Denkverbote durchsetzen und alles evolutionistische
Denken aus den Curricula verbannen zu können, so ändern sie in
den 1970er Jahren ihre Taktik. Sie trennten in ihren curricularen
Gegenentwürfen streng zwischen ihrer *creation science* und den
biblischen Bezügen, um die Rechtsprechung zum First Amendment zu unterlaufen. Zugleich drang man nun auf Gleichbehandlung, das sogenannte «balanced treatment». Es sei nach allen genuin
amerikanischen Überlieferungen von Toleranz und Meinungsfreiheit nur fair, den Schülern die Gelegenheit zu geben, beide Seiten,
Evolutionstheorie und die neue wissenschaftliche Gegenposition,
zu hören. Mit diesem Appell an eine US-spezifische Akzeptanz
von Wahlfreiheit stießen die Kreationisten bei einer großen
Mehrheit der Amerikaner auf starke Zustimmung. Auch derzeit
gibt es laut Umfragen seriöser Institute für Sozialforschung ent-

schiedene Mehrheiten für «balanced treatment» und «teach the controversy».

So verrückt die archäologische Suche nach Noahs Arche erscheinen mag: Gerade europäische Intellektuelle und Wissenschaftler neigen allzu schnell dazu, Kreationisten als ungebildete, borniert Glaubensideologen zu verachten. Aber viele wissenschaftlich gebildete Kreationisten sind in der Auseinandersetzung mit Evolutionsbiologen bemerkenswert argumentationsstark. Auf hohem intellektuellem Niveau machen sie epistemologisch mobil: Mit Karl Popper wissen sie, dass Behauptungen nur dann als wissenschaftlich gelten können, wenn sie die Tests möglicher Falsifizierbarkeit überstehen. Sie lesen Immanuel Kant und Ludwig Wittgenstein, kennen die Klassiker der Wissenssoziologie, allen voran Karl Mannheim, und haben später dann auch Michel Foucault und Bruno Latour gelesen: Gute Wissenschaft kenne keine Fakten, sondern bestenfalls Hypothesen, und Großkonzepte wie Selektion oder Variation seien nicht falsifizierbar. Obendrein sei die herrschende Wissenschaft nur eine Machtpraxis, geleitet von Erkenntnisinteressen, die nur selten transparent gemacht würden. In den 1980er und 1990er Jahren beginnen Kreationisten dann auch, alle möglichen Vordenker der Postmoderne zu lesen und zustimmend zu zitieren. Hier zeigt sich: Religiöse Fundamentalisten sind die wahren Gewinner von Postmoderne-Diskursen. Werden alle überkommenen Rationalitätsstandards durch Dekonstruktion verabschiedet, kann man auch die phantastische Suche nach Noahs Arche als ergebnisoffene Forschungspraxis ausgeben.

4. Intelligent Design

Die Binnenrationalität und je eigene Funktionslogik relativ autonomer gesellschaftlicher Subsysteme schließt vielfältige kommunikative Wechselwirkungen zwischen ihnen nicht aus. Ist Religionsfreiheit institutionalisiert, fördert das Rechtssystem immer schon religiöse Vielfalt: Nun darf jeder für seinen Glauben werben. Und wenn zugleich die Freiheit von Forschung und Lehre rechtlich garantiert ist, haben Wissenschaftler auch das Freiheitsrecht, im Namen der Wissenschaft – so behaupten sie jedenfalls – oder um der Aufklärung willen seriöse Forschung in eine gewiss weniger seriöse «wissenschaftliche Weltanschauung» zu überführen. Genau dies passiert seit den frühen 1980er Jahren in Reaktion auf die neue *creation science*. Prominente Evolutionsforscher in den USA und in Großbritannien gehen zum ideenpolitischen Gegenangriff über: Mit evolutionsbiologischen Konzepten könne nicht nur die Geschichte des Lebens, sondern auch alle menschliche Kultur umfassend gedeutet werden. Und wer Darwin verstanden habe, könne Gott als eine irrationale Illusion durchschauen. Diese Neo-Darwinisten wie der an der University of Surrey lehrende prominente Evolutionsbiologe John Maynard Smith, Träger des Balzan-Preises 1991 und des Kyoto-Preises 2001, und Richard Dawkins treiben den Ausbau ihrer Disziplin zu einer Universalwissenschaft voran, die auch alle geistigen, kulturellen Überlieferungen in evolutionsbiologischen Konzepten deuten können will und zudem notwendig religionskritisch und atheistisch sei. Als «secular humanists» erzeugen diese Neo-Darwinisten in ihrem aggressiven Kampf gegen allen «Gotteswahn» (Dawkins) eine diskursive Konstellation, die fatal an hoch ideologische Weltanschauungsfehden um 1900 erinnert. Ernsthafte Wissenschaft kann in dieser Kampfstellung gegen Religion immer nur verlieren.

Ihren Anspruch, ungleich bessere Lebenswissenschaft als die von Darwin inspirierten *Normal-science*-Apologeten in verkommenen Universitäten zu betreiben, suchen diverse Neo-Kreationisten einzulösen, indem sie seit 1984 eine neue Form der «Verwissenschaftlichung» von Schöpfungsdenken entwickeln. Gegen die Neo-Darwinisten setzen Neo-Kreationisten wie Phillip E. Johnson, Stephen C. Meyer, Charles Thaxton, Michael Behe und William A. Dembski nun auf das Konzept des «Intelligent Design». Der Begriff «Intelligent Design», kurz «ID» genannt, lässt sich erstmals 1847 – also vor Darwins *Origins!* – in einem Text der Zeitschrift *Scientific American* nachweisen und wurde seit dem ausgehenden 19. Jahrhundert immer wieder von Vertretern einer theistischen Evolution in Anspruch genommen. Die Neo-Kreationisten greifen ihn in den 1980er Jahren auf, um ihre These zu bündeln, dass sich bestimmte Entwicklungsschritte des Lebens und einige Eigenschaften des Universums sehr viel besser durch einen intelligenten Urheber als durch Planlosigkeit, Zufall, natürliche Selektion erklären lassen.

Das Buch des Chemikers Charles B. Thaxton *The Mystery of Life's Origin* – schnell popularisiert als MoLO, erschienen 1984 – oder *Darwin on Trial*, von Phillip E. Johnson 1991 publiziert, erreichen auf dem Buchmarkt der USA, aber auch in zahlreichen anderen Ländern sehr hohe Auflagen. In Fortschreibung der alten physikotheologischen Überlieferungen scheinen die ID-Kreationisten von der Ordnung des Geschaffenen auf den Schöpfer zurückschließen zu wollen. Aber genau dies tun sie nicht, jedenfalls nicht in ihren «wissenschaftlichen» Büchern und eigenen Journals, für die sie *Peer-review*-Verfahren einrichten: Sie wollen in dem von ihnen mit gegründeten «Discovery Institute» und speziell seinem «Center for Science and Culture» nicht Gott verkünden oder religiös missionieren, sondern eine intelligentere Wissenschaft betreiben. In der durch fortwährende Evolution geprägten Ordnung der Natur ließen sich Brüche, Strukturmuster, Überschüsse und überhaupt eine so außerordentliche nichtreduzierbare Komplexität beobachten, dass allein überlegene Intelligenz als Wirkursache in Frage komme. Hatten Kreationisten einst das Auge oder die Schönheit der Pfauenfedern gegen natürliche Selektion und Mutation ins Feld geführt, so stützen sich die ID-Kreationisten, unter ihnen viele Chemiker, nun auf Proteinfunktionen, Blutgerinnung und Bakteriengeißeln. Um die Präsenz im Bildungssystem zu verstärken, von der Grundschule bis in die Universitäten hinein, beschränkt man sich auf Nachweise von Design-Strukturen, ohne in den «wissenschaftlichen» Texten jemals explizit den göttlichen Designer als Wirkursache, *prima causa*, ins Spiel zu bringen: Erkenntniskritisch gebildete Wissenschaftler könnten nur die Auswirkungen von intelligenten Ursachen erkunden, niemals aber diese Ursachen als solche. Auch ahmt man den modernen Wissenschaftszirkus nach mit großen internationalen Gelehrtenkongressen, Fachzeitschriften, Gutachtergremien, Forschungspreisen und Anträgen auf Drittmittelforschung. Die so gebildete Gegenöffentlichkeit wirbt seit Mitte der 1990er Jahre dafür, neben Evolution nun auch Intelligent Design in staatlichen Schulen und Universitäten zu lehren. Die Neo-Kreationisten nennen dies selbst «wedge strategy», sie wollen einen Keil in die Front jener *Normal-science*-Akteure treiben, die Evolutionsdenken unterstützen, aber in vielen Einzelfragen heftig miteinander streiten. Höchst geschickt nutzen sie wissenschaftsinterne Kontroversen um Evolutionskonzepte für ihre eigenen Deutungsinteressen.

Erneut kam es in den USA zu diversen Prozessen, doch 2005 urteilte der politisch konservative, vom evangelikalen Präsidenten George W. Bush berufene Richter John E. Jones III eines Bundesgerichts, dass die Auflage des School Boards im Schulbezirk Dover, Pennsylvania, im Biologieunterricht sei ID als Alternative zur Evolution zu lehren, den Establishment Clause des ersten Verfassungszusatzes verletze. Trotz dieser Niederlage gebieten inzwischen Tausende curricularer Ordnungen auf der Ebene von Schulbezirken in den USA, dass Evolutionsdenken im Biologieunterricht allein kritisch gelehrt werden dürfe; der Lehrer müsse darauf hinweisen, dass Evolution nur eine Hypothese und wissenschaftlich höchst umstritten sei. Auf der Seite zwei der *New York Times* konnte man am Samstag, den 23. November 2013, lesen: «The Texas Board of Education delayed final approval of a widely used biology textbook because of concerns raised by one reviewer that the book presents evolution as fact rather than as mere biology», und in einem längeren Artikel im politischen Teil des Blattes wurde dann erläutert, dass der Verlag das Schulbuch nun nicht weiter verbreiten darf – bis er den Auflagen des staatlichen Boards zur Korrektur der *alleged errors* nachkommt. Insoweit war die «Teach the Controversy»-Kampagne der Akteure im Umfeld des Discovery Institute erfolgreich. Derzeit setzen die ID-Kreationisten ihren

alten Kampf mit immer neuen juristischen Strategien fort. In zahlreichen von ihnen angestrengten Verfahren suchen sie vor Gericht
durchzusetzen, dass Atheismus selbst nur eine religiöse Weltanschauung, selbst bloß Religion sei. Dann darf, nach dem First
Amendment, in der öffentlichen Schule davon keine Rede sein.

Die bildungspolitischen Folgen kann man sich leicht aus-
malen: Schon bald werden neo-kreationistische Anwälte Richard
Dawkins in den Zeugenstand berufen, und er und seine «Brights»
werden wissensstolz erklären, dass Evolutionsdenken in allen von
den Fachwissenschaftlern diskutierten Varianten notwendig atheistisch sei.

5. Die kreationistische Globalisierung

1986 und 2000 erklärte der in Harvard lehrende bekannte
Paläologe Stephen Jay Gould bei einem Vortrag in Auckland, die
Scientific Community Neuseelands habe von der *creation science*
nur wenig zu befürchten, weil diese nur eine genuin amerikanische Ideologie sei, außerhalb der USA ohne Chance auf Rezeption
und Wirkung: «This is just a local, indigenous American bizar-
rity.»[6] Selten dürfte sich ein prominenter Naturwissenschaftler
mehr geirrt haben. Seit den 1970er Jahren und verstärkt seit den
1990er Jahren lässt sich weltweit eine schnelle und zunehmend
beschleunigte kreationistische Ideenzirkulation über die Grenzen
von Konfessionen und Religionen hinweg beobachten. Solche
Grenzen waren schon immer durchlässig, und theologischer
Ideenraub, der grenzüberschreitende Austausch von heiligen Vorstellungen und Symboltransfer gehören zu den Konstanten der
Religionsgeschichte. Dennoch überrascht die Intensität und Ge-
schwindigkeit, mit der sich unter den neuen Bedingungen religiöser Globalisierung kreationistische Weltbilder in den letzten
zwanzig, dreißig Jahren durchgesetzt haben. Keine relevante Religionsgemeinschaft, in der derzeit nicht Kreationisten um die
Meinungsführerschaft kämpfen, gerade auch im Internet.

Genannt seien nur wenige Beispiele. Schnell an Einfluss gewinnen christliche *scientific creationists* in Lateinamerika, insbesondere in Brasilien, wo nun auch Angehörige der technischen Intelligenz, des Wirtschaftsbürgertums, eines aufstiegsorientierten Mittelstandes verstärkt die römisch-katholische Kirche verlassen und in protestantische Pfingstkirchen übergehen; wenn man die Konversionsraten der letzten zwanzig Jahre fortschreibt, wird Brasilien schon im Jahre 2032 eine mehrheitlich protestantische Gesellschaft sein: statt Samba und Karneval in Rio dann viel «innerweltliche Askese» in einer protestantischen *health and wealth*, Gesundheit und Wohlstand, prämierenden Frömmigkeit, die sich sehr häufig auch auf kreationistische Weltbilder stützt.

Scientific creationism wird aber nicht bloß von zumeist ökumenischen, also überkonfessionellen Organisationen in vielen christlich geprägten Ländern, besonders erfolgreich in Kanada, Australien, Südkorea und auch Großbritannien, propagiert, sondern zunehmend auch in ökonomisch wie politisch sich modernisierenden islamisch dominierten Gesellschaften. Kreationistische Ideenzirkulation lässt sich hier sogar besonders gut verdeutlichen. Im Osmanischen Reich hatten, vor allem in Istanbul und in Beirut, führende Religionsintellektuelle und muslimische Gelehrte schon in den 1880er Jahren intensiv über Darwin und auch die neuen sozialdarwinistischen Ideen diskutiert. Der Journalist und Verleger Ahmet Midhat veröffentlichte 1894 eine Übersetzung des 1874 in den USA erschienenen großen Buches von John William Draper über *History of the Conflict Between Religion and Science*, das gegen den überlieferten katholischen Schöpfungsglauben Darwins Einsichten stark zu machen versuchte. Midhat fügte dieser Übersetzung einen langen Traktat darüber bei, dass Drapers Argumente gegen die römisch-katholische Kirche den Islam nicht träfen und dieser nicht nur mit moderner Wissenschaft kompatibel sei, sondern mehr noch wissenschaftlichen Forschungsfleiß stärke und stimuliere. Auch der syrische Kleriker und Sufi-Lehrer Husayn ibn Muhammad al-Jisr al-Tarablusi suchte in einem viel gelesenen, in zahlreiche Sprachen übersetzten und allein in Istanbul in über 20 000 Exemplaren verkauften «Hamidischen Traktat über die Wahrheit des Islam und des muslimischen Gesetzes» *(Al-risala al-Hamidiya fi haqiqat al-diyana al-Islamiya wa-haqiqat al-shari'a al-Muhammadiya)* die Vereinbarkeit des neuen Evolutionsdenkens mit der alten Glaubenswahrheit zu zeigen.[7]

Gerade das Prinzip der natürlichen Selektion sei mit jener natürlichen Kosmologie vereinbar, die den Kern des Korans bilde. Sein Buch, dem Sultan ʿAbd al-Hamid II. gewidmet, erhielt 1891 einen Preis des Sultans und wurde schnell zum Klassiker in jenen Diskursen über die souveräne Schöpfungsmacht Gottes, die trotz aller kontroversen Debatten über fundamentale kognitive Spannungen zwischen moderner Wissenschaft und altem Glauben in allen muslimisch geprägten Gesellschaften bis in die unmittelbare Gegenwart hinein geführt wurden und werden. Genannt seien nur viel gelesene Autoren wie der bedeutende Astronom Ahmed Muhtar Pasha und Said Nursî. Pasha suchte im 1918 erschienenen *Serair ül-Kuran* (Die Geheimnisse des Korans) zu zeigen, dass die die Schöpfung betreffenden Verse des Heiligen Korans, die sogenannten Kosmos-Verse, zwar in der Sprache ihrer Entstehungszeit verfasst seien, ihnen aber ein ewig bleibender Wahrheitsgehalt eigne, in vollständiger Übereinstimmung mit modernen naturwissenschaftlichen Einsichten. Und Said Nursî, der in einer traditionellen religiösen Madrasa seine religionskundliche Gelehrsamkeit erworben hatte, stützte sich in seinen Korankommentaren immer wieder auf neueste naturwissenschaftliche Argumente, um die Vereinbarkeit des Wissens mit dem Glaubenstext zu demonstrieren. Damit prägte er nicht zuletzt den 1933 in Teheran geborenen Universalgelehrten Seyyed Hossein Nasr, der zwar die Islamische Revolution und die Gründung der Islamischen Republik Iran unterstützte, aber bald sein Heimatland verließ und 1984 einen Lehrstuhl für Islamwissenschaften an der George Washington University in der Hauptstadt der Vereinigten Staaten übernahm. In entschiedener Kritik eines okzidentalen Rationalismus, den er ebenso wie Materialismus und Konsumismus als Ausdruck geistlicher Armut und Unbildung verachtet, tritt er für eine ganz neue, kreationistisch informierte Sicht des Verhältnisses von Wissen und Glauben ein: Wissenschaft sei legitim, bedürfe aber der Einordnung in eine ethische Gesamtsicht der Welt bzw. einer ethischen Orientierung, wie sie allein der Islam mit seiner langen Tradition der Pflege vor allem kosmologischen Erkennens und mathematischen Denkens biete. In viel gelesenen, in zahlreiche Sprachen übersetzten Büchern wie *Science and Civilization in Islam* (Cambridge 1968), *An Introduction to Islamic Cosmological Doctrines* (London 1978) und *Religion and the Order of Nature* (New York / Oxford 1996) sucht Nasr, der in englischer, französischer, arabischer und auch persischer Sprache publiziert, sein kreationistisches Konzept einer genuin *Islamic Science* (Chicago 1976) zu entfalten – mit großer Wirksamkeit bei jungen Muslimen von Marokko bis Pakistan und Indonesien.

Mitte der 1980er Jahre erreichte das Institute for Creation Research überraschend die Bitte des türkischen Erziehungsministers, sein Land bei der Reform von Lehrplänen für den Biologieunterricht zu unterstützen. Statt des rein säkularen, «evolution-only teaching» der von korrupten Militäreliten beherrschten alten Türkei wolle man in einer neuen, durch eine religiös-moralische «Wende» erfolgreichen Türkei beide Modelle *fairly*, gleichgewichtig, lehren, eben Evolution *und* Kreation. Die gut bezahlten Kreationsexperten aus den USA ließen nun ihre Lehrbücher ins Türkische übersetzen, fügten statt der Bezüge auf die Bibel jedoch Belege aus den Schöpfungssuren des Korans ein – eine religionspolitisch folgenreiche Operation. Denn diese vermeintlich genuin türkischen, muslimischen Curricula wurden bald in die Golf-Staaten sowie nach Marokko und Tunesien exportiert. Auch gibt es in der Türkei und in anderen dominant muslimischen Gesellschaften inzwischen eine ganze Reihe von überaus finanzkräftigen kreationistischen Forschungsinstituten und Organisationen, die Wissenschafts- und Bildungspolitik zu machen suchen.

Erneut geht es um Sozialmoral und Ordnung des Gemeinwesens, und wie bei den orthodoxen Kirchen im einstigen sowjetischen Herrschaftsbereich, in denen gerade avantgardistische

Neu-Konservative nach 1989 Kreationismen rezipierten, dient antievolutionistisches Denken nun auch der Auseinandersetzung mit dem Marxismus. Besonders gut lässt sich dies mit Blick auf Adnan Oktar zeigen, einen ebenso schillernden wie umstrittenen türkischen Religionsintellektuellen mit großer Resonanz bei jungen türkischen Muslimen aus reichen wirtschaftsbürgerlichen Eltern-häusern. Oktar, 1956 in Ankara geboren, studierte in Istanbul zu-nächst Innenarchitektur, dann auch Philosophie und sammelte in den Jahren der Militärjunta einen Kreis junger Studierender um sich, um sie mit einer modernisierten, auf die Verhältnisse der Großstadt zugeschnittenen Variante der Korandeutung seines re-ligiösen Lehrers Said Nursî, des kurdisch-muslimischen Verfassers eines großen Koran-Kommentars, vertraut zu machen. Nachdem Oktar wegen des Verdachts, eine theokratische Revolution vorzu-bereiten, 1986 für neunzehn Monate inhaftiert worden war und später für zehn Monate in eine Nervenheilanstalt zwangseinge-wiesen wurde, gründete er 1990 die «Bilim Araştırma Vakfı» (BAV) bzw. «Science Research Foundation», um mit Konferenzen, öffent-lichen Vorträgen, Stipendienprogrammen und zahlreichen pub-lizistischen Aktivitäten aggressiv gegen Materialismus und Darwi-nismus zu kämpfen. 1995 kam eine weitere von ihm gegründete Organisation hinzu, die «Milli derğerleri Koruma Vakfı» oder «Foundation for Protection of National Values». Nachdem Oktar erneut verhaftet worden war – diesmal mit dem Vorwurf, eine kri-minelle Vereinigung gegründet zu haben –, baute er in nur weni-gen Jahren ein großes Verlagshaus auf, dessen kreationistische Kampfschriften in Tausenden von muslimischen oder überhaupt religiösen Buchhandlungen in aller Welt vertrieben werden. Seine BAV hat inzwischen Hunderte von Konferenzen in zahlreichen Ländern durchgeführt. Unter dem Pseudonym Harun Yahya – «Harun» ist der Aaron des Alten Testaments, und «Yahya» steht für Johannes den Täufer! – veröffentlichte Oktar im eigenen Ver-lag 1999 *The Evolution Deceit: The Collapse of Darwinism and Its Ideological Background* (1999), ein Buch «which circulated in the millions in more than twenty languages».[8] Der Darwinismus verneine die Existenz Allahs, unterminiere alle sozialintegrativen moralischen Werte, führe in blanken Materialismus und ende im Kommunismus; es sei kein Zufall, dass Karl Marx sein Hauptwerk *Das Kapital* Darwin habe widmen wollen und Friedrich Engels seinen Freund Karl in der Grabrede den «Darwin der Gesellschaftswissenschaft» genannt habe.

Mit seinen Thesen findet Oktar in der muslimischen Welt außerordentlich große Resonanz. Das jordanische Royal Islamic Strategic Studies Centre rechnete ihn 2010 zu den fünfzig wichtigsten unter «The 500 Most Influential Muslims» der Welt – wegen der erfolgreichen Verbreitung seiner kreationistischen Ideen. Großes Geschick bewies Oktar zudem in der interreligiösen Kooperation mit Kreationisten anderer religiöser Überlieferungen; hatte er sich zunächst an den «young earth Christian creationists» der USA orientiert, so setzte er mit der Publikation seines weltweit vertriebenen dreibändigen *Atlas of Creation* (Istanbul 2006 und 2007) verstärkt auf die Zusammenarbeit mit dem Discovery Institute und anderen Vordenkern von «Intelligent Design». Sein Einfluss auf die öffentliche Meinung in der Türkei reicht weit: Mit Hilfe bekannter Rechtsanwälte gelang es ihm mehrfach, durch die türkische AKP-Regierung die Websites von Richard Dawkins und diverser Organisationen der *secular humanists* sperren zu lassen. Auch konnte er führende Naturwissenschaftler einschüchtern: Hatte sich die Türkische Akademie der Wissenschaften 2002 noch gegen den Neo-Kreationismus in den Schulen des Landes gewandt, so regt sich in der wissenschaftlichen Öffentlichkeit inzwischen kaum mehr Protest. 2009 nahm der Türkische Wissenschafts- und Forschungsrat eine Titelgeschichte über Darwin aus seiner Monatszeitschrift *Bilim ve Teknik*, «Wissenschaft und Technik». Weil sie den Text hatte bringen wollen, wurde die Chefredakteurin des Blattes fristlos entlassen. Im Mai 2012 fand dann ein folgenreicher Tabubruch statt: War Kreationismus bisher nur in den schulischen Curricula und Schulbüchern propagiert worden, wurde er von zwei Dutzend akademischen Darwin-Gegnern nun auch bei einer größeren Konferenz in der Marmara-Universität zu Istanbul vertreten. Die staatliche Türkische Hochschulaufsicht hat im Sommer 2013 angekündigt, für die Universitäten neue Curricula erarbeiten zu lassen. Alle aktuellen sozialwissenschaftlichen Erhebungen im Lande kommen zu dem Ergebnis, dass sich 70 Prozent der erwachsenen Türken inzwischen als Kreationisten verstehen und die Evolutionslehre ablehnen. Kerem Cankocak, Professor an der Technischen Universität in Istanbul, sprach im September 2012 davon, dass 90 Prozent seiner Studenten in der Schule niemals etwas über die Evolution gehört hätten. In Saudi-Arabien und im Sudan ist es den Lehrern gesetzlich verboten, im Biologieunterricht die Evolutionstheorie zu erwähnen. Aus Tunesien, Marokko, Algerien und Senegal wird berichtet, dass zwischen siebzig und achtzig Prozent der Lehrer ihren Schülern kreationistische Ideen vermitteln.

In Südkorea hat das Ministerium für Kultur, Wissenschaft und Technologie nicht nur den Verlagen vorgeschrieben, Passagen zur Evolutionstheorie aus den Schulbüchern zu entfernen. Vielmehr ist hier 2012 auch am Korea Advanced Institute of Science and Technology, dem führenden außeruniversitären Forschungsinstitut des Landes, eine eigene Forschergruppe zur *creation science* eingerichtet worden. An zahlreichen Universitäten des Landes wird in den Biology Departments Kreationismus gelehrt. In Rumänien hat das Erziehungsministerium 2002 den Gebrauch von «Divine Mastery and Light in the Biosphere» im Biologieunterricht genehmigt. Mit Unterstützung der russisch-orthodoxen Kirche klagte eine sechzehnjährige Schülerin in Moskau gegen das Erziehungsministerium, weil es gegen ihre Grundrechte verstoße, wenn in der Schule nur eine Theorie, die Meinung Darwins gelehrt werde; 49 Prozent aller Russen vertreten inzwischen kreationistische Ansichten. Auch in Westeuropa lassen sich im Bildungssystem verstärkt antievolutionistische Konflikte beobachten. Eine große Mehrheit muslimischer Studenten lehnt die Evolutionstheorie ab. In Großbritannien verbreiten neben fundamentalistischen Christen aus Indien stammende Hindus und aus Pakistan sowie Bangladesh kommende muslimische Reform-

bewegungen, die Deobandis und ihre Gegner, die Barelwis, kreationistische Ideen.

Die indischen Hindu-Kreationisten sowie viele Barelwis sind
smarte junge Banker aus der City, extrem erfolgreiche Verkäufer
schariakonformer Finanzprodukte, die Deobandis hingegen sozial
Deklassierte und wirtschaftlich Marginalisierte, die erhofften sozialen Aufstieg primär über Bildung zu erreichen versuchen. Zu
lesen war in der britischen Presse von jungen muslimischen Medi-
zinstudenten beiderlei Geschlechts, die demonstrativ Lehrveranstaltungen verließen, in denen evolutionsbiologische Erkenntnisse
vermittelt würden, und die es ablehnten, an einschlägigen Klausu-
ren teilzunehmen. Auch in den sich verschärfenden israelischen
Kulturkämpfen zwischen Säkularen, Orthodoxen und Haredim,
das heißt Ultra-Orthodoxen, geht es immer wieder um Schöpfung
und Evolution. Neuerdings lässt es das staatliche Bildungsministe-
rium zu, dass an den Schulen der Religiösen eigene Biologiebücher benutzt werden, in denen die Evolutionstheorie nicht einmal
erwähnt wird. Nicht der seit Samuel Huntington viel beschworene große *clash of civilizations*, sondern die vielen kleinen, alltäglichen religiösen wie bildungspolitischen Ideenkämpfe in weltanschaulich pluralen Gesellschaften verdienen Aufmerksamkeit.

Die Globalisierung der ursprünglich US-amerikanischen Krea-
tonismen hat vielfältige Rückwirkungen auf die kreationistisch
geprägten Glaubensmilieus in den USA. Man fühlt sich bestätigt
und gestärkt. Seit nun vierzig Jahren lassen die bei sozialwissenschaftlichen Umfragen erhobenen Daten eine bemerkenswert sta-
bile Zustimmung zu Kurzzeit- wie Langzeitkreationismus erkennen. Glaubten 1982 44 Prozent aller Amerikaner, dass Gott den
Menschen in seiner jetzigen Form vor rund zehntausend Jahren
erschaffen habe, so waren es im Dezember 2010 laut Gallup gut
40 Prozent, wobei die Zahl im Juni 2012 wieder auf 46 Prozent
gestiegen ist. Weitere 32 Prozent glauben, dass der Mensch über
Millionen von Jahren evolutiv entstanden sei, aber Gott selbst
diesen Prozess geleitet habe. Nur 15 Prozent vertreten eine rein säkulare Sicht der Evolution, Gebildetere deutlich stärker als Ameri-

kaner ohne College-Abschluss. Republikaner sind bei Kurzzeitkreationisten deutlich stärker vertreten als Demokraten. 58 Prozent der Republikaner sind Kurzzeitkreationisten, aber nur
41 Prozent der Demokraten. Generell gilt: Je religiöser ein amerikanischer Bürger ist, desto stärker neigt er zu einer entschieden
kreationistischen Position. «The most religious Americans are
most likely to be creationists», deutet das Gallup-Institut die Ergebnisse seiner Erhebungen. Denn unter denen, die wöchentlich
zur Kirche gehen, unterstützen 67 Prozent die Ansicht, dass Gott
den Menschen, so wie er jetzt ist, in den letzten zehntausend Jahren erschaffen habe. Das 2007 mit großer medialer Resonanz von
«Answers in Genesis» in Petersburg, Kentucky, eröffnete Creation
Museum, das der Werbung für *young earth creationism* dient, ist –
trotz des hohen Eintrittspreises von 21.95 Dollar plus 7 Dollar für
den Besuch der Stargazer's Planetarium Created Cosmos Show –
seit der Gründung von 1,9 Millionen Menschen besucht worden,
davon 40 Prozent unter achtzehn Jahren. Das Museum, für dessen
Bau und Einrichtung 27 Millionen Dollar aufgewendet wurden,
ist so populär, dass Steven Beshear, der Governor von Kentucky,
Answers in Genesis 2011 Steuererleichterungen in Höhe von
37,5 Millionen Dollar anbot, sollte die Gruppe, wie von ihm vor-
geschlagen, in der Nähe des großen Museumsareals mit 70 000
square foot noch einen Ark Theme Park bauen.[9]

Entscheidend ist: Gegenbewegungen haben nur wenig be-
wirkt. Selbst das National Center for Science Education, beauftragt mit «defending the teaching of evolution in public schools»,
musste 2010 einräumen, dass 13 Prozent aller Biologielehrer die
Ansicht vertreten, man könne exzellenten Biologieunterricht ohne
jede Bezugnahme auf Evolution machen, 16 Prozent der Lehrer
sich als Kurzzeitkreationisten verstehen, mindestens 25 Prozent im
Biologieunterricht ausschließlich Kreationismus-Konzepte vermitteln und es eine signifikante Mehrheit für *balanced treatment*,
Gleichbehandlung, gibt. Eine Besonderheit des US-amerikanischen Religionsmarktes muss noch erwähnt werden: Unter den
«Nones», also jenen 17 Prozent der US-Bürger, die sich mit keiner

Religionsgemeinschaft identifizieren und nicht (oder kaum) religiös aktiv sind, bezeichnet sich jeder (jede) Vierte als Kreationist.

6. Der römisch-katholische «Notstand» in der Schöpfungskatechese

Wer die weltweiten Wanderwege kreationistischer Ideen nachzeichnet, gelangt spätestens in den 1980er Jahren auch in die bayerische Landeshauptstadt, genauer: ins Münchner katholische Gelehrtenmilieu. Schon der Tübinger Dogmatikprofessor Joseph Ratzinger hatte sich immer wieder zum Verhältnis von darwinistisch inspirierter Evolutionstheorie und alter christlicher Lehre von der besonderen Erschaffung des Menschen geäußert. Dabei schrieb er die Tradition seiner Kirche fort, den «Kreatianismus» – römisch-katholisches «a» statt des protestantisch-evangelikalen «o». Korrekte römisch-katholische Lehre sagt: Gott habe jedem einzelnen Menschen unmittelbar die Seele eingehaucht. Zugleich wird gelehrt, dass sich das Ganze welthafter Wirklichkeit einem «schöpferischen Akt Gottes», dem vernünftigen Willen eines göttlichen Geistwesens oder *logos* verdanke. Sehr früh schon beklagte Joseph Ratzinger «die Defizite an Schöpfungslehre in weiten Bereichen der neueren Theologie».[10] So warnte er in Münchner Predigten ausdrücklich vor den fatalen Konsequenzen eines «praktischen Aufgebens der Schöpfungslehre».[11] «Als Erzbischof von München hat Kardinal Ratzinger deshalb dem Thema Schöpfung in seiner Verkündigung einen vorrangigen Platz gegeben»,[12] schreibt Christoph Kardinal Schönborn, einer seiner Lieblingsschüler aus Regensburger Zeiten, inzwischen Erzbischof von Wien.

1985, nun Präfekt der Glaubenskongregation in Rom, erklärt Joseph Kardinal Ratzinger, es sei ihm «von meiner neuen Aufgabe her der Notstand des Schöpfungsthemas in der heutigen Verkündigung noch deutlicher geworden».[13] Noch im selben Jahr erreichte ihn aus der Ludwig-Maximilians-Universität in München ein teleologisches Beratungsangebot. Robert Spaemann, promi-

nenter Inhaber eines Lehrstuhls für Philosophie an der Ludwig-
Maximilians-Universität und der führende explizit katholische
Philosoph im Lande, setzt zur Kritik des modernen Evolutions-
denkens auf eine an aristotelischen Denkfiguren orientierte Erneuerung eines teleologischen Verständnisses der Natur.[14] Auf
Bitte Ratzingers veranstalteten Spaemann und seine Schüler im
September 2006 in Rom ein Symposium zum Thema «Evolutionismus und Christentum»; Gastgeber war die Glaubenskongregation unter ihrem damaligen Präfekten Ratzinger. In Kritik der
Neo-Darwinisten um Dawkins, denen man zu Recht philosophi-
sche Unbildung vorwirft, will man durch einen neuen Begriff der
Teleologie einen theistischen Evolutionismus stärken. Dabei kann
man an ehrwürdige, intellektuell anspruchsvolle Traditionen der
neueren römisch-katholischen Theologie anschließen. Doch be-
dient man im engsten Umkreis Robert Spaemanns zugleich kulturkämpferische Affekte und setzt auf Weltanschauungskampf. 1986
veranstaltete die Carl Friedrich von Siemens Stiftung, eine der
nobelsten Adressen im gelehrten Deutschland, eine Vortragsreihe
über «Die Herausforderung der Evolutionsbiologie». Richard
Dawkins steuerte einen Vortrag zu der Frage bei: «Auf welche Einheiten richtet sich die natürliche Selektion?»[15] Dawkins war damals
nur als – freilich akademisch höchst erfolgreicher – Evolutionsbiologe hervorgetreten und hatte noch nicht jene popularatheistischen,
mit Blick aufs intellektuelle Niveau eher peinlichen Traktate geschrieben und veröffentlicht, mit denen er seit 1994 die neuen religiösen Fundamentalismen zu bekämpfen sucht – um den Preis der
Einbuße aller wissenschaftlichen Seriositätsunterstellungen. Spaemanns Schüler und damaliger Assistent Konrad Löw stellte nach
Dawkins' streng fachwissenschaftlichem Vortrag die Bekenntnis-
frage: «What do you have to say about God?» Und Peter Koslowski,
ein später als Wirtschaftsethiker erfolgreicher Spaemann-Schüler,
erklärte an einem anderen Vortragsabend der Reihe nicht ohne
peinliches Pathos, die überhaupt wichtigste, mehr noch: unvorstell-
bar dringliche Aufgabe der Philosophie in der Gegenwart sei der
«harte Kampf gegen das Evolutionsdogma».

Immer wieder haben sich römisches Lehramt und prominente katholische Universitätstheologen von den diversen protestantischen Kreationisten abgegrenzt, insbesondere wegen ihres naiven Biblizismus. Umso überraschter waren die theologischen Experten, als sich der Präfekt der Glaubenskongregation am 27. November 1999 in der Sorbonne positiv auf das «kritische Lehrbuch» der Evolution berief, das der an der TU München lehrende protestantische ID-Kreationist Siegfried Scherer gemeinsam mit Reinhard Junker veröffentlicht hatte. Seitdem lässt sich im engsten Umfeld Joseph Ratzingers ein starkes Interesse an Intelligent Design beobachten. Christoph Kardinal Schönborn veröffentlichte im Juli 2005 in der *New York Times* einen Text über «Finding Design in Nature», in dem er aus einer «overwhelming evidence for purpose and design found in modern science» auf einen göttlichen Designer zurückschließt. Schönborn erklärt die Einsicht in eine «reality of design in nature» zum «perennial teaching» seiner römisch-katholischen Kirche.

Andere Schöpfungsdenker in Rom setzten demgegenüber auf Abgrenzung vom protestantisch-evangelikalen Diskurs. Im März 2009, genau 150 Jahre nach dem Erscheinen von Darwins *Origins*, veranstaltete die Gregoriana, die päpstliche Universität, eine große internationale Konferenz «Biological Evolution. Facts and Theories», finanziell unterstützt von der Templeton Foundation, um Intelligent Design abzuwehren. Doch im Kreis der akademischen Ratzinger-Schüler, die sich einmal im Jahr um ihn in Castel Gandolfo versammelten, verbindet sich das bisweilen obsessive Interesse an theistischer Überformung von Evolution mit der Bereitschaft, Intelligent Design zu rezipieren. 2006 traf sich der Kreis der einstigen Ratzinger-Doktoranden mit dem nun zum Papst gewählten Lehrer zu einer Tagung über «Schöpfung und Evolution». Castel Gandolfo wurde zu einem Laboratorium für neue Kreationsideen zu machen versucht. Robert Spaemann, der im August 2007 die Forderung der hessischen Kultusministerin Wolff unterstützte, die biblischen Schöpfungsmythen auch im Biologieunterricht zu behandeln, redete hier im Beisein Benedikts über

«Deszendenz und Intelligent Design». Benedikt XVI. ist kein Kreationist im engeren Sinne des Begriffs. Aber einige seiner engsten Schüler und Vertrauten suchen ihn davon zu überzeugen, alte Vorstellungen vom welterschaffenden göttlichen *logos* in den Sprachspielen von Intelligent Design zu reformulieren – vielleicht auch deshalb, weil der Design-Begriff äußerst vage, unscharf, also höchst interpretationsoffen ist.

7. Versuch einer Deutung

Viele weitere Geschichten moderner kreationistischer Glaubensbeschwörung ließen sich erzählen. Aber nun gilt es, das Erzählte zu begreifen. Wie lassen sich die großen Erfolge kreationistischer Weltbildproduktion erklären? Worin liegt die spezifische Faszinationskraft kreationistischer Ideen? Was sind die wichtigsten Trägergruppen? Wer sich nicht zu den neuen Glaubenskämpfern zählt, hält kreationistische Ideen gemeinhin für skurril, obskurant, naiv, sektiererisch, ignorant oder einfach phantastisch. Aber das Irrationale des religiösen Bewusstseins hat eine eigene Rationalität.

Sechs Deutungselemente seien genannt:

a) Die Wiederverzauberung der Welt – Max Weber hat in seinen faszinierenden religionsanalytischen Texten moderne szientifische Aufklärung und Rationalisierung als «Entzauberung der Welt» bezeichnet, eine «Entzauberung» freilich, die sich für Weber selbst genuin religiösen, weil Magie durch Askese ablösenden protestantischen Impulsen verdankt. Kreationistische Weltbilder gewinnen Faszinationskraft, weil sie eine Wiederverzauberung der Welt befördern. Sie bringen in eine als kalt, dunkel, anonym, herzlos und sinnleer erlittene Moderne Sinnwärme zurück. In der Finsternis des radikal Kontingenten, Zufälligen braucht das sinnhungrige Mängelwesen Mensch Licht in der Finsternis und Strukturen des Heiligen, die das anomische Chaos des «es hätte auch

alles ganz anders sein können» in Ordnung überführen. Kreationistische Ideen bieten genau das, was eine ultra-orthodoxe Jüdin
als Ziel ihres Glaubens benannt hat: «spirituelle Sicherheit».

b) gemacht als nicht-gemacht – Schöpfungssprachen eignet
eine spezifische Logizität. Alle Bestände unserer Kultur und gerade auch politische Institutionen sind von uns entworfen, produziert, gemacht. Sie sind darin bleibend prekär und brüchig, fortwährend bedroht von Legitimitätsschwund und Vertrauenserosion.
In Schöpfungssprachen hingegen kann das Gemachte als nicht-
gemacht, als immer schon gegeben imaginiert werden. Genau darin liegt ihre Faszinationskraft in einer pluralistischen Moderne.
Pluralistische Vielfalt der Lebensentwürfe und Weltdeutungen
verunsichert und wirkt relativierend, relativistisch. Wo einst klare
Ordnung, Autorität und Struktur war, gibt es nun bloß noch eine
unübersehbare Mannigfaltigkeit subjektiver Meinungen, ein cha-
otisches Durcheinander von Diesem und Jenem und wieder Anderem. Auch Wissenschaft führt oft nicht in bessere Erkenntnis,
sondern in «neue Unübersichtlichkeit» (Jürgen Habermas) und
den Dauerstreit der vielen sogenannten «Experten». Kreationistische Weltbilder erzeugen demgegenüber klare Verhältnisse und
neue Eindeutigkeit. Hier gewinnen Wertideen einen festen Grund
und politische Institutionen ein tragendes Sinnfundament. Kreationistische Ideen essentialisieren Kontingenzen und Konstrukte
zu notwendig Gegebenem, und sie bringen in anomisches Chaos
prägnante Struktur zurück. Das ist für all jene attraktiv, die unter
Vieldeutigkeit leiden und Ambiguität nicht zu ertragen vermögen.

c) Sakrale Aura der Ehe – Kreationistische Weltbilder tragen
dazu bei, überkommene Institutionen mit einer Aura gleichsam
heiliger Verbindlichkeit auszuzeichnen. Besonders gut lässt sich
dies an den harten, oft sehr aggressiv geführten Kontroversen
zeigen, die seit den 1980er Jahren in zahlreichen jüdischen Organisationen und in vielen christlichen Kirchen um Ehe und Familie

einerseits und Homosexualität und hier speziell die Anerkennung gleichgeschlechtlicher Partnerschaften andererseits geführt werden. Kreationisten treten dafür ein, die Ehe zwischen Mann und Frau als eine von Gott selbst gestiftete Institution, als Ordnung guten Lebens oder, so inzwischen der theologisch höchst unklare Jargon in Texten der EKD, als «gute Gabe Gottes» zu verstehen. Die Ehe gilt ihnen als primäre Institution der Gesellschaft, die es erlaubt, in der Bipolarität der Geschlechter gemeinschaftlich ein Leben nach dem Willen Gottes zu führen. Die Vorstellung, dass es der freie Wille des modernen, an Freiheitsrechten eines jeden Einzelnen orientierten Menschen erlaube, den Begriff der Ehe nun ganz anders als traditionell, als eine Verbindung von Mann und Mann oder Frau und Frau zu definieren, ist für Kreationisten nur Ausdruck einer sündhaften, perversen Verkennung der gottgeschaffenen Ordnung der Natur. Zur Attraktivität kreationistischer Weltbilder trägt bei, dass sie Ehe und Familie im traditionellen Sinne stärken – um den Preis der Abwertung devianter Sexualität, die auszuleben als «schöpfungswidrig» erklärt wird. Auch können in kreationistischer Sprache ganz klare, eindeutige Geschlechterrollen definiert werden. Man kann dies derzeit gut in Israel beim Streit um die von vielen Orthodoxen und Ultra-Orthodoxen abgelehnte Koedukation von Jungen und Mädchen sehen. Die Kritiker der gemeinsamen schulischen Erziehung von Jungen und Mädchen argumentieren immer mit Rekurs auf die gottgegebene Ordnung der Schöpfung.

d) Krisenkompensation – Vor allem in Zeiten der Krise oder eines als krisenhaft erlittenen schnellen Wandels bieten sich den Produzenten kreationistischer Weltbilder Chancen auf erhöhte Aufmerksamkeit. Die Vordenker der diversen Kreationismen sind Verunsicherungsprofiteure und agieren als Gewissheitsexperten. Wo Menschen Angst haben und Sorge, wie es denn weitergeht, stiften die kreationistischen Religionsintellektuellen neues Vertrauen, indem sie die Verlässlichkeit einer in Gottes Schöpferwillen selbst gründenden Ordnung der Welt preisen. Da Vertrauen in komplexen Gesellschaften unseres Typs ein äußerst knappes Gut ist, wird religiöse Vertrauensbildung, die Generierung von Gottvertrauen für viele Akteure überlebenswichtig.

e) Identitätsstiftung für Minderheiten – Auf dem nordamerikanischen Religionsmarkt wurden kreationistische Ideen nicht nur von weißen evangelikalen Protestanten, sondern auch von *native americans*, den Ureinwohnern, den schwarzen muslimischen Brüdern um Malcolm X und dem Lubawitscher Rebbe, dem wohl erfolgreichsten, charismatischsten jüdischen Religionsintellektuellen des 20. Jahrhunderts, verkündet. Diesen Minderheiten dient Kreationismus dazu, sich in Unmittelbarkeit zu Gott zu sehen, das heißt den elitären Anspruch zu erheben, besser und ganz anders als die vielen anderen zu sein, eben von Gott direkt geschaffen und genau so gewollt wie man ist oder sein will. Hier wird durch den Schöpfungsmythos die starke Identität kleiner Gesinnungsgemeinschaften sakralisiert und der eigene Durchsetzungswille gestärkt, indem man ihn zum göttlichen Mandat erklärt.

f) Weltanschauungsbranding – In aller Regel sind es nicht Kirchenfunktionäre, Kleriker mit einem kirchlichen Verkündigungsauftrag oder sonstige etablierte religiöse Autoritäten, sondern freie religiöse Akteure ohne jedes offizielle Mandat, die schreibend und redend kreationistische Weltbilder propagieren. Was zu Beginn sektiererisch war, ist inzwischen eine mächtige religionskulturelle Bewegung, organisationssoziologisch gesehen höchst modern. Kreationisten können sich auf überaus finanzstarke Stiftungen stützen, haben äußerst effizient internationale und religionsübergreifende Netzwerke geknüpft und können ihre Ideen über eigene Kommunikationsmedien, von Zeitungen und Zeitschriften bis hin zu Radio- und Fernsehsendern verbreiten. Sie verfügen über viel wirtschaftliche Macht. Sie errichten große Schöpfungs-Museen mit nachgebauter Arche und Vergnügungsparks mit Dinosauriern vor der großen Flut. Für Kinder werden Kartenspiele mit den Portraits der Glaubenshelden aus der *crea-*

tionists hall of fame angeboten. Auch haben Kreationisten erfolgreich einen eigenen Markt für schöpfungsbezogene Produkte und Dienstleistungen etabliert, vom Arche-Noah-Rucksack mit allem Überlebenswichtigen bis hin zu Beratungsangeboten für jede nur denkbare Lebenskrise. Gern inszenieren sie sich als ein *grass-roots movement* gegen die herrschende Religion und offizielle Wissenschaft, und ihren Sozialprotest äußern sie in immer neuen Kampagnen, die die hohe Mobilisierungsbereitschaft ihrer Anhänger erkennen lassen. In all dem sind sie, trotz aller Fundamentalkritik an einer pluralistisch offenen, liberalen Moderne, eine höchst moderne religiöse Bewegung.

8. Schöpfungsreflexion ohne kosmologische Spekulation

Wie kann kritische Wissenschaft verhindern, dass die Siegeszüge eines globalen Kreationismus die Freiheit der Forschung bedrohen? Die appellativen Texte, die etwa diverse Wissenschaftsakademien veröffentlicht haben, oder die antikreationistische Lobbyarbeit von *Science Debate* in den USA – einer *grass-roots campaign*, an der sich über 40 000 Amerikaner beteiligen – werden wohl nur wenig bewirken. Religion kann nur durch Religion überwunden werden. Die mythopoietische Einbildungskraft des religiösen Bewusstseins, seine Nähe zu einem phantastischen Erzählen, das die eigenen Narrative bald für heilige Fakten hält, wird man durch Beschwörung von Vernunft nicht begrenzen können. Keine kritische Aufklärung ohne gegenläufige Romantik, keine kalte Funktionsrationalität ohne kompensatorische Wertrationalität. Desto mehr haben die Wissenschaftler Anlass, kritisch über ihre eigene Rationalität und ihr Verständnis von «wissenschaftlicher Forschung» nachzudenken. Die Kreationismen des 19. und 20. Jahrhunderts waren und sind Reaktionsphänomene, religiöse Antworten auf die Verweltanschaulichung bestimmter Naturwissenschaften, auf Versuche, aus Erkennen Sinnstiftung und besseren Glauben zu machen. Solche Wissenschaft, die sich als Weltanschauung versteht, wirkt nur religionsproduktiv und provoziert jenen Köhlerglauben, unter dem seriöse Wissenschaft dann leidet. Deshalb: Die wichtigste Antwort der Wissenschaften auf die Kreationismen ist die erkenntnistheoretisch informierte Selbstbegrenzung der Forschungspraxis. Selbstbegrenzung der Wissenschaft bedeutet die kognitive Akzeptanz der funktionalen Differenzierung von Wissenschaft und Religion: «Wissenschaft kann nicht Sinn stiften, das kann nur Religion» (Adolf von Harnack).

Begriffene Selbstbegrenzung bedeutet zunächst die wissenschaftsinterne Kritik an totalisierenden Theorien, also an allen mehr oder minder metaphysischen Entwürfen einer Einheits- und Universalwissenschaft, die die Welt und das Leben auf einen einheitlichen, geschlossenen Begriff bringen will – das können wir nicht, es übersteigt die Grenzen unserer Vernunft. Stattdessen geboten sind kritizistisch inspirierte Erkenntnistheorien, die eine Vielfalt der Epistemologien, Forschungslogiken und Methoden anzuerkennen erlauben. Eine besonders wichtige kognitive Strategie zur Selbstbegrenzung szientifischer Rationalität ist die radikale Selbsthistorisierung, also Wissenschaftsgeschichtsforschung: Indem Wissenschaftsgeschichtsschreibung die hohe Ideologisierbarkeit *aller* wissenschaftlichen Disziplinen im 19. und 20. Jahrhundert, gerade der vermeintlich wertfreien oder wertneutralen Naturwissenschaften, transparent macht, bietet sie immer auch die Chance, sich die mögliche eigene ideologische Verführbarkeit präsent zu halten. Speziell für die Geistes- und Kulturwissenschaften bedeutet dies: Sie müssen Wissenschafts- und Ideengeschichte primär als Problemgeschichte konzipieren und dabei Geschichte als ein heterogenes Kontinuum denken, das sich erst in der subjektiven Konstruktion durch den Historiker zu einer narrativen Einheit formt. Statt totalisierender Entwürfe sind die Akzeptanz von Perspektivität und die Arbeit am Kleinen zu befördern.

Auch die ganz Säkularen, Religionsfernen, Skeptischen unter uns sind immer schon in Schöpfungsgeschichten verstrickt. Nicht nur in vergangenen Zeiten oder in anderen Ländern, etwa den

USA, sondern auch in Europa und nicht zuletzt in Deutschland wird im politischen Diskurs von allen möglichen Akteuren fortwährend von Kreationssemantik Gebrauch gemacht. Wer die Mülltrennung im Drei-Tonnen-System fordert, beschwört gern – theologisch nur gedankenlos, von den Grünen bis hin zu ganz wertkonservativen Christsozialen – die «Bewahrung der Schöpfung». Und in den biopolitischen Kontroversen der letzten Jahre, vom Streit um die Forschung an humanembryonalen Stammzellen bis hin zu den Debatten über die Präimplantationsdiagnostik (PID), haben zahlreiche Beteiligte die viel, ja inzwischen inflationär beschworene Menschenwürde auch in Schöpfungssprache zu verankern versucht, speziell in den alten Vorstellungen vom Menschen als höchstem Geschöpf und Ebenbild Gottes. Menschenwürde, ein Konzept, das gewiss nicht in evolutionsbiologischen Konzepten hinreichend auszubuchstabieren ist, lässt sich in Begriffen Kants rational entfalten. Deshalb kann ich als liberalprotestantischer Theologe nur davor warnen, sie religiös als eine «Sakralisierung» des Individuums – «Sakralisierung der Person» ist ein Konzept Emile Durkheims, jüngst von Hans Joas reformuliert – deuten zu wollen. Denn dann bedürfte es auch religiöser Symbolbestände und Ressourcen, um ihr Geltung zu verschaffen, allen voran der *Imago-Dei*-Überlieferungen – die aber in der Geschichte der christlichen Theologien erst dann für die «Begründung» von Menschenwürde und Menschenrechten in Anspruch genommen wurden, als Menschen- bzw. vorstaatliche Grundrechte in den Verfassungsordnungen diverser freiheitlicher und parlamentarisch-demokratischer Rechtsstaaten bereits institutionalisiert waren. Wer aus politischen Legitimationsinteressen auf an Metaphern reiche religiöse Überlieferungen zurückgreift, muss diese zumindest in eine allgemeinverständliche, also rationale Sprache übersetzen können, damit sie im politischen Prozess einer demokratischen Bürgergesellschaft, also im diskursiven Streit um bessere Problemdeutungen und gebotene Entscheidungen, überhaupt Orientierungskraft entfalten können. Jürgen Habermas hat dies in den letzten Jahren immer wieder und zu Recht betont.[16]

Soll von dieser Schöpfungssemantik kein unvernünftiger, freiheitsgefährdender Gebrauch gemacht werden, müssen gerade die für das religiöse Bewusstsein besonders zuständigen normativen Wissenschaften, die Theologien, Schöpfung rational deuten und denken können. Sie müssen die spezifische Rationalität der Rede von Gottes guter Schöpfung entfalten können. Um jene totalisierenden Tendenzen zu vermeiden, die gerade in theologischer Begriffsbildung immer nahelegen, ist Schöpfungsreflexion von jeder kosmologischen Spekulation zu entkoppeln. Es geht in Schöpfungstheologie weder um irgendeine «theistische Evolution» noch gar um Alternativen zur naturwissenschaftlichen Deutung der Entstehung und Entwicklung von Universum und Leben. Rational plausibel und zur Deutung unserer selbst hilfreich ist der Schöpfungsbegriff in genau dem Maße, in dem er subjektivitätstheoretisch entfaltet, auf die paradoxe Konstitution des Menschen als eines endlichen Vernunftwesens bezogen wird. Wir beanspruchen Freiheit, definieren uns als autonom und sind in Entscheidendem doch unfrei. Denn niemand hat sich selbst das Leben gegeben, sondern jeder, jede ist sich selbst immer schon als frei gegeben. Jeder, jede lebt aus Voraussetzungen, die er oder sie selbst nicht zu garantieren vermag, und jeder muss sich zu seinem Sichselbstgegebensein irgendwie, am besten: reflexiv, nachdenklich verhalten. Genau darum, um individuelle, je eigene Existenz geht es im jüdischen, christlichen und auch muslimischen Schöpfungscredo: *Individuum est ineffabile.* Indem die Rede von der Schöpfung einen Erfahrungsraum von «schlechthinniger Abhängigkeit» (Schleiermacher) symbolisch erschließt, eröffnet sie einen Erwartungshorizont von starker individueller Freiheit. Und sie lässt genau damit dann auch den Wissenschaften ihr eigenes Recht auf freie, unbehinderte Forschung.

Allerdings: Angesichts der sehr schnellen Erkenntnisfortschritte und ganz neuen Gestaltungschancen und Interventionsmöglichkeiten der Lebens- oder Biowissenschaften werden mögliche ethische Grenzen der Forschungsfreiheit in demokratisch verfassten offenen Gesellschaften weiterhin und wohl verstärkt umstritten bleiben. Unter den Bedingungen verfassungsrechtlich garantierter Meinungsfreiheit kann niemand religiösen Akteuren verwehren oder verbieten, sich an den hier fälligen Debatten über mögliche Spannungen zwischen freier Forschung und ethisch Gebotenem zu beteiligen. Insoweit wird es immer wieder zu diskursiven Konflikten zwischen den Vertretern partikularer religiöser Ethiken einerseits und entschiedenen Verfechtern unbedingter Autonomie der Wissenschaften andererseits kommen. Aber auch für solche Ethik-Debatten im Spannungsfeld von Religion und Wissenschaften gilt, dass eine religiös begründete Grenzziehung bzw. Einschränkung der Forschungsfreiheit nur dann rechtliche Geltungskraft erlangen sollte, wenn sie sich auch jenseits des nun einmal nur partikularen religiösen Ethos als allgemein vernünftig bzw. für potentiell alle nachvollziehbar erweisen lässt. In dieser Weise, bezogen auf die Ethik der Wissenschaften, bleibt das alte Thema von Glaube und Wissen, Religion und Vernunft auf der Agenda auch moderner, von vielfältiger wachsender Bedeutung des Wissenschaftssystems geprägter Gesellschaften.

VII. Heilige Kriege

1. Faszination *Holy War*

1977 veröffentlichte der bekannte nordamerikanische Kultursoziologe Daniel Bell einen kleinen Essay über *The Return of the Sacred*.[1] Seitdem sind zahllose Bücher über die Renaissance des Religiösen, die «Rückkehr der Religionen» oder die «Wiederkehr der Götter» erschienen. Besonders intensive Aufmerksamkeit finden derzeit Studien zu Zusammenhängen zwischen Gottesglauben und Gewalt, *violent religion*, religiös begründetem Terrorismus und zum viel beschworenen *clash* zwischen «dem Westen» und «der islamischen Welt».[2] Im populärwissenschaftlichen Diskurs und in den Medien entfaltet dabei die Formel «Heiliger Krieg» ihre eigene hohe Suggestivkraft. Den «Heiligen Krieg» beschwört, wer die Europäer vor einer muslimischen Eroberung des Kontinents warnen will,[3] den politischen Islamismus als «neuen Totalitarismus» zu entlarven sucht[4] oder Al-Qaida als effizientes «Holy War, Inc.» analysiert.[5] «Heiliger Krieg» kann auch zur Pathosformel für die «fundamentalistische» Zerstörung rechtsstaatlicher Bürgerfreiheit werden.[6] Aktuelle Religionskonflikte in Indonesien[7] werden ebenso wie die Auseinandersetzungen in Afghanistan[8] oder die blutigen christlichen Konfessionskonflikte in Irland[9] als «Heilige Kriege» gedeutet. Die Faszinationskraft der Formel verdankt sich nicht zuletzt der aggressiven Dschihad-Rhetorik vieler Islamisten und ihren brutalen Gewalttaten, aber auch der an alteuropäische Kreuzzugsappelle erinnernden Pathossprache des George W. Bush und führender Vertreter seiner Regierung, die ihren Kampf gegen die «Achse des Bösen» gern auch in emotionsstarker religiöser Bildsprache begründeten. Ein postmoderner Zeittrenddeuter wie Peter Sloterdijk nimmt Formeln wie «heiliger Kampf», «heiliger Krieg», «Feldzug des Christentums» oder «zelotische Militanz der frühen Christen» dafür in Anspruch, den prinzipiell intoleranten Charakter «des monotheistischen Willens» zur Weltmission zu erweisen.[10] Je pauschaler die Rede vom «Heiligen Krieg», desto massiver die Behauptung, er werde besonders aggressiv, blutrünstig, fanatisch geführt. Der eifernde «Gotteskrieger» als entmenschlichte Divinalbestie – auf diesen Grundton sind in der glaubenserregten Gegenwart viele Deutungen des «Heiligen Krieges» oder gar «Weltkrieges» gestimmt.

Zur medialen Hochkonjunktur des «Heiligen Krieges» bildet es einen bemerkenswerten Kontrast, dass das Thema im Expertendiskurs der akademischen Religionsdeuter bisher nur am Rande Beachtung gefunden hat. Zwar liegen erste ideenhistorische Studien vor,[11] und unter den Religionswissenschaftlern hat sich bereits zwanzig Jahren vor allem Carsten Colpe des Themas angenommen.[12] Zudem hat die Rede vom «Heiligen Krieg» in einigen Wissenschaften seit langem einen festen Platz, insbesondere in der alttestamentlichen Exegese, in der schon seit dem späten 19. Jahrhundert vom «Heiligen Krieg» des alten Israel gegen seine vielen Feinde die Rede ist.

Auch die Islamwissenschaften arbeiten seit ihren Anfängen im 19. Jahrhundert intensiv an Deutungen des Dschihad. Doch trotz der neuen Aufmerksamkeit, die «der Krieg» in den Historischen Kulturwissenschaften und den Sozialwissenschaften findet, mangelt es an der Klärung elementarer Fragen. Wann ist die Formel «Heiliger Krieg» geprägt worden? Wurden theologische Kriterien dafür entwickelt, einen Krieg als «heilig» zu qualifizieren? Worin liegt die behauptete «Heiligkeit» eines Krieges – in den Motiven der kriegführenden Frommen, in den Legitimationsmustern oder in einer spezifischen Art der Kriegsführung (etwa in der Einbettung militärischer Aktionen in religiöse Riten)? Welche historischen Kriege wurden als «Heilige Kriege» geführt und bezeichnet? Wie verhält sich die Rede vom «Heiligen Krieg» zur christlichen kriegsethischen (und auch völkerrechtlichen) Überlieferung des *bellum iustum*?

2. Dauerdisput über «das Heilige»

Wer vom «Heiligen Krieg» redet, operiert mit einem extrem voraussetzungsreichen und umstrittenen Begriff: dem «Heiligen». Bekanntlich soll man sich vor Leuten hüten, denen nichts heilig ist. Aber Vorsicht ist auch mit Blick auf Zeitgenossen angesagt, die vom Heiligen allzu reflexionsfern, gedankenlos reden. Schon in der Bibel ist *sanctus* ein überaus vielschichtiger Begriff.[13] Die drei monotheistischen Weltreligionen stützen sich, wie zahlreiche andere religiöse Überlieferungen auch, auf «Heilige Schriften», denen eine normative Verbindlichkeit ganz eigener Art zuerkannt wird. Auch kennen wir heilige Räume, Orte und Zeiten, und den Dalai Lama reden Kundige ebenso wie den Papst, den «Heiligen Vater» der römischen Katholiken, als «Eure Heiligkeit» an. Der Herr Zebaoth, Jahwe selbst, ist heilig, und auch der dreieinige Gott wird als «heilige Trinität» angebetet. Heilig sind auch die Heiligen Drei Könige, die zahlreichen Heiligen der römisch-katholischen Kirche, und, gerade für Katholiken, gewiss auch die Heilige Gottesmutter Maria. Bekanntlich war auch das «Heilige römische Reich Deutscher Nation» so heilig, dass immer wieder die Sakralität der deutschen Staatsnation beschworen werden konnte: «Es lebe das Heilige Deutschland», soll Claus Graf Schenk von Stauffenberg bei seiner Hinrichtung im Bendler-Block ausgerufen haben. Höchst Unterschiedliches kann als «heilig» qualifiziert, sakralisiert werden.

Sieht man von archaischen Zuständen präreflexiver «Pansakralität» (Martin Buber) ab, so hängen Vorstellung und Begriff des Heiligen immer von einer elementaren Disjunktion ab: der Unterscheidung von bloß Profanem, rein Immanentem und dem religiös ganz anderen, eben der als heilvoll definierten, ausgegrenzten Sakralsphäre, die durch Präsenz von Transzendenz, Göttlichem bestimmt ist. Zwar wird in den diversen religionsdeutenden Wissenschaften seit dem späten 19. Jahrhundert intensiv über «das Heilige» diskutiert.[14] Aber trotz aller gelehrten Begriffsarbeit hat sich bis heute keinerlei Konsens über eine trennscharfe und phänomenologisch erschließungskräftige Definition gewinnen lassen. In einem Sammelband zum Thema erklären die Herausgeber: «Das Heilige bzw. Heiligkeitsvermittelnde kann elitär oder allgemein verstanden werden, äußerlich oder innerlich, körperlich oder personal, materiell oder spirituell, amtsgebunden oder charismatisch, magisch oder mystisch, stabil oder mobil, ortsgebunden oder transferierbar, kollektiv oder individuell, sakral-begrenzt oder profan ausgebreitet – um nur einige wichtige Antinomien und Gegenläufigkeiten zu nennen (wobei an die Stelle des ‹oder› meist auch ein ‹und› im Sinne komplementärer Vorstellungen gesetzt werden kann)».[15] Das ist so vage, dass wohl nichts Innerweltliches davon ausgenommen werden kann, mit heiligem Transzendenzgehalt aufgeladen zu werden. Der Erlanger Reformationshistoriker Berndt Hamm schlägt folgende Begriffsbestimmung vor: «Heiligkeit wird als die Wesens- und Wirksphäre des Göttlichen verstanden. Ist von menschlichen Erfahrungen der Heiligkeit die Rede, bewegen sie sich im (religionsgeschichtlichen) Spannungsfeld zwischen Erschrecken und Entzücken, befremdender Distanz und vertrauter Nähe, Konfrontation mit der eigenen Nichtigkeit und Erlebnis der rettenden Macht.» Kreatürliches gewinne Heiligkeit, wenn es durch besondere Nähe zum Göttlichen aus Weltzusammenhängen herausgehoben und zum Exponenten göttlichen Sich-Mitteilens, etwa Segnens oder Strafens, wird. «Wer durch Heiliges geheiligt wird, dem gereicht es zu Wohl und Heil. Wer mit Heiligem unheilig umgeht, dem gereicht es zum Schaden an Leib und Seele. Wer sich der Kraftsphäre des Heiligen entzieht, gerät in das Anti-Kraftfeld des Teuflischen, Dämonischen und Bösen.»[16]

Auch teils theologisch, teils religionsethnologisch inspirierte Religionswissenschaftler wie William Robertson Smith, James George Frazer und Robert M. Marett suchten über die Analyse von Tabu und «Mana» eine aus dem Profanen ausgegrenzte eigenständige Macht oder Kraft zu erschließen, die von den Menschen als überaus wirksam erfahren wird. Im frühen 20. Jahrhundert rückte «das Heilige» dann sowohl in den französischen Sozialwissenschaften, insbesondere bei Emile Durkheim und Marcel Mauss, als auch in den stärker phänomenologisch orientierten Theorieentwürfen Nathan Söderbloms, Rudolf Ottos und Gerardus van der Leeuws ins Zentrum des religionsanalytischen Interesses. Suchte Durkheim in seinen berühmten *Les formes élémentaires de la vie religieuse* 1912 zu zeigen, dass jede Gesellschaft sich zum Zwecke der Integration eine je eigene Differenz von «heilig» und «profan» entwirft, so deuteten die Religionsphänomenologen «das Heilige» primär von einer existentiellen Transzendenzerfahrung oder der Begegnung mit dem «Göttlichen» her. In Durkheims Sicht gilt: Heilige Phänomene, oder genauer: als heilig entworfene soziale Wirklichkeiten, sind Personen, Zeiten, Orte, Ideen oder Institutionen, die eine Gesellschaft für prinzipiell unverletzlich erklärt und darin mit unbedingter Bindungsmacht ausstattet. Die Religionsphänomenologen deuten die Begegnung des Menschen mit dem Heiligen, der zentralen Kategorie religiöser Erfahrung, demgegenüber als Konfrontation – so Ottos schnell berühmter Begriff – mit dem «Ganz anderen». In seinem erstmals 1917 erschienenen Klassiker *Das Heilige* bestimmte der Marburger Systematische Theologe die numinose Macht des «ganz anderen» dann als paradoxe Einheit oder «Kontrast-Harmonie» von «mysterium tremendum» und «mysterium fascinans», eine Erfahrung der Bindungsmacht des Absoluten, die nur erlebt, aber niemals begrifflich kategorial expliziert werden könne. «Mysterium tremendum», von Otto selbst auch als «schauervolles Geheimnis» übersetzt, verweist auf eine dem menschlichen Gefühl sich erschließende transzendente Realität, die spezifisch religiöse Emotionen des Schreckens (oder auch Erschreckens), der Angst, des Schauers, des Grauens und der Scheu evoziert. Demgegenüber repräsentiert das «mysterium fascinans» jene Elemente des Numinosen, die starke Gefühle der Anziehung, des Entzücktseins, der Faszination, aber auch des Besessenseins und der in Rauschzuständen imaginierten Selbsttranszendenz erzeugen. Im religionswissenschaftlichen Diskurs ist diese Begriffsbestimmung teils religionsphänomenologisch fortentwickelt,[17] teils als irrationalistisch abgelehnt worden.[18] Gern wird hier die außerordentliche Interpretationsoffenheit des Begriffs des «Heiligen» betont. «Der Begriff des Heiligen ist von irritierender Vieldeutigkeit: Sowohl das Reine als auch das Unreine werden ‹ausgesondert› ... Ferner kann hl. sich sowohl auf eine Ordnung als auch auf die Transzendenz beziehen; sowohl auf den Schutz von Grenzen als auch auf deren Verletzung oder auf die Freiheit von Grenzen; auf die Unhinterfragbarkeit des Glaubens wie auf das Gefühl des numinosen Schreckens. Als analytische, säkulare Kategorie in der Religionswiss. ist der Entwicklungsprozeß des Konzeptes von hl./profan immer noch nicht abgeschlossen», resümiert William E. Paden den aktuellen Stand der religionswissenschaftlichen Debatte um das «Heilige.»[19]

Was bedeutet dies für die Rede vom «Heiligen Krieg»? So schillernd vieldeutig, interpretationsoffen das «Heilige», so vage und schwer bestimmbar ist auch der «Heilige Krieg». Zwar sind immer wieder allgemeine typologische Definitionen versucht worden. So heißt es beispielsweise in einem *Wörterbuch der Religionssoziologie:* «‹Heilig› ist ein Krieg dann, wenn in ihm agierende kollektive Gewalt von einer der Kriegsparteien oder von beiden als göttlich-transzendente Macht verehrt und der Krieg in ihrem Namen geführt wird.»[20] «Heilige Kriege nach innen (Ketzer) und außen (Kreuzzüge, Mission)» beruhten darauf, dass die «absolut ‹gewaltlose Gottheit›» mit der «kollektiven staatlichen Tötungsgewalt» identifiziert werde. So soll dann gelten: «Seiner inneren Dynamik nach tendiert jeder Krieg zum Heiligen Krieg.»[21] Das aber sind definitorische Bestimmungen, die, freundlich formuliert, analytische Prägnanz und Trennschärfe vermissen lassen. Die Behauptung, dass jedem Krieg eine Sakralisierungstendenz immanent ist, macht die Rede vom «Heiligen Krieg» inhaltsleer.

Wer das spezifisch «Heilige» am «Heiligen Krieg» erkennen will, muss sich offenkundig auf die entsagungsvolle Andacht zum Detail einlassen, also erkunden, wer wann aus welchen Motiven und mit welchen Argumenten seinen (oder einen) Krieg als «heilig» qualifiziert hat. Denn selbst wenn etwa «Gott», «das Göttliche» oder ein Gott unter mehreren Göttern als Subjekt eines Krieges bezeichnet wird, ist es ja nicht diese Divinalautorität selbst, die den Krieg zu einem «heiligen» macht. Vielmehr sind es bestimmte menschliche Akteure, etwa politische Machthaber, Parteipolitiker, Militärs, Mobilisierungsideologen, Dichter, Wissenschaftler, religiöse Virtuosen oder Religionsintellektuelle, die einen Krieg als «heilig» qualifizieren. Ihre Strategien des Sakraltransfers muss erkennen, wer trotz der Emotionsmacht des Numinosen heilsamkritische Distanz zu den vielen schnellen Ideologisierungen des Krieges, speziell der Kriegsbegründungen, wahren will.

3. *Bellum iustum*

Immer wieder kann man in der populärwissenschaftlichen Literatur zum «Heiligen Krieg» lesen, dass es in allen drei monotheistischen Weltreligionen vor allem die Theologen waren, die Theorien vom Heiligen Krieg entwickelt hätten. Gewiss, Theologen haben sich vielerlei sonderbare Lehren einfallen lassen. Aber den «Heiligen Krieg» haben sie nicht ersonnen. Die Formel wurde von anderen in die Welt gesetzt und dann erst von den Gottesgelehrten aufgenommen und für wissenschaftliche Deutungszwecke konzeptionalisiert.

Der Krieg ist zu wichtig, historisch wirkmächtig, um ihn nicht auch theologisch deuten zu müssen. Als die kleine Sekte der Christianer sich innerhalb des Römischen Weltreiches durchzusetzen begann und schließlich zur Staatsreligion wurde, mussten die gelehrten Väter der Kirche auch die Legitimität oder aber Illegitimität von Kriegen bedenken. Das von Jesus von Nazareth verkündete Brüderlichkeitsethos, das die Forderung der Gewaltlosigkeit einschloss, musste mit den komplexen politischen Realitäten des Reiches vermittelt werden. Das ist von den zuständigen Fachgelehrten, den Patristikern (Altkirchenhistorikern) und Althistorikern, inzwischen genau erforscht worden. Für den christlichen Kriegsdiskurs wurde langfristig die Kriegslehre entscheidend, die zunächst Augustinus entwickelte, um zwischen legitimen und illegitimen Kriegen prägnant zu unterscheiden. Der Kirchenvater griff dabei auf ältere stoische Reflexionsfiguren vom *bellum iustum* zurück. Zugespitzt formuliert: Der entscheidende Beitrag christlicher Theologen zur Deutung des Krieges lag nicht in irgendwelchen Lehren vom Heiligen Krieg, sondern in einer kategorial zunehmend differenzierteren Lehre vom *gerechten* Krieg, die weit über den theologischen Diskurs hinaus wirkmächtig wurde, etwa im Völkerrecht. Ein Krieg ist nur dann gerecht, wenn er bestimmten Kriterien entspricht. Bei Augustin finden sich, noch verstreut und nicht systematisiert, drei Kriterien: Ein Krieg darf allein ob eines gerechten Grundes, um der *causa iusta* willen erklärt und geführt werden. Er ist immer mit Blick auf den Frieden, in der *intentio recta* zu führen. Er darf allein aufgrund eines klaren Befehls der zuständigen politischen Autorität, aufgrund eines Mandats der *legitima auctoritas* begonnen und geführt werden. Augustin macht es damit Christen möglich, mit gutem Gewissen ihrer Wehrpflicht nachzukommen. Beteiligen sich Christen aktiv an einem *bellum iustum*, befolgen sie nach Augustin nur Jesu Liebesgebot.

Begrifflich präzisiert und systematisiert wurde Augustins Lehre dann vor allem von Thomas von Aquin. Er brachte die drei Gründe legitimen, gerechten Kriegs in die seitdem konventionelle Reihenfolge: *legitima auctoritas, iusta causa, intentio recta*. Wie andere dogmatische und ethische Lehrstücke auch wurde die Lehre vom *bellum iustum* seit Thomas immer wieder fallbezogen begrifflich differenziert und aktualisiert.[22] Die Entwicklung lässt sich als Steigerung kategorialer Komplexität beschreiben, die sich primär dem Interesse an Realitätstüchtigkeit, praktischer Anwendbarkeit verdankte.

Zunehmend wurden zusätzliche Bedingungen für die «Gerechtigkeit» eines Krieges formuliert. So werden Handlungen und hier speziell Rechtsbrüche aufgelistet, die es erlauben, dem Rechtsbrechenden den Krieg zu erklären. Zugleich entwickelten Theologen wie Juristen, speziell auch Kirchenrechtler, Prinzipien der Verhältnismäßigkeit der Mittel, etwa in dem Sinne, dass ein Krieg immer nur als Ultima ratio erklärt und geführt werden darf. Im Sinne des Proportionalitätsprinzips ist beispielsweise eine militärische Aktion erst dann erlaubt, wenn der Schaden, den sie in Feindesland erzeugt, in einem angemessenen Verhältnis zur Wichtigkeit der Handlung, vor allem mit Blick auf ein baldiges Kriegsende bzw. einen schnellen Sieg, steht. Auch sei es unsittlich, einen Krieg zu beginnen, wisse man von vornherein, dass man ihn nicht gewinnen könne. So wird realistische Aussicht auf Erfolg zu einem Kriterium legitimer Kriegserklärung. Gerecht ist der Krieg aber nur, wenn auch in der Art und Weise, wie er geführt, ausgetragen wird, bestimmte Prinzipien leitend sind. Wichtig wurde hier insbesondere das Diskriminationsprinzip, demzufolge die militärisch Agierenden allein die gegnerischen Militärs angreifen, aber niemals Gewaltakte direkt an Zivilisten begehen dürfen.

Keiner der christlichen Theologen, die die Lehre vom *bellum iustum* entwickelten, hat jemals vom «Heiligen Krieg» gesprochen; mir sind trotz intensiver Lektüre jedenfalls keinerlei Belege bekannt geworden. Ihre *Bellum-iustum*-Lehren dienen gerade der Einhegung, ethischen wie rechtlichen Begrenzung des Krieges, nicht aber seiner Sakralisierung oder religiösen Überhöhung. Dennoch gibt es innerhalb des kategorialen Rahmens der *Bellum-iustum*-Lehren einen systematischen Ort, an dem das Thema «Religion und Krieg» verhandelt werden konnte: die Lehren von den materialen Gründen legitimen Krieges. Gerade die *Iusta-causa*-Reflexionen waren nach Thomas durch die Tendenz geprägt, materialiter ganz genau zu bestimmen, was denn ein wirklich gerechter Grund sei. Gewiss ist Selbstverteidigung gegen einen tötungsbereiten Aggressor ein legitimer Kriegsgrund. Aber darf man Krieg führen, um die eigenen politischen Ordnungskonzepte, ethischen «Werte» oder Glaubensvorstellungen durchzusetzen? Diskutiert wurden diese Fragen immer wieder aus aktuellen Anlässen. Schon Augustin hatte erklärt, dass auch der Schutz des Glaubens bzw. der Christusgläubigen vor den gewaltsamen Übergriffen von Andersgläubigen eine *iusta causa* sei. Der Schutz der Kirche, des Papstes, der Kirchengüter, der Kleriker, der «Laien», vor allem der Bewohner kirchlicher Grundherrschaften, oder die Verteidigung der Freiheit der Kirche, speziell ihrer Fähigkeit zur Mission, wurden faktisch zu immer gewichtigeren Gründen aufgewertet, einen Krieg führen zu dürfen. Zwar haben sowohl die gelehrten Theologen als auch die der Kirche verbundenen Rechtsgelehrten und Dekretisten kein eigenes Kriegsrecht des römischen Papstes oder der Kirche entwickelt. Aber in ihren *Iusta-causa*-Lehren erkennen sie der Verteidigung elementarer Machtinteressen der Kirche, gedeckt etwa durch die Formel von der Verteidigung der Freiheit des Glaubens bzw. der Glaubenskommunikation, eine zunehmend höhere Bedeutung zu. Und die aktive Teilnahme an einem *bellum iustum* ist eben nicht nur Dienst für den jeweiligen Landesherren, sondern kann, wie schon bei Augustin, als Gottes-Dienst besonderer Art gedeutet werden. Die im Alten Testament präsente Vorstellung, dass Jahwe selbst es ist, der die Kriege seines Volkes führt, befördert denn auch in mittelalterlichen und frühneuzeitlichen theologischen Diskursen die Hoffnung (die sehr schnell zur festen Erwartung wird!), dass Gott den Gerechten zum Siege verhilft.[23]

Und natürlich können auch militärische Aktionen gegen Ketzer, Häretiker und Andersgläubige in der Weise mit religiösem Emotionspathos oder Glaubenssinn aufgeladen werden, dass man sich hierbei als besonders gottestreu, christusnah erfährt. Indem die *Iusta-causa*-Lehre materialiter differenziert, gefüllt, ausgeweitet wird, gewinnen auch spezifisch religiöse oder religionspolitische Beweggründe und Rechtfertigungsmuster ethische Legitimität. Die gedankliche Fixierung auf materiale Konkretion der *iusta causa* lässt sich insoweit auch als Einfallstor dafür deuten, Religionsmotive, genauer: Institutionsinteressen der Kirche, und fromme Obsessionen, etwa: Bekehrung von Andersgläubigen oder heilvolle «Zurechtbringung» der Ketzer, zu legitimen Kriegsgründen aufzuwerten. Dennoch: Die christlichen Theologen haben keine Lehren vom «Heiligen Krieg» entwickelt, sondern sich bis in die Gegenwart hinein auf die Begriffsarbeit am «gerechten Krieg» bzw. neuerdings auch «gerechten Frieden» konzentriert. Einige von ihnen haben vergleichsweise spät, seit 1800, Formeln vom «Heiligen Krieg» aufgegriffen. Auch wurden dann höchst moderne religiöse Pathosformeln dazu benutzt, Geschichte zu schreiben (bzw. Geschichtspolitik zu betreiben) und etwa für die alten Israeliten eine Tradition «Heiliger Kriege» erfunden. Aber generell gilt: Die verschiedenen lateinischen Christentümer kennen keine eigenständige theologische Lehre vom «Heiligen Krieg».

4. Religion und Krieg

Wer vom «Heiligen Krieg» redet, begibt sich auf ein wenig übersichtliches, hoch komplexes semantisches Feld. Das Alte Testament kennt in der Phase des spätbabylonischen Exils die Vorstellung des «Jahwekrieges», und aus den Religionsgeschichten der drei großen Monotheismen sind Begriffe wie «Gotteskrieg», «Gottesstreit» und «Gotteskampf» überliefert. Auch lassen sich die polytheistischen Pluralbildungen «Götterkriege» und «Götterkämpfe» nachweisen. Bekannt, gerade aus religiösen wie politischen Diskursen der Moderne, sind zudem Begriffe wie «Glaubenskrieg», «Glaubenskampf» und «Glaubensstreit». Überliefert ist zudem der «Ketzerkrieg». Auch sprechen gerade Historiker gern von den frühneuzeitlichen «Religions-» oder «Konfessionskriegen». Dies alles sind wenig klare, vieldeutige Begriffe. Bezeichnet «Religionskrieg» einen bestimmten Typus von Krieg neben anderen? Was unterscheidet ihn von anderen Kriegen? Heißt er «Religionskrieg», weil der entscheidende Kriegsgrund für die Beteiligten (oder zumindest den Angreifer) ein unerträglicher Dissens in Glaubensdingen ist? Ziehen hier religiöse Akteure wie Kirchen, Orden, Sekten unter der Führung charismatischer Glaubensvirtuosen gegeneinander in den Krieg? Oder sind es politische Akteure, denen ein religiöses Mandat zugeschrieben wird (oder die es sich selbst zuweisen)? Geht es um gewaltsame Zwangsmission oder Vernichtung, Ausrottung von Andersgläubigen? Sieht sich die angreifende Kriegspartei von ihrem Gott dazu ermächtigt,

beauftragt, die andersgläubigen, falschgläubigen Gegner anzugreifen? Spricht man vom «Religionskrieg», wenn Heiliges Land
(zurück-)erobert werden soll? Oder wird mit dem Religiösen im
«Religionskrieg» vorrangig auf die Ebene der Kriegsbegründungen abgehoben? Zeichnet sich ein «Religionskrieg» also dadurch
aus, dass eine (oder mehrere) der kriegführenden Parteien ihre
Kriegsgründe und -ziele entscheidend auch in religiöser Sprache
artikuliert? Aber droht dann nicht nahezu jeder Krieg zum «Religionskrieg» zu werden, weil das existentiell Außerordentliche,
Dramatische des Krieges und die mit ihm konstitutiv verbundene intensive Gewalt- und Todespräsenz es den (oder zumindest manchen) Beteiligten nahelegen, ihre Kriegsmotive und vor
allem Kriegserfahrungen auch in religiösen Deutungsperspek-
tiven zu artikulieren?

Wer in den Krieg zieht, will in aller Regel den Sieg davontra-
gen, und deshalb versichert er sich gern auch höheren himmlischen Beistands. Gerade ethnologische Untersuchungen über populare Frömmigkeit in diversen modernen Kriegen haben gezeigt,
dass Kriegserfahrung[24] viel spontane Alltagsreligiosität stimuliert.
Konfrontiert mit unerträglichem Schrecken und dem grausamen
Tod der Vielen, hofft man auf «Alliierte im Himmel».[25]

Religion kann Krieg erzeugen. Aber gewiss produziert der
Krieg auch Religiosität, Frömmigkeit und Religion, nicht selten
besonders intensiv. Und nicht nur Siege werden religiös inszeniert,
gefeiert. Gerade auch Niederlagen stimulieren religiöse Praxis,
etwa Bußrituale und Bitten um Vergebung. Selbst wo überkommene christliche Glaubensformen und Riten an Plausibilität und
Orientierungskraft eingebüßt haben, müssen die «toten Helden»
doch geordnet beigesetzt, also rituell erinnert werden, schon aus
politischen Gründen.

Noch komplizierter wird es, wenn Begriffe wie «Glaubenskrieg», «Konfessionskrieg», «Heiliger Krieg», «Gotteskrieg» und
«Ketzerkrieg» mit in den Blick genommen werden. Sind «Religionskrieg» und «Glaubenskrieg» semantisch äquivalent? Ist jeder
«Religionskrieg» auch ein «Heiliger Krieg», oder stellen «Gottes-

krieg», «Konfessionskrieg» und «Heiliger Krieg» je eigene Typen von «Religionskrieg» dar? Welchen religiösen Traditionen entstammen diese Vorstellungen und Begriffe jeweils? Lassen sie sich in ganz unterschiedlichen religiösen Überlieferungen und diskursiven Zusammenhängen finden? Welche religiösen und politischen Akteure oder gelehrten Religionsdeuter verwenden diese Begriffe? Wie lassen sie sich aus religionsdiskursiven Begriffen in analytische Konzepte zur distanzierten Deutung von Religionskonflikten umformen? Gefordert ist hier eine religionsbezogene Begriffs-, Ideen- und Diskursgeschichte. Aber sie gibt es nur in ersten Anfängen. Immerhin lässt sich mit Blick auf die schnell expandierenden religionssemantischen Universen der Moderne – angesichts der hohen religiösen Differenzierungs- und Pluralisierungsdynamik spricht man besser von Pluriversen – seit dem späten 18. Jahrhundert zeigen, dass die enge Verbindung von Religion und Krieg keineswegs nur ein strukturelles Phänomen des vormodernen Alteuropa darstellt, sondern unbeschadet aller funktionalen Differenzierung auch moderne Kriege immer wieder religionssemantisch legitimiert wurden.[26]

Um die Aufklärung der Begriffsgeschichten des «Religionskriegs» haben sich insbesondere Historiker der Frühen Neuzeit bemüht. Konrad Repgen vermutet, dass die «Bindestrich-Vokabel ‹Religions-Krieg›»[27] ursprünglich im Französischen entstanden sei, in den 1560er Jahren als «guerre de religion», und sich dann schnell in anderen europäischen Sprachen durchgesetzt habe: «Der Terminus ‹Religionskrieg› … ist anwendbar (nicht als Motivations-, sondern) als Legitimationstyp einer Reihe frühneuzeitlicher Kriege, insbesondere des 16. Jahrhunderts.»[28] Das Legitimationsmuster «Religionskrieg» sei «etwas für das 16. Jahrhundert Neues» gewesen: «Vorher wurde Krieg nicht mit dem Argument ‹Religion› begründet; denn Kreuzzug war … etwas anderes.»[29]

In der Tat sprechen viele Indizien für Repgens These, dass es die neuen, infolge der reformatorischen Protestbewegungen des frühen 16. Jahrhunderts entstandenen konfessionellen Antagonismen und damit verbundenen politischen Konflikte waren, die die

Prägung des Begriffs «Religions-Krieg» provozierten. Dies legt die Vermutung nahe, dass mit der Durchsetzung des frühneuzeitlichen konfessionsneutralen Vernunft- und Naturrechts und dem Vordringen aufklärererischer Rationalitätskonzepte zunehmend die ideenpolitische Plausibilität des Begriffs schwand.

Mit der Kritik der Aufklärer an konfessioneller Dogmatik und der autoritären Reduktion des Christlichen auf Kirchenlehre sowie mit ihren dezidiert überkonfessionellen Toleranzidealen verband sich dann ein Verständnis von Religion, das Vorstellungen, man dürfe um des Glaubens willen legitim Krieg führen oder gar Andersgläubige mit Gewalt zum wahren (eben dem eigenen) Glauben bekehren, als ebenso unsittlich wie religionsfeindlich, reinen Herzensglauben verkennend delegitimierte. In ihren Wörterbüchern und Lexika lehnen die Aufklärer ein Recht auf Religionskrieg mehr oder minder deutlich ab. So skizziert Wilhelm Traugott Krug, der politisch frühliberale Nachfolger Kants auf dem Königsberger Philosophie-Lehrstuhl,[30] im «Kriegs»-Artikel seines *Allgemeinen Handwörterbuchs der philosophischen Wissenschaften* eine Kriegstypenlehre, die den Religionskrieg als unsittlich ausschließt: «Noch ungerechter aber sind *Religionskriege*, weil es ganz und gar wider Vernunft und Gewissen ist, mit Waffen über die Religion zu streiten oder Andern eine Religionsform aufzuzwingen.»[31]

In begriffshistorischen Perspektiven jedoch lässt sich die Rede vom «Religionskrieg» nicht auf die Frühe Neuzeit einschränken. Denn immer wieder finden sich im 19. und 20. Jahrhundert Stimmen, die gewalttätige Gegenwartskonflikte, aber auch die «Kulturkämpfe» um die sozialmoralischen Grundlagen des Gemeinwesens als «Religionskrieg» bezeichnen.

5. Heiliger Krieg und Dschihad

In den religionspolitischen Debatten der Gegenwart wird die Vorstellung des «Heiligen Kriegs» immer wieder mit den Kreuzzügen verknüpft. Zahlreiche neuere Studien, streng wissenschaftliche Monographien ebenso wie populärwissenschaftliche Einführungen und religionspolitisch motivierte Kampfschriften, stellen die Kreuzzüge als epochalen Musterfall eines «Heiligen Krieges» vor – geführt aus rein oder zumindest primär religiösen Motiven gegen Andersgläubige, die die Heiligen Stätten der Christen okkupiert und damit gegen Gottes bindendes Gebot verstoßen hätten.[32] In den entsprechenden päpstlichen Dokumenten, vor allem Urbans II., oder in den Selbstzeugnissen von Kreuzfahrern lässt sich die Rede vom «bellum sacrum» aber nicht nachweisen. «Bellum sacrum» ist kein Quellenbegriff des 11. bis 13. Jahrhunderts. Erst im 16. Jahrhundert lassen sich Belege dafür finden, dass christliche Theologen und Historiker die Kreuzzüge als «bellum sacrum» bezeichnen, und 1619 veröffentlichte der katholische Humanist, Kontroverstheologe und Polemiker Kaspar Schoppius ein *Classicum Belli Sacri*,[33] in dem er entschieden zum militärischen Kampf gegen die protestantischen Ketzer aufrief. «Bellum sacrum» gewann hier also den Bedeutungsgehalt «Ketzerkrieg» oder «Konfessionskrieg».

Das englische «Holy War» lässt sich seit spätestens 1682 nachweisen. John Bunyan (1628–1688), der Verfasser von *The Pilgrim's Progress*, veröffentlichte 1682 die Allegorie *The Holy War, made by Shaddai upon Diabolus, for the regaining of the metropolis of the world. Or, the losing and taking again of the town of Mansoul*. Der «heilige Krieg» wird hier zunächst als ein elementarer innerpsychischer Kampf zwischen Christus und Teufel, Erlösungskraft und Sündenmacht gesehen. Bunyans *The Holy War* erlebte zahlreiche Auflagen,[34] und schon 1694 erschien in Hamburg eine erste deutsche Fassung.[35] Weitere deutschsprachige Drucke folgten, und das gesamte 19. Jahrhundert hindurch lassen sich immer wieder populäre Neuausgaben in diversen Verlagen der Erweckungsbewegung nachweisen. Auch im frühen 21. Jahrhundert wird der Erbauungsklassiker in evangelikalen Kreisen weiter viel gelesen.[36]

Es soll nun weder behauptet werden, dass Bunyan es war, der die Formel «Holy War» prägte, noch die deutsche Tradition der Rede vom «Heiligen Krieg» auf die Bunyan-Übersetzung von 1694

zurückgeführt werden. Dazu war die Metaphorik vom Seelen-
kampf und der innerpsychischen Entscheidungsschlacht zwischen
dem Herrn und dem Antichristen gerade in der puritanischen
Glaubensliteratur und speziell unter den diversen Nonkonfor-
misten viel zu stark präsent. Und auch in den verschiedenen Re-
formgruppen des deutschen Pietismus ist die Vorstellung vom
«Bußkampf», «Herzenskampf» und «Heiligungskampf» so allgegenwärtig, dass der «Heilige Krieg» auch hier möglicherweise eine
genuin religiöse, auf den Kampf gegen den eigenen alten Adam
bezogene Vorstellung war, bevor sie dann religionspolitisch ge-
fasst, als realer Krieg gedeutet wurde.

Für den «Heiligen Krieg» in deutscher Sprache ist in den letzten Jahren mehrfach die These vertreten worden, dass die Formel
im Kontext der antinapoleonischen Freiheitskriege geprägt wurde.
Der Theologe Hans-Richard Reuter erklärt im einschlägigen Artikel des neuen «Handwörterbuchs für Theologie und Religionswissenschaft» *Religion in Geschichte und Gegenwart:* «Der Terminus
hl. K. kommt im dt. Sprachgebrauch erst bei den Dichtern der
antinapoleonischen Freiheitskriege (1813/14) auf»; dafür verweist
er auf «E. M. Arndt u. a.», ohne freilich diese anderen zu benen-
nen.[37] Carsten Colpe hat 1994 in seinem großen Essay über den
«Heiligen Krieg» für das Deutsche die These vertreten: «Der
wissenschaftliche, deutsche und weitgehend auch internationale
Sprachgebrauch, mit dem ein Krieg ‹heilig› genannt werden kann,
besteht vom Anfang unseres Jahrhunderts bis heute. Der poli-
tisch-vaterländische Gebrauch, mit dem ein Krieg als heilig gewollt oder in Anspruch genommnen wird, hatte einen Vorläufer
in den antinapoleonischen Freiheitskriegen zu Beginn des 19. Jahrhunderts, kam im Ersten Weltkrieg neu auf, nahm dann auffällig
ab und wurde dann im Zweiten Weltkrieg vereinzelt, aber durchaus von repräsentativer Seite wiederbelebt.»[38]

Beide begriffshistorischen Thesen sind falsch. Zwar gewinnt
der «Heilige Krieg» im Kampf gegen Napoleon für viele preußisch-
«patriotische» und «teutsche» Dichter, Denker und Pastoren hohe
Faszinationskraft. Doch wird die Mobilisierungsformel keines-

wegs erst nach 1800 geprägt, sondern lässt sich zumindest vereinzelt schon im ausgehenden 18. Jahrhundert nachweisen. So deutet
Friedrich Schiller 1790 in seiner *Universalhistorischen Uebersicht
der merkwürdigsten Staatsbegebenheiten zu den Zeiten Kaiser Friedrichs* den Krieg als Heiligen Krieg.[39] Auch der junge Schleiermacher kennt in seinen zunächst anonym publizierten «Reden»
Über die Religion 1799 den «Heiligen Krieg», in der Fünften Rede
«Ueber die Religionen», und zwar mit Blick aufs Christentum.
«Ich bin nicht gekommen Friede zu bringen sondern das Schwerdt,
sagt der Stifter desselben; und seine sanfte Seele kann unmöglich
gemeint haben, dass er gekommen sei jene blutigen Bewegungen
zu veranlassen, die dem Geiste der Religion so völlig zuwider sind,
oder jene elenden Wortstreite die sich auf den todten Stoff be-
ziehn, den die lebendige Religion nicht aufnimmt; nur diese heiligen Kriege, die aus dem Wesen dieser Lehre nothwendig entstehen, und die oft eben so herbe, wie er es beschrieben, die Herzen
von einander reißen, und die inigsten Lebensverhältnisse fast auflösen; nur diese hat er vorausgesehn, und indem er sie voraussah,
befohlen.»[40]

Zur schnellen Durchsetzung des «Heiligen Krieges» tragen
dann allerdings die antinapoleonischen «Befreiungskriege» entscheidend bei. Schon die Französische Revolution war von deutschen protestantischen Theologen und schreibenden Frommen in
Tausenden von Glaubenstexten – Predigten, Traktaten, Zeitgeist-
fibeln, Journalartikeln und gedruckten Reden – als ein religiöses
Ereignis gedeutet worden, entweder als apokalyptischer Aufstand
der antikirchlich Freiheitstollen gegen den gottgewollten Schöp-
fungsordo oder als eine tendenziell christlich legitime Realisierung
der Freiheit von Gottes vornehmstem Geschöpf.

In den höchst erregt ausgetragenen religiös-theologischen
Kontroversen über die Französische Revolution wird «heilig» gera-
dezu inflationär gebraucht. Die Revolution, so lässt sich zugespitzt
sagen, setzt bei ihren Akteuren ebenso wie bei ihren Gegnern eine
Sakralisierungsdynamik politischer Leitbegriffe in Gang. Grundbegriffe der idealen politischen Ordnung, das heißt der jeweils als

sittlich gut verkündeten und tatkräftig beschworenen politischen Ordnung, werden mit religiösem Sinngehalt aufgeladen oder, anders formuliert, altehrwürdige religiöse Vorstellungen und Begriffe fundamentalpolitisiert, in Theopolitik transformiert. Sie alle werden nun zum Gegenstand heftigsten ideenpolitischen Streits, etwa zwischen frühliberalen protestantischen Konstitutionalisten und zumeist römisch-katholischen Theoretikern von Restauration und Gegenrevolution. Hier wie dort dient die forcierte Theologisierung des politischen Meinungskampfes dazu, das eigene Ordnungskonzept zu sakralisieren, als gottgewollt zu erweisen.

Dass gerade die preußisch-deutschen Dichter der Freiheitskriege den Kampf gegen Napoleon enthusiastisch und emphatisch zum «Heiligen Krieg» verklärten, lässt sich an zahlreichen Beispielen verdeutlichen. Theodor Körner dichtete «Es ist kein Krieg, von dem die Kronen wissen / Es ist ein Kreuzzug, 's ist ein Heiliger Krieg!»,[41] und Friedrich Ludwig Jahn erklärte 1813: «Die künftige Zeit wird Kriege um Völkerscheiden erleben, aber es werden heilige Kriege sein»;[42] besonders emphatisch, richtiger wohl: nationsfanatisch, feierte Ernst Moritz Arndt den Waffengang gegen die Revolutionsfranzosen als Chance zur Gottesbegegnung besonders intensiver Art. «Frischauf zum heilgen Streit!», heißt es etwa 1813 im ersten der *Ermunterungslieder vor der Schlacht*, «denn wir ziehn in den heilgen Krieg».[43] Aus diesem Motivarsenal politisch-patriotischer Kampf-und-Blut-Rhetorik bedienten sich deutsche Dichter und Intellektuelle dann das ganze «lange» 19. Jahrhundert hindurch.

Die sich im politischen Debattenraum rasch durchsetzende Formel vom «Heiligen Krieg» wandert bald auch in die Expertendiskurse der Historischen Kulturwissenschaften ein. Ein besonders prominentes Beispiel ist die Alttestamentliche Exegese, wie sie damals weltweit führend vor allem in den Evangelisch-Theologischen Fakultäten des deutschen Kaiserreichs betrieben wurde. «Heiliger Krieg» war im wissenschaftlichen Diskurs zunächst streng auf die griechische Antike bezogen.[44] Aber schon bald ließen die protestantischen Gottesgelehrten auch Alt-Israel Heilige

Kriege führen. Das damals führende protestantische Fachlexikon, die *Real-Encyklopädie für protestantische Theologie und Kirche*, kennt in seiner zweiten Auflage zwar einen eigenen Artikel «Krieg und Kriegsheer bei den Hebräern»,[45] aber hier ist nirgends vom «Heiligen Krieg» die Rede. Mehr noch: In den achtzehn dicken Bänden wird, jedenfalls nach Auskunft des 1888 erschienenen Generalregisters, niemals der «Heilige Krieg» erwähnt. Auch die erste fünfbändige Auflage des entscheidend von der «Religionsgeschichtlichen Schule» geprägten Lexikons *Die Religion in Geschichte und Gegenwart* (1909–1913) kennt keinen eigenen Artikel «Heiliger Krieg»;[46] Analoges gilt für die zwischen 1927 und 1931 erschienene und grundlegend neu bearbeitete zweite Auflage sowie die nun entscheidend von der antihistoristischen theologischen Denkrevolution der 1920er Jahre geprägte dritte Auflage, die 1957 bis 1962 erschien. Die aktuelle vierte Auflage, nun unter dem signifikant geänderten Titel *Religion in Geschichte und Gegenwart*, bietet hingegen einen eigenen Artikel «Heiliger Krieg».[47] Darin spiegelt sich eine wissenschaftshistorische Entwicklung, die en miniature die spezifische Suggestionskraft der Formel vom «Heiligen Krieg» erkennen lässt, wie sie schon 1901 der Semitist Friedrich Schwally genutzt hatte: *Der heilige Krieg im alten Israel* hieß seine Monographie, die unter Alttestamentlern, aber auch bei anderen am antiken Judentum interessierten Gelehrten wie Max Weber schnell Resonanz fand.

Dass Israels «Jahwekrieg» als ein «Heiliger Krieg» zu deuten sei, verkündete dann vor allem der überaus einflussreiche, zu geschichtstheologischer Schau neigende Alttestamentler Gerhard von Rad. In einer international höchst erfolgreichen Monographie *Der heilige Krieg im Alten Israel*[48] verdichtet er seine These, dass das Alte Israel neben profanen auch «Heilige Kriege» geführt habe, zu einer umfassenden «Theorie des Heiligen Krieges», für die drei Elemente entscheidend sind: (a) Der Krieg sei rituell inszeniert und so als eine «eminent kultische Begehung» gestaltet worden; (b) der wahre Akteur im Krieg der Menschen sei Jahwe, der Kriegsherr, selbst; (c) Israel habe seine «Heiligen Kriege» stets defensiv geführt. Nach zunächst begeistert zustimmender Rezeption setzte sich im Fach allerdings bald schon heilsame Ernüchterung durch – auch wenn sich nicht bestreiten lässt, dass Jahwe immer auch dunkle, gewalttätige Charakterzüge erkennen ließ.[49] Die als spezifisch altisraelitisch ausgegebenen Elemente der Kriegsführung und -deutung waren auch in anderen altorientalischen Kriegsüberlieferungen nachzuweisen, und die Vorstellung, dass Gott oder die Götter als Kriegsakteur(e) über Sieg oder Niederlage entscheiden, lässt sich überall in der Antike beobachten. Genannt sei nur der Elfte Gesang der Bhagavad Gita. Krishna offenbart hier, dass er bereits alle Soldaten getötet habe und Arjuna nur ein Werkzeug sei.

Aber Geschichtsfiktionen, die im wissenschaftlichen Diskurs als Forschungseinsicht verkündet werden, wirken auch dann, wenn andere, kritischere Wissenschaftler sie als erfunden erweisen. Die gelehrten Konstrukte der Religionsdeuter gerinnen spätestens dann zu ganz harten Wirklichkeiten, wenn religiöse Akteure sich ihrer bemächtigen. Genau dies war der Fall mit dem «Heiligen Krieg» des Alten Israel, wie er im modernen okzidentalen Gelehrtendiskurs zur historischen «Tatsache» hypostasiert worden war. Dass Jahwe auch heute noch «Heiligen Krieg» zur Wiedereroberung des einst seinem Volk verheißenen «Milch und Honig»-Landes gebietet, verkünden im «Heiligen Land» derzeit keineswegs nur radikal orthodoxe und auch gewaltbereite jüdische Siedler. Die gelehrte Rede vom «Heiligen Krieg» des Alten Israel hat vielmehr auch dazu beigetragen, dem modernen gewalttätigen Dschihad der Muslime Legitimität zu verschaffen.

Wohl niemand vermag derzeit zu sagen, wann im europäischen Gelehrtendiskurs Dschihad erstmals als «Holy War» oder «Heiliger Krieg» übersetzt wurde. Aber es gilt zu betonen: «Die Wortverbindung ‹Hl. K.› ist eur. Ursprungs; es gibt dazu in den Islamsprachen keine genaue Entsprechung».[50] In der ursprünglichen Bedeutung steht Dschihad für «Sich-Abmühen», «Bemühung», auch «Anstrengung» und verweist somit auf einen spirituellen Akt des Frommen, das Sich-Abmühen auf dem Pfade Gottes.

Früh schon nahm es die Bedeutung des kriegerischen Kampfes gegen die Ungläubigen an,[51] unterlag in den konfliktreichen Modernisierungsgeschichten islamischer Gesellschaften dann aber vielfältigem Bedeutungswandel. Als sich die britischen Militärs in Indien seit den 1860er Jahren massiven Protesten und Aufständen konfrontiert sahen, deuteten sie, belehrt von klugen Religionsgelehrten aus Oxford und Cambridge, dies bei den Muslimen als Folge einer Dschihad-Mentalität, eben als islamischen *Holy War*. In ideenpolitisch äußerst spannenden Austauschprozessen – hier lässt sich die gern beschworene west-östliche und ost-westliche Hybridisierung wirklich en detail beobachten – nahmen muslimische Religionsintellektuelle nun Elemente der lateinisch-christlichen *Bellum-iustum*-Überlieferung auf und verstanden den Dschihad in diesem begrifflichen Rahmen als einen legitimen Verteidigungskrieg.[52] Der Dschihad konnte und kann aber auch für die Durchsetzung nationaler und ökonomischer Interessen oder zur Hebung der Arbeitsmoral und des Wohlstands der frommen Massen funktionalisiert werden. Der frühere tunesische Präsident Habib Bourgiba etwa erklärte zu Beginn des Ramadans: «Arbeitet, und wenn ihr ins Paradies gelangen wollt und in die Nähe Gottes, arbeitet noch eine weitere Stunde, meldet euch freiwillig für die Gabe einer zusätzlichen Stunde. … Dies ist heiliger Krieg, ebenso wie der Kampf mit dem Schwert.»[53]

Andere modernisierten den Dschihad, indem sie ihn ganz im Sinne der mystischen Bußkampf-Überlieferungen entpolitisierten und den Kampf mit dem eigenen alten Ich, das Streben nach Tugend und gottnah reinem Herzen, zum «größeren Dschihad» stilisierten. Die hochmodernen islamistischen Protestbewegungen sehen darin eine fatale religionspolitische Privatisierung der Dschihad-Überlieferungen, die nur der prowestlichen Appeasement-Politik ihrer korrupten autoritären Regierungen und westlicher, vor allem von den USA betriebener kapitalistischer Überfremdung Vorschub geleistet habe. Doch wie auch immer muslimische Akteure derzeit die koranischen Dschihad-Überlieferungen und die einschlägigen Rechtstraditionen deuten und fortschreiben: Wo Dschihad als *Holy War* oder Heiliger Krieg gedeutet wird, nimmt man eine genuin westliche, zunächst europäische Überlieferung auf, deren Ursprünge – und «Ursprung» oder «Anfang» ist immer auch eine Legitimationsinstanz und -quelle – die modernen christlichen Gottesgelehrten und ihre Religionshistoriker im ganz Alten Israel verortet hatten. Doch wenn Jahwes gute Altjuden Heiligen Krieg als besonders fromme Tat führen durften, warum dann nicht auch Allahs tugendstrenge Gegenwartsmuslime? In dem als Heiliger Krieg legitimierten gewalttätigen Dschihad radikaler Islamisten ist «der Westen» nur mit seiner eigenen Religions- und speziell auch Glaubensideengeschichte konfrontiert. Man kann das natürlich auch verdrängen und glaubt dann bald, dass der «Heilige Krieg» allein ein Kennzeichen des Islam sei. Im neuen *Lexikon für Theologie und Kirche*, dem bei Herder erscheinenden lexikalischen Flaggschiff des deutschen Katholizismus, findet sich auch ein Artikel «Heiliger Krieg». Aber hier wird nur noch der Dschihad behandelt.

6. Vom Ersten Weltkrieg zum *Virtual Jihad*

Carsten Colpe hat gezeigt, dass im 19. und 20. Jahrhundert ganz unterschiedliche Kriege zu «Heiligen Kriegen» sakralisiert wurden und es höchst gegensätzliche politische Akteure waren, die ihre Kriege mit religiösem Transzendenzgehalt aufluden. Die friedensfreundliche Vorstellung, dass nur «frühere Epochen heiligen Krieg als sakrale Handlung» deuteten, die Zeitgenossen ihn «in der Gegenwart aber als gewaltsame Zusammenfügung und als untragbaren Widerspruch» ablehnen, ist realitätsblind.[54] Zwar war der Erste Weltkrieg gewiss kein «Religionskrieg». Aber indem er gerade von den schreibenden Klassen – Dichtern, Journalisten, Professoren, Intellektuellen – als ein «Kulturkrieg» um konkurrierende Ideen von Freiheit und sozialer Ordnung geführt wurde, gewann er einen legitimatorischen Überschuss, der dann immer auch in religiöser Symbolsprache artikuliert werden konnte. Die

Rektoren und Senate der bayerischen Universitäten appellierten an die akademische Jugend: «Kommilitonen! Die Musen schweigen. … [Es] entbrennt aufs Neue der Furor Teutonicus. Die Begeisterung der Befreiungskämpfe lodert auf, der heilige Krieg bricht an.»[55] Und Ernst Borkowsky veröffentlichte 1915 eine mehrfach aufgelegte Kampfschrift *Unser Heiliger Krieg;* Bert Brecht las sie im Schuljahr 1915/16 im Augsburger Gymnasium.[56] «Wenn wir nicht das Recht und das gute Gewissen auf unserer Seite hätten, wenn wir nicht die Nähe Gottes empfänden, der unsere Fahnen entrollt und unserem Kaiser das Schwert zum Kreuzzug, zum heiligen Krieg in die Hand drückt, dann müssten wir zittern und zagen», heißt es 1915 in einem Sammelband *Deutsche Theologen über den Krieg.*[57] Und ebenfalls 1915 veröffentlicht Reverend John Adams, ein prominenter Pfarrer der United Free Church of Scotland, einen Kampftraktat *The Great Sacrifice, or the Altar-fire of War*, in dem die Vernichtung von Deutschen als heilige Handlung pathetisiert wird.[58]

Moderne Kriege als «Kreuzzüge» zu legitimieren, lässt sich bei den Nationalsozialisten ebenso wie bei ihrem Kriegsgegner USA beobachten; Kreuzzugsrhetorik stellt im 20. Jahrhundert eine entscheidende Konstante in den Kriegsreden der amerikanischen Präsidenten dar. Mao Tse-Tung verknüpft die Suggestionsformel «Heiliger Krieg» 1938, im Kampf gegen die Japaner, dann mit der im Ersten Weltkrieg von den Briten formulierten Rechtfertigung, sie führten einen Krieg «to end all wars»: «Unser Krieg ist ein heiliger, gerechter und fortschrittlicher Krieg für den Frieden – für den Frieden nicht nur in einem einzigen Land, sondern in der ganzen Welt, und nicht nur für eine kurze Frist, sondern für alle Zeiten.»[59] Aber auch viele antikoloniale Befreiungsbewegungen führten ihre Kriege unter «heiligen Fahnen». Ho Tschi-Minh erklärt im April 1967 vor der (Nord-)Vietnamesischen Nationalversammlung: «Die amerikanischen Aggressoren zu bekämpfen, um das Vaterland zu retten, das ist im Moment die geheiligte Pflicht eines jeden vietnamesischen Patrioten.»[60] Und im Palästinaschwur der arabischen Flüchtlinge aus dem Jahre 1948 heißt es: «Palästina ist unser Heimatland, die Rückkehr ist unser Ziel. Der heilige Krieg ist unser Weg. … Der Tod wird uns nicht schrecken, Palästina ist unser, unser, unser. … Wir rufen Allah und die Geschichte zu Zeugen an, dass wir unser Blut hingeben wollen, um dich zurückzugewinnen».[61] Auch im Ersten und Zweiten Golfkrieg redeten alle Kriegsparteien davon, sie führten einen «Heiligen Krieg». Und man muss derzeit nur in die virtuellen Realwelten des *world wide web* gehen, um Tausende von Belegen dafür zu finden, dass alle möglichen Akteure in den Kulturkämpfen der Gegenwart sich als Gotteskrieger im «heiligen Kampf» sehen.

Ein an der Universität Wien durchgeführtes Forschungsprojekt über «Jihadism online» untersucht nicht nur islamistische Propaganda-Videos im Netz, sondern auch die vielen realen Gefahren, die der *Virtual Jihad* erzeugt: die transnationale Kommunikation von Hass in den Chatrooms von Dschihadisten, die sich noch niemals realiter, von Angesicht zu Angesicht begegnet sind, aber wechselseitig dazu ermutigen, endlich «echte Gotteskämpfer» zu werden. Auch hoffen die Wiener Religionsforscher um Rüdiger Lohlker, besser verstehen zu lernen, wie junge Männer im Netz dazu motiviert werden, «den Westen» zu hassen und in seinen urbanen Zentren Andersdenkende zu beleidigen, anzugreifen oder gar zu töten. Zudem geht es hier um die Anwerbung von Kämpfern in Europa, die dann nach Syrien in den «Heiligen Krieg» ziehen, sowie den Einsatz von Mobiltelefonen beim Zünden von Autobomben.[62] Auch in diversen anderen Forschungsprojekten zur globalen Gegenwartsreligion hat sich gezeigt: Im Internet kann man nicht nur konkrete Morddrohungen mit Anleitungen zum Bau von Bomben, sondern in den *jihadi fora* auch Hunderte von Links zu Fatwas von Hasspredigern, zu Videos mit den widerlichen Bildern der Misshandlung und Demütigung irakischer Gefangener durch US-Soldaten und -Soldatinnen in Abu Ghraib, zu phantastischen Szenarien der «Auslöschung» des Staates Israel und, horribile dictu, zur prägnanten Anleitung terroristischer Akte finden. Die Mitglieder der «Sauerland-Gruppe» sind für diesen *Virtual Jihad* ein gerade mit Blick auf Deutschland wichtiges Beispiel: In ihren Verhören durch die Polizei haben sie behauptet, dass ihre «Selbstradikalisierung» vor allem durch tagelanges «Surfen im Netz» stattgefunden habe.

Je moderner die Moderne, desto «heiliger» ihre Kriege. Dies hat viel mit einem modernitätsspezifischen «Strukturwandel der Öffentlichkeit» (Jürgen Habermas) zu tun. Immer schon mussten Kriege begründet, gerechtfertigt werden. Das geschah mit *Bellumiustum*-Argumenten, aber auch mit ideenpolitischen Zielsetzungen und angeblich unausweichlichen politischen Zwängen. Zugleich wurde sehr oft auch nach religiöser Legitimation gesucht. Denn in den Symbolsprachen der Religion kommt «jenes transempirische ‹Mehr› bei der Sinngebung von Krieg und Frieden»[63] ins Spiel, das sich allein in Transzendenzcodes erschließen lässt. Mit der Moderne seit 1800 hat sich religiöse Kommunikation tiefgreifend verändert. Auf modernen pluralistischen, konkurrenzbestimmten «Religionsmärkten» sind Sinngüter aller möglichen Art, etwa heilige Zeichen, uralte Riten, Heilsvorstellungen und religiöse Sprachmuster, für jedermann zugänglich geworden. Hier lässt sich alles mit allem immer neu verknüpfen und rekombinieren, im konfliktreichen diskursiven Dauerspiel von «Attraktion und Repulsion» (Hegel), Rezeption und Abgrenzung. «Das Heilige», einst der Inbegriff des auratisch Unverfügbaren, ist unter religiösen Marktbedingungen zu einem Heilsgut geworden, das zahllose Glaubensanbieter effizient vermarkten und einer wachsenden Zahl von Konsumenten zugänglich machen. Im *theatrum mundi* der Gegenwartsmoderne kann jeder Akteur sich seinen eigenen Gott wählen (oder auch entwerfen), sich als «Heiliger» ausstaffieren und überlieferte religionssemantische und symbolische Bestände funktional, für je eigene aktuelle Bedürfnisse reformulieren: Identitätsgewinn durch Selbstsakralisierung. Auch für höchst weltliche Zwecke braucht man «Alliierte im Himmel», und für den Krieg gilt dies in besonders starkem Maße: Er konfrontiert mit dem Außeralltäglichen, und deshalb erzeugt er außerordentlichen Sinndeutungsbedarf. Solange Menschen auf Sinn angewiesen sind, werden sie ihre Kriege auch als «Heilige Kriege» führen.

Man darf sich nur nicht weismachen lassen, dass der Krieg als solcher heilig sei. Es sind Menschen, die ihn sakralisieren, weil sie absolute Sinnlosigkeit nicht zu ertragen vermögen. Doch sobald sie in ihren «Heiligen Krieg» gezogen sind, glauben sie an ihre eigenen Sakralitätsfiktionen.

7. Religiöse Kriegslandschaften in Pakistan

Wohl nie zuvor, auch im dreißigjährigen Konfessionskrieg des frühneuzeitlichen Europa nicht, wurden vergleichbar viele Kriege auch aus Glaubensgründen oder mit religiöser Selbstlegitimation geführt wie in der Gegenwart. Muslime ermorden im Namen Allahs oder des Propheten andere Muslime – dies tun sie derzeit vor allem in Afghanistan, Pakistan, Syrien, Libyen, Tunesien, Ägypten und im Irak – sowie verhasste Juden und Christen; nationalistisch erregte Hindus töten Muslime und Christen; buddhistische Mönche rufen zur Ermordung von Muslimen auf; orthodoxe Christen machen gegen Katholiken militärisch mobil – und japanische Tat-Apokalyptiker wie Ōmu Shinrikyō, eine 1989 von der Präfektur Tokio als Religionsgesellschaft rechtlich anerkannte und primär von jungen Akademikern getragene neureligiöse Bewegung,[64] wollen das von ihnen erhoffte baldige Ende der Welt herbeizwingen, indem sie Tausende von Menschen in Tokios U-Bahn mit Sarin vergiften – was, Gott sei Dank, durch Fehler der fanatisierten Experten verhindert wurde; es kamen am 20. März 1995 «nur» – jeder (jede) einzelne ist zuviel und steht für zerstörte Familien und traumatisierte Freunde – dreizehn Menschen ums Leben. 6200 Personen wurden verletzt, darunter siebenunddreißig sehr schwer. Und man darf nicht vergessen: Die führenden Aktivisten von Ōmu Shinrikyō, die sich in Japan auf rund 10 000 Mitglieder und in Rußland auf gut 30 000 Mitglieder stützen konnten, haben in den frühen 1990er Jahren versucht, in der zerfallenden UdSSR Atomwaffen zu kaufen. Aktuelle Zahlen zu religiös motivierter oder begründeter Gewalt lassen erschrecken:

Nach Berichten der UN-Flüchtlingsorganisation UNHCR sind allein im Irak von Januar bis August 2013 über 4000 Menschen durch Selbstmordattentäter und Autobomben ums Leben gekommen. In Afghanistan wurden zwischen Januar und Ende Juni 2013 1300 Zivilisten durch Selbstmordattentäter, Autobomben und Sprengfallen ermordet. In den zwölf Monaten zwischen dem Regierungsantritt Mohammed Mursis am 30. Juni 2012 und seiner Verhaftung durch das Militär am 3. Juli 2013 sind von den Anhängern der Muslimbruderschaft in Ägypten siebenunddreißig koptische Kirchen in Brand gesetzt worden. Auf mehrere andere Kirchen wurden während der Gottesdienste Bombenattentate verübt und so Hunderte von Gläubigen, darunter auch viele Frauen, Kinder und Jugendliche verletzt oder umgebracht.

Um Dynamiken des «Heiligen Krieges» zu verstehen und «Landscapes of the Jihad» (Faisal Devji) nachzeichnen zu können,[65] lohnt sich ein Blick nach Pakistan, ein Land mit gut 170 Millionen Einwohnern. Zunächst eine kurze Skizze der äußerst konfliktreichen religiösen Lage. Bei der letzten Volkszählung im Jahre 1998 wurden über 96 Prozent der Bevölkerung als Muslime erfasst. Der Begriff ist aber irreführend. Denn genau besehen gibt es in der Islamischen Republik Pakistan eine hohe Vielzahl ganz unterschiedlicher islamischer Akteure und Bewegungen, die sich zum Teil mit extremer Aggressivität und hoher Gewaltbereitschaft bekämpfen. Da in der westlichen Presse zumeist nur Berichte über größere Terrorakte mit hohen Opferzahlen erscheinen, werden Ausmaß und Intensität sektiererischer Gewalt oft unterschätzt.

Die im Folgenden genannten Zahlen gehen teils auf staatliche Erhebungen, teils auf Selbstmitteilungen religiöser Akteure zurück. Rund 75 bis 80 Prozent der Muslime sind Sunniten und 15 bis 20 Prozent Schiiten. Auch dies aber sind nur Oberbegriffe, hinter denen sich eine äußerst spannungsreiche Vielfalt miteinander konkurrierender, einander befeindender Akteure verbirgt. Unter den Sunniten sind die Barelwis mit etwa 70 Prozent die größte Gruppe. Weiterhin verstehen sich die Deobandis – sie machen

20 Prozent aus – sowie Ahl-i Hadtith mit rund 5 Prozent als Sunniten. Die Anhänger der Dschamaat-e Islami vertreten einen genuin modernen, stark politisierten sunnitischen Islam mit der theokratisch antiliberalen Forderung, alle politischen Institutionen und speziell das Rechtssystem allein an Koran und Scharia zu orientieren.

Rund 30 Millionen Pakistaner sind Schiiten. Nach dem Iran lebt in der Islamischen Republik Pakistan also die zweitgrößte schiitische Bevölkerung überhaupt. Doch auch hier gibt es hohe interne Differenzierung. Zu unterscheiden sind insbesondere die Zwölfer-Schiiten, die die Mehrheit bilden, und die Ismailiten.

Folgt man den Publikationen des Münsteraner Indologen und Religionswissenschaftlers Thomas Gugler, so hat sich die religiöse Landschaft Pakistans seit den Teilungskriegen von 1946/47 folgenreich verändert. 1947 gab es in Pakistan lediglich 137 Madrasen, 1960 401, 1971 893. Zwischen 1977 und 1988, in den Jahren der Militärdiktatur unter Zia ul-Haq verdoppelte sich die Zahl der Madrasen auf mehr als 1745. Im Zusammenhang des Dschihads gegen die Sowjets in Afghanistan wurden zahlreiche weitere Koranschulen neu gegründet. Sie dienten teils zur Rekrutierung junger gläubiger Männer für den Krieg in Afghanistan, teils zur Abschottung gegen Einflüsse aus dem Iran, in dem wegen Ayatollah Khomeinis Iranischer Revolution von 1979 nun viele junge Muslime ein Modell für eine erfolgreiche religiöse Neubegründung politischer Institutionen und gesellschaftlicher Verhältnisse sahen. Andererseits nahmen viele sunnitische Gelehrte die politisch-religiösen Entwicklungen im Iran mit großer Sorge wahr. Es kam zu zahlreichen Konflikten zwischen Deobandis und Schiiten. Dazu trug auch die von Zia ul-Haq forcierte Politik der gezielten «Sunniisierung» der Verfassung und des Justizsystems bei. «Zia ul-Haqs Förderung der Deobandi-Orthodoxien vermischte sich effektiv mit den radikalen Ideen der *dschihadi*-Literatur aus Afghanistan, die nur leicht entschärft Einzug in das formale Bildungssystem fanden. Insbesondere diese Islamisierung der Bildungsinstitutionen erzeugte ein sektiererisches Massenbewußtsein, das die

Einzugsbereiche der Koranschulen klar überschritt. Das staatliche *Awqaf*-Department, das als ‹fromme Stiftung› Umverteilungsprozesse aus Stiftungsgütern wie z. B. Grundbesitz zugunsten von Moscheen und anderen religiösen Wohlfahrtsinstitutionen abwickelt, bevorzugte Absolventen von den Schulen der Deobandi-Dachorganisation *Wafaq al-Madaris*. Dies führte dazu, dass Hunderte von Barelwi-Moscheen auf dem Verwaltungsweg ‹deobandisiert› wurden»[66] – mit der Folge der schnellen Verschärfung der innermuslimischen Auseinandersetzungen zwischen diversen sunnitischen Akteuren und den Schiiten, die im Staat nun primär einen sie unterdrückenden Feind sahen. Die Eröffnung zahlreicher vom Iran finanzierter und für ihn werbender iranischer Kulturzentren trug auf beiden Seiten erheblich zur Radikalisierung bei. Die Schiiten gründeten 1979 die *Tahrik-e Nifaz-e Fiqh-e Dschafariya* bzw. «Organisation zur Implementierung der Rechtsschule des Dschafar», die sich seit 1985 immer wieder für Attentate auf Repräsentanten des Staates und Terroranschläge gegen andersgläubige Muslime verantwortlich erklärte. Dagegen machten die Deobandis in der 1985 gegründeten SSP, der *Sipah-e Sahaba Pakistan*, der «Armee der Prophetengenossen in Pakistan», mobil. Die Prophetengenossen schützten sich vor den bösen Einflüssen und der Kritik der Schia, indem sie gegen diese militärisch vorgingen. Ihre rund 6000 bewaffneten Aktivisten gelten als verantwortlich für über 1200 Anschläge auf Schia-Aktivisten, lokale Politiker, auch Richter. Es gibt zahlreiche Belege dafür, dass Funktionsträger der SSP immer wieder mit Al-Qaida-Aktivisten kooperierten. Abu Zubaydah, ein ranghohes Mitglied im Führungszirkel von Al-Qaida, wurde nach dem 11. September in einem Haus der SSP verhaftet. Kämpfer der kleinen, 1996 aus der SSP gegründeten militanten Gruppe *Lashkar-e Jhangvi*, «Armee Dschangs», töteten im November 2010 zwanzig Menschen, als sie einen mit Sprengstoff beladenen Lastkraftwagen in das Anti-Terrorist Police Department in Karatschi fuhren – wohl um Al-Qaida-Kämpfer zu befreien. Auch waren die Kämpfer von *Lashkar-e Jhangvi* für die Ermordung des iranischen Diplomaten Sadiq Ganji in Lahore und einen Anschlag auf pakistanische Militäreinrichtungen besuchende iranische Luftwaffenkadetten verantwortlich. Die Liste ihrer grausamen Taten ist lang: Attentate auf Busse, Bombenanschläge auf die International Protestant Church in Islamabad 2002, Angriffe auf die Cricket-Nationalmannschaft Sri Lankas 2009, die Ermordung von sechsundzwanzig schiitischen Pilgern auf ihrem Wege in den Iran 2011 – und 2013 erklärte sich die fromme Terrorgruppe allein für vier größere Terroranschläge mit mehr als 230 Toten und Hunderten von Verwundeten verantwortlich. All diese militanten Glaubensorganisationen operieren keineswegs im Geheimen. Sie präsentieren sich im Netz, wo sie für ihre Ideen werben, und richten eigene Seiten zur Herabsetzung ihrer Glaubensgegner ein – auf die man allerdings nur gelangt, wenn man per Mausklick die definitive Unüberbietbarkeit und Endgültigkeit des Prophetentums Muhammads anerkennt.

Um die innermuslimischen Distinktionskämpfe in Pakistan zu verstehen, muss kurz die 1889 in Britisch-Indien entstandene Reformbewegung der Ahmadiyya erwähnt werden.[67] Die von Mirza Ghulam Ahmad begründete Bewegung, die 1901 von der britischen Kolonialverwaltung unter dem Namen «Ahmadiya Musalmans» in die amtlichen Zensuslisten eingetragen wurde, bewahrt einerseits die Treue gegenüber den klassischen Quellen islamischen Denkens – Koran, Sunna, Hadith –, liest sie aber im Lichte der Offenbarungen Mirza Ghulam Ahmads, so wie dieser sie in seinen Schriften berichtet hatte. Durch zahlreiche missionarische Aktivitäten setzte sich die Bewegung, deren Mitglieder Ahmad einen Treueeid leisteten, vor allem in den Provinzen auf dem Territorium des heutigen Pakistan bemerkenswert schnell durch. Die meisten Ahmadiyyas sind heute deutlich gebildeter als der Rest der pakistanischen Bevölkerung. Die Bewegung ist schon seit den 1920er Jahren auch in Europa aktiv und behauptet, in der Bundesrepublik derzeit über dreißig Moscheen und gut siebzig Gebetszentren zu verfügen. Im Herbst 2013 wurde davon berichtet, dass ein Grundstück in Leipzig, auf dem die Ahmadiyyas eine Moschee mit zwei zwölf Meter hohen Minaretten bauen wollten,

von wohl rechtsradikalen Tätern durch Holzpfähle mit Schweine-
köpfen geschändet wurde – auch ein Pfarrer und eine Pfarrerin
der evangelischen Thomaskirche, die für den Bau der Moschee
geworben hatten, wurden in Internetforen und hasserfüllten
E-Mails verunglimpft und beleidigt.

Nach eigener Auskunft hatte die Bewegung 2002 mehr als
10 Millionen Mitglieder, von denen die meisten, etwa 8,2 Millionen Gläubige, in Südostasien leben. Für die Anhänger im heutigen
Pakistan gibt es keine genauen Zahlen. Das Spektrum der Angaben reicht von 2 bis 6 Millionen. Deutlich ist jedoch, dass die
Anhänger der Ahmadiyya hier äußerst brutal verfolgt werden. In
Afghanistan wurden einige Ahmadis schon 1901 hingerichtet.
Nach der pakistanischen Staatsgründung forderten 1949 Anhänger der Dschamaat-e Islami von der Regierung, die Ahmadiyya in
einem eigenen Gesetz zu einer nichtmuslimischen Sekte zu erklären. Immer wieder gab es Ausschreitungen und Pogrome. Auf
Druck sunnitischer Akteure erklärte das pakistanische Parlament
am 21. September 1974, dass die Anhänger der Bewegung keine
Muslime seien; damit waren sie formalrechtlich den Juden, Christen, Buddhisten, Sikhs und Hindus gleichgestellt.

Durch einen Verfassungszusatz wurde ihnen verboten, sich als
Muslime zu bezeichnen, mit dem Argument, dass sie die Endgültigkeit von Muhammads Prophetentum anzweifeln. Trotz massiver Diskriminierung und nicht selten auch gewalttätiger Verfolgung – zahlreiche Ahmadiyya-Moscheen wurden geschändet und
niedergebrannt – forderten manche Religionsgelehrten von der
Regierung weitere Disziplinierungsmaßnahmen der Anhänger der
Ahmadiyya. Im April 1984 erließ Zia ul-Haq *Ordinance XX*, ein
Religionsgesetz, das eine definitive Entislamisierung dieser muslimischen Glaubensbewegung erreichen sollte. Den Ahmadiyyas
wurde verboten, den Gebetsruf zu verbreiten, ihre Gotteshäuser
Moscheen zu nennen, öffentlich den Koran zu zitieren und zu
missionieren. Auch dürfen sie sich nicht mit *salam* grüßen oder
sonstwie in Sprache, Kleidung und rituellen Handlungen zeigen,
dass sie sich als Muslime verstehen. Im Mai 1986 wurde in neuen

Blasphemiegesetzen, die sich keineswegs nur gegen die Ahmadis wandten, die Beleidigung des Propheten durch einen neuen Paragraphen im Strafgesetzbuch unter Todesstrafe gestellt. In den innermuslimischen Kriegen des zeitgenössischen Pakistan sind die Ahmadiyya-Frommen von gleich mehreren Seiten hart verfolgte Opfer. Berichtet wird von öffentlicher Steinigung von Ahmadiyya-Anhängern durch Polizeibeamte. Bei Bombenanschlägen auf zwei Moscheen der Ahmadiyyas in Lahore wurden im Mai 2010 dreiundneunzig Menschen getötet. Aber nur diese großen Anschläge finden mediale Aufmerksamkeit. Die vielen kleinen, wirklich alltäglichen Angriffe und Anschläge – hier eine Vergewaltigung, da ein Raub auf offener Straße, dort ein Mord – werden kaum noch beachtet. Und es sind eben nicht nur sunnitische Akteure ohne öffentliche Funktionen, die äußerst brutal gegen Ahmadiyyas vorgehen, sondern auch Polizisten, Mitarbeiter des Geheimdienstes, Männer aus dem Militär und sunnitische Rechtsgelehrte und Richter.

Entscheidend ist, dass diese Verfolgung der Ahmadiyya in Pakistan von anderen wichtigen muslimischen Staaten unterstützt wird. Die Wahhabiten in Saudi-Arabien haben ihrerseits die Ahmadiyya-Lehre zu einem häretischen Abfall vom Islam erklärt. Deshalb haben ihre Anhänger keine Möglichkeit, an der Pilgerfahrt nach Mekka teilzunehmen – Saudi-Arabien erteilt dazu nur Muslimen ein Einreisevisum.

Eine eigene Konfliktdynamik entwickelten auch die innersunnitischen Auseinandersetzungen zwischen Deobandis und Barelwis. Die theologischen Unterschiede zwischen diesen beiden Schulen hängen eng mit Einflüssen christlicher Theologie zusammen. Die Barelwis nehmen für ihre Deutung von Gestalt und Bedeutung des Propheten religiöse Vorstellungen in Anspruch, die einst in der altkirchlichen Christologie entwickelt wurden. Der Prophet sei schon vor der Schöpfung als göttliches Licht erschaffen worden. Auch sei er der einzig wirksame, weil allwissende und unfehlbare Mittler des Menschen zu Allah. Der Prophet werde dank seiner Allwissenheit für jeden Menschen bei Allah Zeugnis ablegen. Indem die Barelwis dem Propheten eine Mittlerrolle zuschreiben, erkennen sie ihm eigene Heilsbedeutung zu. So ist der Geburtstag des Propheten für sie ein zentraler religiöser Feiertag. Dem Propheten Heilsbedeutung zuzuerkennen und ihm übermenschliche, quasi göttliche Attribute und Kompetenzen zuzuschreiben, lehnen die Deobandis als Beeinträchtigung der transzendenten Souveränität Allahs, des einzigen Gottes, ab. All jene Einwände, die in frühen muslimischen Diskursen gegen die als Tritheismus verworfene altkirchliche Trinitätslehre und speziell den katholischen Heiligenglauben geltend gemacht wurden, werden nun auch an die Barelwis gerichtet. Sie machten sich des *shirk*, der Viel- und Fremdgötterei, schuldig. Einzig Allah dürfe angebetet werden, und es bedürfe bei Bittgebeten keines Mittlers. Umgekehrt lehnen die Barelwis jedes Leugnen der eigenen Heilskraft Muhammads als Blasphemie ab. Sie sehen in den Deobandis Ungläubige und Satanisten. Ihr wichtigster religiöser Führer, Ahmad Riza Khan Barelwi (1856–1921), rief seit 1906 in mehreren weit verbreiteten Fatwas zum Kampf gegen diese häretischen Sektierer auf und erklärte aus der Prophetenliebe heraus selektiven Hass zur Glaubenspflicht: «Unser Hass und unser Abscheu gegen die Deobandi-Gelehrten ist wegen der Unendlichkeiten ihrer Blasphemien Pflicht unseres Glaubens, und er wird lebendig bleiben, solange wir lebendig sind.»

Diese ganz tiefe Spaltung des sunnitischen Islam in Pakistan prägt folgenreich auch die politische Kultur. Die Deobandis organisieren sich politisch in der JUI, *Dschamiat-e ulama-ye Islam*, die Barelwis in der JUP, *Dschamiat-e ulama-ye Pakistan*. Immer wieder lieferten sich Mitglieder der beiden Parteien Straßenschlachten im Kampf um einzelne Moscheen. Auch haben beide Parteien paramilitärische Schutzgruppen gebildet, die nicht selten aus dem Ausland, etwa von Saudi-Arabien und den Golf-Staaten, sowie von wohlhabenden Pakistanis in Europa finanziert werden.

Auch in den mehr oder minder liberalen Demokratien Europas lässt sich immer noch religiös motivierter Hass auf Anderslebende und Andersdenkende beobachten. Die Zahl von *hate crimes* ist nach den Berichten der OSZE, der Organisation für Sicherheit und Zusammenarbeit in Europa, in den letzten Jahren in einigen europäischen Ländern wieder deutlich gestiegen. Immer wieder kann man von Angriffen junger muslimischer Männer auf Homosexuelle lesen, auch in Deutschland. Auch Antisemitismus ist, nicht zuletzt auch in Form von antijüdischen Karikaturen und Plakaten,[68] in einigen europäischen Gesellschaften noch immer weit verbreitet. In Deutschland wurden 2012 1374 Angriffe auf jüdische Personen oder Einrichtungen registriert. Das OSZE-Büro für Demokratische Institutionen und Menschenrechte hat für 2012 zudem 414 Angriffe auf Christen oder christliche Einrichtungen gemeldet. Zahlen über Angriffe auf muslimische Einrichtungen liegen nicht vor. Aber es gibt zahlreiche Berichte darüber, dass sich viele muslimische Migranten trotz Arbeit und sozialer Sicherheit nur unzureichend respektiert oder gar bewusst ausgegrenzt, marginalisiert fühlen.

VIII. Die fundamentalistische Herausforderung

Nichts bindet Menschen so sehr wie religiöser Glaube. In Zeiten schneller politischer und sozialer Veränderungen, in denen selbst wissensstolze westliche Intellektuelle unter «neuer Unübersichtlichkeit» leiden, gewinnen religiöse Lebensentwürfe deshalb erneut hohe Faszinationskraft. Der von Theoretikern gesellschaftlicher Modernisierung seit dem 18. Jahrhundert immer wieder prognostizierte «Tod Gottes», das Verschwinden des «Göttlichen» aus einer irreversibel entzauberten Welt, wird durch vielfältige Renaissancen des Religiösen konterkariert – und selbst im vermeintlich weithin entchristlichten Europa kehren vielerlei Götter in politische Arenen zurück. Die Globalisierung von Religionen führt jedoch dazu, dass sich auf den Religionsmärkten die Konkurrenz der Anbieter dramatisch verschärft. Überzeugende Erklärungsansätze für diese konfliktträchtigen Entwicklungen aber fehlen bisher. Offenkundig kultivierten die religionsdeutenden Disziplinen allzu lange eine problematische Einseitigkeit in der Themenwahl und nahmen aktuelle Veränderungsprozesse nur in Ausschnitten wahr. Islamischer Fundamentalismus etwa ist im kollektiven Bedrohungsbewusstsein westlicher Gesellschaften als Stimulans für Untergangsvisionen und Feuilletondebatten, aber auch höchst real in Büchern, Bildern und ganz alltäglichen Lebensvollzügen inzwischen allgegenwärtig. Doch wächst das Christentum in manchen Erdteilen im Moment weitaus aggressiver als der Islam, und neue harte Religion hat keineswegs nur in muslimisch geprägten Gesellschaften an Einfluss gewonnen. Auch im Christentum expandieren besonders dynamisch gerade jene Gruppen, die dank hoher Durchsetzungskraft und aufgrund ihrer klaren

Botschaften zumal viele junge Menschen an sich zu binden vermögen.

Wer diese Phänomene analysiert, gerät schnell in einen Gegensatz zu jener bequemen Missachtung alles Religiösen, die das traditionskritische Selbstverständnis vieler westlicher Intellektueller immer noch prägt. Der liberale Durchschnittsdenker verstand die Moderne als eine radikal laizistische Welt, eine Welt konsequenter Säkularisierung, in der es Religion höchstens noch in einigen Nischen als Auslaufmodell für Sinnsucher gebe. Doch konnte dieser erfahrungsresistente Irrglaube nur in den abgeschotteten Lebenswelten westlicher Intellektueller gedeihen. Auch aktuelle Debatten über religiöse «Fundamentalismen» leiden unter solch zementierten Wahrnehmungsblockaden. Fundamentalismus ist hier zumeist ein Feindbegriff, besetzt von Ängsten vor der unheimlichen Macht des Irrationalen, ein Spiegel der Sorge, dass alle freiheitlichen Errungenschaften der Aufklärung neuer religiöser Geistesknechtschaft preisgegeben würden. Moralisierender Eifer aber erweist sich als wenig hilfreich, wenn es gilt, den protestantischen Fundamentalismus und seine Erfolgsgeschichte in der Gegenwart zu verstehen.

1. Der Kampf gegen die «liberale Moderne»

Eine religiös begründete konservative Kritik an Aufklärung, liberaler Demokratie und ökonomischer wie kultureller Modernisierung durchzieht alle europäischen Gesellschaften schon seit dem späten 18. Jahrhundert. «Modernismuskrisen» erschüttern den Katholizismus im 19. Jahrhundert, und radikal antimoderne Gruppierungen verschaffen sich im polyphonen Konzert der römisch-katholischen Weltkirche bis heute immer wieder Gehör. Auch im Protestantismus ist der Kampf gegen den liberalen Zeitgeist in Theologie und Gesellschaft seit der Aufklärung nie ganz abgebrochen und belebt «neukonfessionalistische», «evangelikale», «bibeltreue» oder eben «fundamentalistische» Kreise. Insoweit ist «der Fundamentalismus» ein Phänomen, das von Anfang an zur Geschichte moderner Gesellschaften gehört. Wenig sinnvoll erscheint es daher, auch solche konfessionellen Gestalten des Christentums unter dem Begriff «Fundamentalismus» erfassen zu wollen, die nicht durch die kritische Auseinandersetzung mit der Aufklärung oder den liberalen bzw. modernistischen Reformtraditionen geprägt sind. Das heißt: Mit Blick auf die orthodoxen Konfessionskirchen sollte nicht von «Fundamentalismus» gesprochen werden, denn sie haben niemals jene christlich legitimierte Entkoppelung von Politik und Konfession bzw. Religion gekannt, die für die westlichen, vor allem protestantischen Gestalten des Christentums bestimmend geworden ist.

Der Begriff «Fundamentalismus» taucht als programmatische Selbstbezeichnung erstmals zu Beginn des 20. Jahrhunderts auf. Er entstammt einer mehrbändigen, insgesamt in drei Millionen Exemplaren aufgelegten Schriftenreihe aus den Jahren 1910–1915, die den Titel *The Fundamentals* trug und *A Testimony to the Truth* zu geben suchte. In seinen Anfängen stellte sich der christliche Fundamentalismus also nicht schlichtweg als negatives Spiegelbild zur modernen Welt überhaupt dar, sondern als eine Variante in der Auseinandersetzung mit dem religiösen Diskurs der Moderne. Einer Welt dramatisch beschleunigten Wandels wollte er die aus seiner Sicht unverzichtbaren «Fundamentalien» des christlichen Glaubens einschärfen: die Irrtumslosigkeit der Heiligen Schrift, wodurch der absolute Wahrheitsanspruch der christlichen Welt- und Lebensanschauung abschließend und vollständig dokumentiert werde; die Nichtigkeit aller Theologie und Wissenschaft, soweit sie nicht mit dem Weltbild der Bibel in Einklang ständen – das galt insbesondere für zentrale Elemente von Glauben und Lehre wie die Jungfrauengeburt Jesu als Ausdruck seiner wahren Gottheit; die leibliche Auferstehung Jesu als Akt der persönlichen Heilszueignung; schließlich die bevorstehende irdische Wiederkehr Jesu als Einspruch gegen jede illusionäre Anmaßung menschlicher Selbsterlösungsversuche. Die polemische Gesamtstoßrichtung des Fundamentalismus zielte also auf eine Abwehr der historisch-kritischen Bibelforschung, der Erkenntnisse moderner Naturwissenschaften, insbesondere in der darwinistischen Evolutionslehre, sowie allgemein der Gefahren einer theologisch-liberalen, modernistischen Auffassung des Christlichen. Im Ersten Weltkrieg setzte allmählich eine Politisierung des amerikanischen Fundamentalismus ein, die sich am Kriegseintritt der USA und ihrem Beitritt zum Völkerbund entzündete: Der geschichtstheologische Mythos von den USA als dem «Neuen Israel», dem «Kingdom of God in America», sollte in seiner höchst wirkungsvollen Schlichtheit nicht durch die Abkehr vom politischen Isolationismus gefährdet werden. Eine Folge dieser Debatte war der Zusammenschluss der fundamentalistisch orientierten Gruppen zur «World Christian Fundamentals Association» im Jahre 1919.

Mit der Gründung eines «American Council of Churches» (1941) und des gegen den Ökumenischen Rat der Kirchen gerichteten «International Council of Christian Churches» (1948) endete die Aufbauphase des protestantischen Fundamentalismus, der zunächst auf religiöse Selbstbehauptung der eigenen Position zielte. Seit Ende der 1970er Jahre trat dieser amerikanische Fundamentalismus in ein qualitativ neues Stadium ein: Es ging ihm nun um einen antimodernistischen und politisch antiliberalen Pakt derjenigen Kräfte, die der sich immer weiter ausbreitenden Gleichberechtigung ganz unterschiedlicher Lebensformen in Staat, Gesellschaft und Kultur den Kampf angesagt hatten. Dahinter stand die erklärte Absicht, mit Hilfe des Verfassungsrechts ein ehrgeiziges Programm der religiösen Rückeroberung aller Lebenssphären durchzusetzen: Statt der Anerkennung einer Eigenwelt des Politischen, die in der institutionellen Trennung von Staat und Kirche ihren Niederschlag fand, verfolgte die fundamentalistische Bewegung wertkonservative religiös-moralische Zwecke – nicht mehr durch Lobbyismus, sondern durch direkte politische Basisarbeit und gezielte Einflussnahme auf staatliche und gesellschaftliche Instanzen. Organisationen wie «Moral Majority», «Christian Voice» und «Christian Roundtable» mischten sich in die amerikanischen Kongresswahlen von 1978, zwei Jahre später auch in die Präsidentschaftswahl ein und verbündeten sich dazu mit den konservativ republikanischen Kreisen der «Neuen Rechten».

Deren Exponenten wie Pat Robertson und Jerry Falwell vertraten die Grundüberzeugungen einer wertkonservativen Sammlungsbewegung, der sie mit ihren TV-Kirchen zu breiter Resonanz verhalfen. Im Zentrum immer neuer Kampagnen standen nun die Abtreibungsfrage, der Kampf gegen die rechtliche Gleichstellung von Frauen und Homosexuellen, das Schulgebet in öffentlichen Schulen und der kreationistisch inspirierte Kampf gegen darwinistische Evolutionstheorien, die Wiederherstellung der alten Wirtschaftsmoral und der Einsatz für ein auch militärisch konkurrenzlos starkes Amerika. Doch politisch spektakuläre Aktionen waren stets nur eine unter vielen Facetten des organisierten Fundamentalismus: Jenseits der großen Medienbühnen existierte immer auch die andere Variante des fundamentalistischen Strebens nach Massenwirkung in Gestalt einer eher unpolitisch-evangelikalen, auf Bekehrung und (Wunder-) Heilung gerichteten Glaubensbewegung.

2. Die Faszination von Sicherheit und Verbindlichkeit

Alle fundamentalistischen Bewegungen gewinnen ihre Dynamik aus modernitätskritischen Impulsen und setzen dem modernen Nebeneinander beinahe beliebig vieler Wertorientierungen den Anspruch absoluter Geltung entgegen. Ihre Anziehungskraft beruht gerade darauf, dass sie ihren Anhängern einen Ausweg aus allgegenwärtigen Unsicherheitserfahrungen bieten und klare, verhaltenssichernde Normen liefern. Wie lässt sich dieses fundamentalistische Angebot an verbindlicher Wegweisung genauer beschreiben?

Zunächst ist festzuhalten: Die Modernitätskritik des protestantischen Fundamentalismus ist Kritik am Geltungsanspruch aufklärerischen Denkens. In sicherem Gespür für den säkularen Glaubensanspruch der Moderne wird diese als glaubensloser Irrweg abgelehnt. Protestantische Fundamentalisten in den USA sehen im *secular humanism* ihren Hauptgegner. Gehalten weiß sich der Fundamentalist von einer Tradition, deren Überlegenheit ihm in jeder Krise der Moderne neu bestätigt zu werden scheint. Ob der christliche «Fundamentalist» den *secular humanism* der eigenen Kultur bekämpft oder ob man sich im arabischen Fundamentalismus gegen «den Westen» als kulturelle Überfremdung immunisieren will: Es geht entscheidend um den Kampf gegen eine glaubenslose Moderne. Dies gilt für den protestantischen Fundamentalismus und dessen Berufung auf ein exklusives, wörtlich-buchstäblich verstandenes Schriftprinzip, gilt für den katholischen «Integralismus» und seine Verankerung in der Tradition der Kirche, gilt für die fundamentalistischen islamischen Bewegungen mit ihrer Berufung auf die Scharia, gilt aber etwa auch für einen radikalen feministischen Fundamentalismus mit seiner Berufung auf ein vormodernes Matriarchat.

Die je eigenen religiösen Traditionen haben für Fundamentalisten den Rang einer nicht anzuzweifelnden Autorität. Sie werden nicht in ihren geschichtlichen Entwicklungszusammenhängen verstanden, sondern gelten als durch die Zeiten hindurch unverändert, unberührt. So weiß sich der Fundamentalist in einer Welt zerfallender Gewissheit getragen von einer Autorität, die moderner kritischer Problematisierung, ja Auflösung enthoben ist. Freilich zeigt sich in der Außenbetrachtung gerade an solchem Rückgriff auf unbefragte Autorität das spezifisch Moderne des fundamentalistischen Antimodernismus. Auch der Fundamentalist ist ja nicht mehr eingebunden in die Selbstverständlichkeit überlieferter Religion. Er muss sich vielmehr unter Aufgabe modernen Kritikbewusstseins für unwandelbare Tradition entscheiden und unterscheidet sich gerade darin von seinen «vormodernen», in der fraglosen Gültigkeit von Religion lebenden Vorfahren.

Die Entscheidung für die Gewissheiten einer durch Dauer beglaubigten Tradition genügt allerdings nicht, um dem Ansturm einer chaotischen Gegenwart zu widerstehen. Fundamentalismus lebt nicht nur aus der Verankerung in der Tiefe der Zeit, sondern

benötigt immer auch die konstruierte Sicherheit eines geschlossenen Weltbildes. Das fundamentalistische Glaubenssystem soll alles
umfassen: eine Erklärung und Deutung von Welt und Kosmos,
vom Verlauf der Geschichte bis hin zu den Normen der persönlichen Lebensführung im Alltag.

Gerade diese Durchdringung der ganz alltäglichen Lebenswelt
erzwingt ein hohes Maß an Selbstdisziplinierung der Gläubigen
und stärkt so das Wir-Gefühl fundamentalistischer Gruppen.
Fundamentalismus ist gekennzeichnet durch Elitebildung: Die
Zugehörigkeit zur fundamentalistischen Gemeinde bedarf bestimmter, exklusiver Zugangskriterien. Der Fundamentalist weiß
sich der kleinen Schar der Erwählten zugehörig, die der großen
Menge der Verlorenen gegenübersteht.

Entscheidend ist die Bekehrung, die als existentielle Grund-
erfahrung auch eine lebensentlastende Bedeutung besitzt. Die
eigene Biographie gewinnt Kontur und Zentrum, wo sie auf Bekehrung hin gedeutet und strukturiert werden kann – während
andere Sicherheit stiftende Fixpunkte einer Biographie (wie Be-
rufswahl, Heirat, Familienbindung) im kulturellen Umschmel-
zungsprozess der Moderne an Bedeutung verloren haben. «Bekehrung» heißt eben in sozialpsychologischer Perspektive auch:
Wissen, wohin man in seiner eigenen Lebensgeschichte gehört.

3. Die bedrohte Kultur der Toleranz

Moderne Gesellschaften sind durch Gruppenkonflikte, In-
teressenkämpfe, soziale Gegensätze, kulturelle Fraktionierungen
und politische Parteibildung geprägt. Sie benötigen deshalb allgemein anerkannte Mechanismen, um die vielfältigen Konflikte
zwischen den Bürgern und die Verteilungskämpfe zwischen den
gesellschaftlichen Gruppen friedlich austragen zu können. Nach
klassischer liberaler Theorie ist der wichtigste Regelungsmechanismus dieser Art das formale Recht. Positives, vom Gesetzgeber for-
muliertes Recht soll für alle Mitglieder des gesellschaftlichen Ver-

bandes verbindlich sein. Um dieser Allgemeinverbindlichkeit des Rechts willen muss es auf Legitimationsmuster verzichten, die nur für einzelne Gruppen plausibel und nachvollziehbar sind. In liberalen, offenen Gesellschaften kann staatliches Recht also nicht mehr direkt religiös, etwa durch Rückgriff auf die Hebräische Bibel, das Neue Testament oder den Koran begründet werden.

Demgegenüber haben konservative Kritiker der Moderne stets die These vertreten, dass die Verbindlichkeit des Rechts nur im Rückgriff auf die Religion und ihre Normen bewahrende Substanz gewährleistet werden könne. Diese Rückbindung von staatlichem Recht an Religion soll einen Ausweg öffnen aus den Nöten und Konflikten einer «neuen Unübersichtlichkeit» und im Chaos der Verschiedenheit Ordnung stiften. Gefährlich wird diese Wechselwirkung von beschleunigter Modernisierung und fundamentalistischer Gegenreaktion immer dann, wenn sie den einzigen Regelungsmechanismus schwächt, der für den gewaltfreien Umgang mit gesellschaftlichen Konflikten zur Verfügung steht: das formale Recht.

Christliche Fundamentalisten drohen – nicht anders als jüdische, islamische oder hinduistische – genau in dem Maße zu einer Gefahr für das friedliche Zusammenleben der vielen verschieden Glaubenden und Nichtglaubenden zu werden, in dem sie nicht mehr bereit sind, bestimmte grundsätzliche Probleme in einen gelehrten Diskurs von Fachleuten zu überführen. Religionskonflikte bergen dann immer wieder das Potential eines Endkampfes um Heil und Verderben und werden von ihren glaubensernsten Protagonisten häufig zur dramatischen Entscheidung zwischen Gottestreue und Gottesverrat radikalisiert. Wer sich vor solch eine Alternative gestellt weiß, relativiert rasch auch die Geltung gegebener staatlicher Gesetze, weil er sich an ungleich höheres, unbedingt verpflichtendes Recht gebunden fühlt: an das Gesetz Gottes. Die Legitimität positiven Rechts wird einem radikalen Gottesvorbehalt unterworfen: Recht sei allein dann verbindlich, wenn es mit dem von Gott selbst geoffenbarten Gesetz, der *lex divina*, übereinstimme, das keineswegs nur Spezialgeltung für die Frommen besitze. Vielmehr repräsentiere es eine universell gültige, alle Menschen bindende absolute Norm und bilde die einzig tragfähige Grundlage der Ordnung menschlichen Zusammenlebens.

Eine Kultur der Toleranz jedoch, eine Kultur, in der Menschen mit heterogenen religiösen Überzeugungen friedlich koexistieren, vermag nur zu funktionieren, wenn alle in ihr Lebenden bereit sind, Unterscheidungsleistungen zu erbringen – Unterscheidungen zwischen dem, was für alle gelten soll, und jenem, das jeder nur für sich selbst gelten lässt. Wer dagegen die eigene Lebensnorm gottesbegeistert absolut setzt, kann andere immer nur als Missionsobjekte oder Feinde wahrnehmen. Mit wohlmeinender Konsensrhetorik oder ritueller Grundwertebeschwörung ist solchen fundamentalistischen Herausforderungen allerdings nicht angemessen zu begegnen. Denn die von Fundamentalisten entworfenen Szenarien der Traditionszerstörung und des modernisierungsbedingten Moralverlustes lassen sich ja nicht leichthin als Wahnpropaganda abtun. Gerade auch demokratisch verfasste offene Gesellschaften bedürfen der Erinnerung an moralische Traditionen und deren Erneuerung, wollen sie ihr Überleben jenseits der Verteilungskämpfe rücksichtsloser Individuen sichern. Wer die liberale Demokratie verteidigen will, ist deshalb gut beraten, sich nicht in eine falsche Entgegensetzung von «laizistischem Staat» und «fundamentalistischer Religion» drängen zu lassen. Es geht vielmehr darum, die Bestände an religiös-moralischer Tradition, die uns (noch) zur Verfügung stehen, reflektiert so präsent zu halten, dass sie der Stärkung einer Kultur der Toleranz dienen.

Epilog:
Die Zivilisierung der Religionen

1. Religion durch Religion domestizieren

In den letzten Jahren haben Gelehrte ganz unterschiedlicher Disziplinen ebenso wie Politiker und Vertreter religiöser Organisationen intensiv über das Verhältnis von Religion und Politik diskutiert. Dabei standen die allen monotheistischen Symbolsystemen immanente theokratische Versuchung ebenso im Zentrum wie die Spannungen oder Affinitäten von «World Religions and Democracy».[1] Gestritten wird erneut über Fragen, die in den Dauerdebatten über eine freiheitliche und demokratische politische Ordnung schon seit dem ausgehenden 19. Jahrhundert immer wieder diskutiert wurden. Bedarf der freiheitliche Staat einer auch religiösen Begründung? Sind im Falle einer positiven Antwort dazu demokratiekompatible «Politische Theologien» zu entwickeln? Wie lassen sich Spannungen zwischen staatlicher Rechtsordnung einerseits und religiösen Vorstellungen von gottgewollt guter Ordnung des Zusammenlebens andererseits konstruktiv bearbeiten? Wie soll der liberale Staat auf jene Bürger und Gemeinschaften reagieren, die elementare Prinzipien freiheitlicher Ordnung – Anerkennung von Menschenrechten, Gleichheit der Geschlechter vor dem Gesetz, Glaubens- und Weltanschauungsfreiheit, Forschungsfreiheit etc. – aus Gründen ihres Glaubens relativieren oder ablehnen? Bedarf die offene, pluralistische Gesellschaft der vielen einzelnen der von religiösen Interpretationsgemeinschaften tradierten Vorstellungen von Solidarität und Gemeinsinn? Anders formuliert: Tragen religiöse Sinnvorstellungen und Solidaritätsressourcen zur Integration des Gemeinwesens bei?

Wie auch immer man diese Fragen beantwortet – der neue oder verstärkte religiöse Pluralismus wird als eine zentrale Herausforderung für eine demokratische politische Ordnung wahrgenommen: «A new religious pluralism is shaking up Atlantic democracies», lautet der Eingangsatz eines von Thomas Banchoff herausgegebenen Sammelbandes über *Democracy and the New Religious Pluralism.*[2] Und deutsche Staatsrechtslehrer und Politikwissenschaftler denken nun verstärkt über die Frage nach, ob der demokratische Staat einer eigenen religionsbezogenen «Governance» bedarf: «When Governance meets Religion» heißt der Titel eines einschlägigen Beitrags.[3]

Deutsche Debatten über das Verhältnis von Religion und Politik sowie speziell Religion und Demokratie sind sehr stark auf den Islam fixiert. Oft werden sie von der Vorstellung geprägt, dass das Christentum eine demokratieaffine Religion sei, wohingegen der Islam wegen Koran und Scharia notwendig demokratiefern und theokratisch orientiert sei. Dies ist jedoch historisch gesehen und auch mit Blick auf die Gegenwart keineswegs der Fall. Zwar haben zahlreiche liberale Theologen Konzepte von Bürgerfreiheit und demokratischer Selbstregierung mit entworfen, die die Durchsetzung der modernen parlamentarischen Demokratie befördert haben. Auch mag man mit Georg Jellinek bestimmten puritanischen Glaubensideen einen wichtigen Anteil an der Begründung modernen Menschenrechtsdenkens zuerkennen. Aber es trifft nicht zu, dass es, wie im deutschen Diskurs oft unterstellt wird, eine besondere innere Affinität des «christlichen» oder gar des «christlich-jüdischen Menschenbildes» zur modernen parlamentarischen Demokratie gab. Gerade in der deutschen Geschichte blieben die beiden großen Kirchen bis ins 20. Jahrhundert hinein entschieden nichtdemokratischen Ordnungskonzepten verpflichtet, und vor allem die Geschichte genuin lutherischen Staatsdenkens ist bis in die 1950er Jahre hinein von stark autoritären, sozialpaternalistischen Kultur- und Sozialstaatskonzepten geprägt. Menschenrechte wurden hier überhaupt erst in den 1960er Jahren zu einem wichtigen Thema Politischer Ethik – nachdem man sie seit dem

18. Jahrhundert immer wieder als Inbegriff eines sündhaften Autonomiewahns des sich selbst absolut setzenden Menschen und als zerstörerischen Individualismus abgelehnt hatte. Lutherische Theologen und Staatsrechtslehrer – man denke nur an den einflussreichen frühkonservativen Rechtsphilosophen Friedrich Julius Stahl – entwarfen während des gesamten 19. Jahrhunderts zahlreiche Konzepte eines «christlichen Staates», in der Annahme, dass nur ein christlicher Sittenstaat die vielen sozialen Pathologien der kapitalistischen Transformation der einst ständisch-feudal geordneten Gesellschaft kurieren könne. Die heute von den Vordenkern eines politisierten Islam entworfenen Konzepte eines «muslimischen Staates» lassen in den Motiven, theologischen Begründungsmustern und vorgeschlagenen institutionellen Arrangements eine sehr hohe Affinität zu den im Europa des 19. Jahrhunderts von lutherischen Theologen und Juristen sowie römisch-katholischen Restaurationstheoretikern entworfenen Modellen des «christlichen Staates» erkennen. Aber genauso wie es den christlichen Kirchen nach langen konfliktreichen Lernprozessen gelungen ist, Menschenrechte, parlamentarische Demokratie und legitimen politischen Pluralismus zu akzeptieren, ist dies auch einigen muslimischen Akteuren geglückt. Gewiss, die meisten Länder, in denen Muslime die große Mehrheit der Bevölkerung stellen, sind religiös fundierte autoritäre Monarchien oder Islamische Republiken. Aber die mit 30 Millionen sunnitischen Mitgliedern größte muslimische Organisation der Welt, die Nahdlatul Ulama, NU, «Renaissance der Rechtsgelehrten», auf den Philippinen ist seit dem Sturz des Suharto-Regimes im Jahre 1998 eine entschieden prodemokratische Bewegung, die das Recht auf Religionsfreiheit vertritt.[4] Auch zahlreiche jüdische Akteure in Israel sind prodemokratische Kräfte, obwohl die Hebräische Bibel und die sonstige religiöse Überlieferung sehr stark von theokratischen Vorstellungen geprägt sind. Theokratische Utopien finden sich in der Geschichte aller drei klassischen monotheistischen Religionen zuhauf. Dennoch kann es gelingen, das religiöse Symbolkapital so zu deuten, dass ein konstruktives Verhältnis zur parlamentarischen

Demokratie gepflegt werden kann. Dies ist keineswegs nur vielen muslimischen Akteuren bisher noch nicht oder nur widersprüchlich und vage gelungen, sondern auch starken christlichen Akteuren nicht. Dies gilt insbesondere für viele orthodoxe Kirchen und hier besonders prononciert für die russisch-orthodoxe Kirche. Sie repräsentieren nicht nur Christentümer ohne relevante religionsinterne Aufklärung, aber mit äußerst autoritärem religiösen und speziell politisch-ethischen Symbolkapital, sondern sind in ihrer ethnozentrischen, radikal nationalistischen Fixierung auch stark homogenitätsorientiert und antipluralistisch.

Soll religiöser Glaube mit einer freiheitlichen politischen Ordnung kompatibel sein, muss er sich selbst begrenzen können und zivilisieren. Das ist in erster Linie eine religiöse Aufgabe. Doch wie kann sie begründet und umgesetzt werden? Dazu bedarf es zunächst der Erinnerung an das Projekt der Aufklärung, die in vielen europäischen Ländern und in den USA immer auch theologische und vernunftreligiös motivierte Aufklärung war. Die Einstellungen prominenter Aufklärer zur Religion und besonders zum Judentum und kirchlichen Christentum lassen bekanntlich ein ganz breites Spektrum unterschiedlicher Deutungen erkennen, von radikaler Ablehnung bis hin zu zahlreichen Versuchen, den Ausgang des Menschen aus seiner selbstverschuldeten Unmündigkeit als gebotene Umsetzung jüdischer und christlicher Motive zu deuten und zu gestalten. In den letzten beiden Jahrzehnten ist zudem deutlich geworden, dass die vielen Konzepte von Aufklärung gerade mit Blick auf die Religionsthematik in den USA sowie in Großbritannien, Frankreich und Deutschland jeweils national-kulturelle Sonderwege erkennen lassen.

Unbeschadet der großen Variationsbreite des Begriffs bedeutet Aufklärung immer das jedem einzelnen Menschen zustehende fundamentale Recht auf Kritik der Religion. Ohne Religionskritik und vernunftgeleitete Kritik kirchlicher Dogmen und Zeremonien ist Aufklärung nicht denkbar. Solche Kritik der Religion, die im 18. und 19. Jahrhundert gerade auch von vielen Theologen geübt wurde, hat die Einsicht in die unaufhebbare

Ambivalenz religiöser Sprache und Vergemeinschaftung gestärkt. Religion ist nicht als solche gut. Religiöser Glaube ist aber auch nicht als solcher schlecht. Religion kann in Nächstenliebe, Mitmenschlichkeit, Solidarität mit Armen und Entrechteten Gestalt gewinnen. Sie kann sich aber auch in Fanatismus, Hass, aggressiver Gewaltbereitschaft zeigen. Dies gilt für alle religiösen Überlieferungen, keineswegs nur für eine oder einige bestimmte. Zugleich haben die Religionskritiker des 18. Jahrhunderts betont: Gerade die Sprachen der in Europa wirkmächtigen monotheistischen Religionen sind äußerst gefährlich. Von ihnen gilt besonders stark, was sich an allen religiösen Symbolsprachen beobachten lässt: Die zentralen Vorstellungen, Symbole und Begriffe religiöser Sprache sind überaus interpretationsoffen, geprägt von hoher Vieldeutigkeit und Ambiguität. Fortwährend ist hier von meta-empirischen – manche kritischen Religionsdeuter sagen: nur fiktiven, eingebildeten, gar nicht existenten – Akteuren die Rede, von Gott, den Engeln, der Macht des Bösen, dem Teufel, dem Propheten oder auch dem Heiligen Geist. All diesen Akteuren, allen voran natürlich dem einen Gott, wird in religiösen Sprachspielen eine überaus starke Handlungskraft zuerkannt. Zugleich gewinnen diese Akteure in den Herzen der Menschen eine intensiv erlebte Bindungsmacht. In aller Regel bestimmen Glaubensgewissheit und Orthopraxie fromme Menschen sehr viel stärker als bloß weltliche Orientierungen und Interessen. Das ist das Faszinierende der Religion, aber zugleich auch das Bedrohliche, Gefährliche an ihr. Weil religiöser Glaube fortwährend von Transzendenz handelt, weist er immer über das hier und jetzt Gegebene hinaus, in ein Jenseits der politisch-sozialen Welt.

Wirklich ernst genommenem religiösem Glauben eignet eine Tendenz zum Unbedingten. Oft formulieren die Gläubigen und ihre Vertreter Absolutheitsansprüche und behaupten, dass allein ihnen dank göttlicher Offenbarung die Einsicht in letzte bindende Wahrheit erschlossen sei. Deshalb lässt sich Religion nur sehr schwer domestizieren. Versuche, sie von außen, etwa durch politische Institutionen, zu kontrollieren und zu steuern, waren und sind zumeist kontraproduktiv, erregen sie doch den Zorn der besonders Frommen und stärken so die Religion. Religion ist nun einmal eine eigenständige «Geschichtspotenz» (Jacob Burckhardt). So kann Religion nur durch Religion verändert und domestiziert werden. Die im Interesse einer freiheitlichen politischen Ordnung erwünschte Selbstzivilisierung von Religion kann, wenn überhaupt, nur aus der Eigenlogik der religiösen Überzeugungen und Symbole begründet und durchgesetzt werden. Dazu bedarf es kritischer theologischer Reflexion überlieferter Glaubensvorstellungen und auch der selbstkritischen Bereitschaft, Elemente der überkommenen religiösen Weltsicht und speziell Ethik zur Disposition zu stellen.

Die Einsicht in die elementare Ambivalenz und politische Gefährlichkeit religiösen Glaubens gilt gerade auch für das Christentum bzw. die verschiedenen Christentümer. Denn hier ist, nicht anders als im Judentum und in den islamischen Überlieferungen, viel von einem Gott die Rede, der als allmächtig vorgestellt und theologisch gedacht wird. Sonntag für Sonntag sprechen Christen aller Konfessionen in ihren Gottesdiensten das Apostolische Glaubensbekenntnis. Wie in den meisten anderen altkirchlichen Symbolen wird im Apostolicum nur ein einziges Gottesprädikat genannt: allmächtig. «Ich glaube an Gott den Vater, den allmächtigen Schöpfer des Himmels und der Erden.» Diese Vorstellung vom allmächtigen Schöpfergott stammt aus der Hebräischen Bibel, findet sich aber auch in zahlreichen Texten des Neuen Testaments. Auch in anderen antiken und spätantiken Religionskulturen gilt der allmächtige Schöpfer des Himmels und der Erden als das Herrschaftssubjekt par excellence. Genau darin liegt für eine freiheitliche, die vorstaatlichen Grundrechte jedes (jeder) einzelnen respektierende politische Ordnung jedoch eine große Gefahr. Denn Allmacht ist ein hoch ambivalentes, überaus problematisches und bedrohliches Wort. Schon Macht ist ein Begriff, mit dem man aus guten freiheitsdienlichen Gründen ebenso prägnant wie behutsam umgehen muss. Macht bedarf der permanenten

Kontrolle, damit sie nicht von wem auch immer missbräuchlich ausgeübt wird. Freiheitliche politische Ordnungen zeichnet es deshalb aus, dass Macht hier begrenzt wird: vor allem durch ein hoch differenziertes System von *checks and balances* bzw. durch institutionalisierte Gewaltenteilung.

Mit Max Weber lässt sich Macht als die Chance definieren, seinen Willen durchzusetzen, auch gegen mögliche Widerstände anderer. Macht ist die Fähigkeit, anderen den eigenen Willen aufzuzwingen. So hat Macht viel mit unüberwindlicher Durchsetzungskraft, hartem Zwang und Machtgefälle zu tun. Deshalb sollte man niemals von Macht reden, ohne ihre bleibende Ambivalenz und Gefährlichkeit zu betonen. Noch sehr viel stärker gilt dies für die zur Allmacht gesteigerte Macht. Denn Vorstellungen von Allmacht sind noch gefährlicher als nur Macht, gleichsam allgefährlich. Omnipotentia, dieses religiöse Potenzwort ganz eigener Art eröffnet einen Vorstellungsraum vielfältiger Entgrenzung. In der christlichen Überlieferung galt deshalb der Wahn des endlichen, geschaffenen Menschen, wie Gott zu sein, als Inbegriff sündhafter *superbia*, realitätsblinder Hochmütigkeit.

Allmacht meint: absolute Macht, ins Unendliche gesteigerte Macht, Macht, über die hinaus nichts Mächtigeres gedacht werden kann, also eine Macht, die nicht durch anderes, sondern, wenn überhaupt, nur durch sich selbst begrenzt werden kann. Vor dem «allmächtigen Gott», den Juden, Christen und Muslime auf je eigene Art verehren und anbeten, muss man sich deshalb fürchten. Genau dies sollen Juden, Christen und Muslime tun: Immer wieder kann man bei ihren gelehrten Theologen lesen, der allmächtige große Gott gebiete Gottesfurcht und Zittern. Hier muss man auf die Knie fallen, Proskynese üben, das Haupt zur Erde neigen – alles Haltungen, die Untertänigkeit gegenüber dem Höchsten zum Ausdruck bringen sollen.

Immer wieder haben religiöse wie politische Autoritäten und Herrscher mit Bezug auf die souveräne Allmacht Gottes ihre eigenen Machtansprüche begründen wollen, vor allem im Interesse der Stärkung ihrer Herrschaft: Indem sie ihre Macht von der Allmacht Gottes her legitimieren, suchen sie sie der Kontrolle der Beherrschten oder der Gläubigen zu entziehen. Gerade in politischer Hinsicht ist Gottes Allmacht schon deshalb eine so gefährliche Vorstellung, weil sie innerweltliche Macht als einen Repräsentationsort oder Ausdruck göttlicher Macht erscheinen und damit als unbedingt gültig, undiskutierbar verbindlich wirken lässt. Wenn weltliche Machthaber sich auf Gottes Allmacht berufen, wollen sie nur sich und ihre Macht absolut setzen.

2. Inkarnation statt Allmacht

So ist es ein zweiter, grundlegender Akt der Zivilisierung monotheistischer Religion, die überlieferten Bilder und Vorstellungen von Gottes Allmacht kritisch zu relativieren. Mit Blick auf die christlichen Überlieferungsbestände bedeutet dies: Innerhalb des ebenso reichen wie in sich widersprüchlichen christlichen Symbolsystems werden zahlreiche Vorstellungen von Gott tradiert, die zu seiner Allmacht in elementarer Spannung stehen. Besonders deutlich zeigen dies die christologischen Überlieferungen. Schon die (keineswegs nur im Christentum tradierte) Vorstellung von der Menschwerdung Gottes bedeutet eine fundamentale Revolution der überkommenen religiösen Denkungsart. Denn Inkarnation meint: Gott negiert sich selbst, er wird zum anderen seiner selbst, er wird im Juden Jesus von Nazareth Mensch. Über die innere Logik dieser Inkarnation des einst höchsten, machtvollsten Wesens ist in zweitausend Jahren Christentumsgeschichte fortwährend und zumeist heftig gestritten worden. Nicht selten haben kirchliche und politische Autoritäten versucht, das glaubensrevolutionäre Element der Inkarnationsvorstellungen abzuschwächen, um der Stärkung ihrer Macht willen. Inkarnation heißt: Gott will selbst gar nicht allmächtig, er will menschlich sein. Und das ist ein Satz, der den Machtphantasien der Herrschenden jede theologische Legitimität bestreitet. Analoges gilt mit Blick auf die christliche Trinitätslehre, so wie sie unter dem starken Einfluss hellenistischer Philosophie in Fortschreibung der Inkarnationslehre entwickelt wurde. Man mag über das Recht der von Erik Peterson in scharfer Kritik an Carl Schmitt entfalteten These streiten, dass die Trinitätslehre primär der Absage an jede Form politischer Theologie, also der Kritik an theologischer Überhöhung der Herrschaft des Kaisers, gedient habe. Aber deutlich ist: Hier wird in faszinierenden theologischen Denkfiguren eine Selbstunterscheidung Gottes gedacht, die seine Menschenfreundlichkeit begründen soll.

Die genannten christlichen Beispiele implizieren keineswegs die Behauptung, dass es in jüdischen und muslimischen Überlieferungen keinerlei strukturanaloge Lehren der Selbstbegrenzung göttlicher Macht und Herrschaft gegeben hat. Auch die jüdischen und islamischen Glaubenstraditionen sind gerade mit Blick auf Jahwe und Allah in sich jeweils sehr viel reicher, auch widersprüchlicher, als es von außen zumeist gesehen wird. Auch sie kennen durchaus solche starken funktionalen Unterscheidungen von Religion und Politik, wie sie vor allem im frühneuzeitlichen Diskurs über ein konfessionsneutrales Naturrecht und in den Religionsdebatten der Aufklärer des 17. und 18. Jahrhunderts entwickelt wurden. Umgekehrt lassen sich stark autoritär orientierte Christentümer nennen, die dank ihrer Fixierung auf göttliche Omnipotenz kaum zwischen Politischem und Religiösem zu unterscheiden vermögen, allen voran die diversen orthodoxen Christentümer. Auch lässt sich in den autoritären Kirchenstrukturen des römischen Katholizismus und hier speziell in der kultischen Überhöhung des Amtscharismas des Papstes nur wenig von jenem Geist der Freiheit spüren, der Gottes Menschwerdung entspricht. Wenn Gott selbst Mensch geworden ist, dann ist auch der Mensch neu definiert: nicht mehr als serviler Untertan eines allmächtigen Schöpfergottes, sondern berufen zur Freiheit.

Demokratiekompatible und starke Kräfte einer pluralistisch liberalen Zivilgesellschaft können religiöse Akteure in genau dem Maße sein, in dem sie in ihren Symbolsprachen der Freiheit des

Menschen Ausdruck geben. Hier lässt sich derzeit viel Glaubensstreit und religionspolitischer Ideenzwist beobachten.

Die Vordenker des theokratischen Glaubensstaates wird man auch mit theologischer Argumentation wohl nicht von den Vorzügen des liberalen Modells überzeugen können. Sie sehen schon in der Vorstellung der religiös-weltanschaulichen Neutralität des modernen Verfassungsstaates eine religiös illegitime Relativierung jenes unbedingten Herrschaftsanspruchs, den Gott als Schöpfer Himmels und der Erden mit seinem göttlichen Gesetz eingeklagt hat. Damit haben die theokratisch Frommen in der Tat ein sehr schwieriges Problem bezeichnet: Wenn Gott, um eine Formel des politisch entschieden liberalen protestantischen Neutestamentlers Rudolf Bultmann aufzugreifen, als «alles bestimmende Wirklichkeit» zu denken ist, stellt sich schnell die Frage, warum gerade die politische Institutionenordnung nicht von seiner «bestimmenden Wirklichkeit» her entworfen werden soll. Dafür lassen sich viele gute, vernünftige Argumente entfalten. Aber genuin religiöse Vorstellungen, die darauf hinauslaufen, die Säkularität und weltanschauliche Neutralität des Staates anzuerkennen oder zu begründen, finden sich nicht leicht – weil selbst in jenen theologischen Ethiken des Politischen, die geistliches und weltliches Regiment, Kirche und Staat streng schieden und die Weltlichkeit der politischen Institutionen betonten, diese Weltlichkeit immer an den Herrscherwillen Gottes zurückgebunden blieb. Hier treten elementare Spannungen zwischen religiöser Vorstellung und moderner vernünftiger Demokratietheorie zutage, die sich auch durch verstärkte theologische Reflexion nicht zum Verschwinden bringen lassen. Selbst vielfältig zivilisierter Glaube, etwa im Sinne volkskirchlich moderierter Privatchristentümer, wird in einer offenen Gesellschaft mit hoher Toleranz immer auch sperrige, anstößige Elemente bewahren.

Auf den globalen Religionsmärkten der Gegenwart waren in den letzten dreißig Jahren die Anbieter ganz harter, durch Unbedingtheit und Unduldsamkeit geprägter neuer Glaubensweisen viel erfolgreicher als demokratieorientierte liberalreligiöse Akteure.

Nun sollen Religionsdeuter – wie andere Kulturdeuter auch – nicht als Kathederpropheten auftreten. Aber man wird eine Vermutung wagen dürfen: Nichts spricht derzeit dafür, dass sich die Religionskonflikte der Gegenwart bald abschwächen werden oder pazifizieren lassen. Gerade in den Teilen der Welt, in denen viel Armut das Leben zahlreicher Menschen prägt, wird Gottesglaube der wichtigste Identitätsgarant der Marginalisierten bleiben. Sie werden sich im Elend ihres Alltagslebens an ihren Gott oder ihre Götter klammern, andere Götter bekämpfen und schon aus purer Überlebensnot ganz harte religiöse Praktiken pflegen. Oder sie werden aufbrechen und in ein Land ihrer Hoffnung wandern, also zu weiterer zumeist konfliktreicher religiöser Pluralisierung beitragen. Ihr Gott wird sie begleiten und auf den Wanderwegen weltweiter Migration und Ideenzirkulation zu anderen Göttern in Konkurrenz treten. Ganz alte Götter werden ihren Gräbern wieder entsteigen und unbedingte Verehrung einklagen. Viele Indizien sprechen dafür, dass unter den Gegenwartsbedingungen religiöser Globalisierung der Kampf konkurrierender politisierter Wertgötter weiter ein zentrales Thema der internationalen Politik bleiben wird. Der 7. August 2013 war in weiten Teilen Europas ein kalter, regnerischer Tag. Es dürften in kommenden Sommermonaten noch viele andere dunkle Tage mit hartem Götterkampf folgen.

Anmerkungen

I. Glaubensfakten

1 Die folgenden Angaben nach: Pew Research Center / Pew Forum on Religion and Public Life, Global Christianity. A Report on the Size and Distribution of the World's Christian Population, Washington D.C. 2011.

2 R. Gary Tiedemann (Hg.), Handbook of Christianity in China. Volume II: 1800 – present, Leiden / Boston 2010.

3 Fawwaz Haddad, Das Land des Paulus verliert seine Christen. In Syrien wird noch das Aramäische, die Sprache Jesu, gesprochen, doch fürchten jetzt viele syrische Christen, von der politischen Krise zerrieben zu werden. Ein Appell zum Dableiben, in: Frankfurter Allgemeine Zeitung, Nr. 259, 7. November 2013, S. 28.

4 Die Zahlen nach: David B. Barrett / George T. Kurian / Todd M. Johnson (Hg.), World Christian Encyclopedia. A comparative survey of churches and religions in the modern world. Second edition, Volume 1: The world by countries: religionists, churches, ministries, Oxford / New York 2001, 10–18.

5 Als populärwissenschaftliche Bestandsaufnahme des Religion Editors von «The Times Literary Supplement»: Rupert Shortt, Christianophobia. A Faith Under Attack, London 2012.

6 Zum Thema wichtig: Guy Ben-Porat, Between State and Synagogue. The Secularization of Contemporary Israel, Cambridge 2013.

7 Dazu siehe jetzt auch: Olivier Roy / Nadia Marzouki (Hg.), Religious Conversions in the Mediterranean World, Hampshire 2013.

8 Sekretariat der Deutschen Bischofskonferenz / Kirchenamt der Evangelischen Kirche in Deutschland (EKD) (Hg.), Ökumenischer Bericht zur Religionsfreiheit von Christen weltweit 2013. Das Recht auf Religions- und Weltanschauungsfreiheit: Bedrohungen – Einschränkungen – Verletzungen, Bonn / Hannover 2013, 33 f.

II. Deutungsangebote

1 Martin Riesebrodt, Die Rückkehr der Religionen. Fundamentalismus und der «Kampf der Kulturen», München 2000.

2 Vgl. José Casanova, Public Religions in the Modern World, Chicago 1994.

3 Aus der Fülle der Literatur vgl. John L. Esposito, Unholy War. Terror in the Name of Islam, Oxford 2002; Hans G. Kippenberg / Tilmann Seidensticker (Hg.), Terror im Dienste Gottes. Die «Geistliche Anleitung» der Attentäter des 11. September 2001, Frankfurt a. M. / New York 2004.

4 Zur aktuellen politikwissenschaftlichen Religionsdebatte vgl. nur: Michael Minkenberg / Ulrich Willems (Hg.), Politik und Religion, Wiesbaden 2003;

Manfred Walther (Hg.), Religion und Politik. Zur Theorie und Praxis des theologisch-politischen Komplexes, Baden-Baden 2004. Für den neuen Religionsdiskurs der Soziologen repräsentativ: Hans Joas, Braucht der Mensch Religion? Über Erfahrungen der Selbsttranszendenz, Freiburg i. Br. 2004.

5 Peter L. Berger, A Market Model for the Analysis of Ecumenicity, in: Social Research 30 (1963), 77–93.

6 Roger Finke / Rodney Stark, The Churching of America, 1776–1990. Winners and Losers in Our Religious Economy, New Brunswick 1992; Laurence R. Iannaccone, Introduction to the Economics of Religion, in: Journal of Economic Literature 36 (1998), 1465–1495.

7 Burkhard Gladigow, Religionsökonomie, eine Subdisziplin der Religionswissenschaft, in: Hans G. Kippenberg / Brigitte Luchesi, Lokale Religionsgeschichte, Marburg 1995, 253–258.

8 «In his 1905 book, ‹The Protestant Ethic and the Spirit of Calvinism›, Max Weber credited the Protestant Ethic with giving rise to capitalism. Now it sometimes seems as if it is the Buddhist ethic that is keeping capitalism going. The protestants stressed rational calculation and self-restraint. The Buddhists stress the importance of ‹mindfulness› – taking time out from the hurly-burly of daily activities to relax and meditate. In today's corporate world your are more likely to hear about mindfulness than self-restraint», hat man im November 2013 in *The Economist* lesen können.

9 Dazu siehe Peter Hünermann (Hg.), Das II. Vatikanum – christlicher Glaube im Horizont globaler Modernisierung. Einleitungsfragen, Paderborn u. a. 1998.

10 Callum G. Brown, The Death of Christian Britain, London 2000.

11 Gerald Parsons / John Wolffe (Hg.), The Growth of Religious Diversity in Britain from 1945, 3 Bände, Manchester 1994.

12 Grace Davie, Religion in Britain since 1945: Believing without Belonging, Oxford 1994; dies., Religion in Modern Europe: A Memory Mutates, Oxford 2000.

13 George I. T. Machin, Churches and Social Issues in Twentieth Century Britain, Oxford 1995; Henry Clark, The Church under Thatcher, London 1993.

14 Zum Wandel der Bestattungskultur siehe: Tony Walter, Funerals and How to Improve Them, London 1990.

15 Einen exzellenten Überblick über die stark divergierenden Reaktionsmuster bieten Hugh McLeod / Werner Ustorf (Hg.), The Decline of Christendom in Western Europe, 1750–2000, Cambridge 2003.

16 Erste Ergebnisse publizierte die Forschergruppe in der Studie: Diana L. Eck / Elinor J. Pierce, World Religions in Boston. A Guide to Communities and Resources, Cambridge (MA) 1994.

17 Dazu siehe etwa: Matthias Pöhlmann / Oliver Koch / Mark Meinhard / Michael Schofer, Sehnsucht nach Heil. Neben den Kirchen: Neue Religiosität, Esoterik, Sekten und Psychogruppen in Erlangen, Erlangen ⁵1999.

18 Markus Hero / Volkhard Krech / Helmut Zander (Hg.), Religiöse Vielfalt in Nordrhein-Westfalen. Empirische Befunde und Perspektiven der Globalisierung vor Ort, Paderborn 2008.

19 Lexikon der Hamburger Religionsgemeinschaften, hg. von Wolfgang Grünberg, Dennis L. Slabaugh, Ralf Meister-Karanikas, Hamburg ²1995. Vgl. auch Nils Grübel / Stefan Rademacher, Religion in Berlin. Ein Handbuch, Berlin 2003; Claude-Alain Humbert, Religionsführer Zürich. 370 Kirchen, religiös-spirituelle Gruppierungen, Zentren und weltanschauliche Bewegungen der Stadt Zürich, Zürich 2004. Zu weiteren Publikationen und laufenden Projekten vgl. die Internet-Informationen des Religionswissenschaftlichen Medien- und Informationsdienstes (REMID) zur «Lokalen Religionsforschung».

20 Harold Hammer-Schenk / Hans-Peter Schwarz, Die Architektur der Synagoge, Stuttgart 1988.

21 Vgl. Alain Cabantous, Histoire du blasphème en Occident, Paris 1998 (dt.: Geschichte der Blasphemie, Weimar 1999). Die Überschrift des Schlusskapitels lautet: «Die Rückkehr der Blasphemie».

22 Zusammenfassend dazu: Hartmut Kreß (Hg.), Religionsfreiheit als Leitbild. Staatskirchenrecht in Deutschland und Europa im Prozeß der Reform, Münster 2004.

23 Sophie Christine den Dekker-van Bijsterveld, Neue Religionsgemeinschaften und das (Staatskirchen-)Recht in der Europäischen Union, in: Österreichisches Archiv für Kirchenrecht 45 (1998), 172–184.

24 Siehe dazu die Fallstudien in: Hartmut Lehmann (Hg.), Multireligiosität im vereinten Europa. Historische und juristische Aspekte, Göttingen 2003; Hans G. Kippenberg / Gunnar Folke Schuppert (Hg.), Die verrechtlichte Religion. Der Öffentlichkeitsstatus von Religionsgemeinschaften, Tübingen 2005.

25 Dietrich Rössler, Positionelle und kritische Theologie, in: Zeitschrift für Theologie und Kirche 67 (1970), 215–231.

26 Frank M. Turner, Between Science and Religion: The Reaction to Scientific Naturalism in Late Victorian England, New Haven 1974; ders., Contesting Cultural Activity: Essays in Victorian Intellectual Life, Cambridge 1993.

27 Vgl. Alfred Dubach / Roland J. Campiche (Hg.), Jede(r) ein Sonderfall? Religion in der Schweiz. Ergebnisse einer Repräsentativbefragung, Zürich, Basel 1993.

28 Ronald Hitzler, Individualisierung des Glaubens. Zur religiösen Dimension der Bastelexistenz, in: Anne Honer / Ronald Kurt / Jo Reichertz (Hg.), Diesseitsreligion. Zur Deutung der modernen Kultur, Konstanz 1999, 351–368.

29 Dazu siehe: Birgit Heller, Gender and Religion, in: Kari Elisabeth Børresen / Sara Cabibbo / Edith Specht (Hg.), Gender and Religion / Genre et Religion, European Studies / Etudes Européennes, Roma 2001, 351–360.

30 Katherine K. Young, Introduction, in: Arvind Sharma (Hg.), Women in World Religions, Albany (NY) 1987, 10–36.

31 Als Feldstudie wichtig: Lara Deeb / Monara Harb, Leisurely Islam. Negotiating Geography and Morality in Shi'ite South Beirut, Princeton 2013.

32 Thomas Bauer, Die Kultur der Ambiguität. Eine andere Geschichte des Islams, Berlin 2011.

33 Ruth Vanita, Love's Rite: Same-Sex Marriage in India and the West, New York 2005; Parmesh Shahani, Gay Bombay: Globalization, Love and (Be)Longing in Contemporary India, New Delhi 2008.

34 Als Fallstudie für Rumänien wichtig: Lavinia Stan / Lucian Turcescu, Religion, politics and sexuality, in: dies. (Hg.), Religion and Politics in Post-Communist Romania, Oxford 2007, 171–198.

35 Dazu spannend: Bernadette C. Barton, Pray the Gay Away. The Extraordinary Lives of Bible Belt Gays, New York / London 2012.

36 R. Laurence Moore, Selling God. American Religion in the Marketplace of Culture, Oxford / New York 1994.

37 Jan Assmann, Die Mosaische Unterscheidung oder der Preis des Monotheismus, München 2003; zuvor bereits ders., Moses der Ägypter. Entzifferung einer Gedächtnisspur, München 1998.

38 Dazu wichtig: Samuel J. Kuruvilla, Radical Christianity in Palestine and Israel. Liberation and Theology in the Middle East, London / New York 2013.

III. Vielfalt in Deutschland

1 Das haben um 1900 der in Heidelberg lehrende Staatsrechtslehrer Georg Jellinek in der kleinen Studie *Die Erklärung der Bürger- und Menschenrechte. Ein Beitrag zur modernen Verfassungsgeschichte* (Leipzig 1895) und sein 14 Jahre jüngerer Theologenfreund Ernst Troeltsch in einem bald berühmten, 1906 beim Stuttgarter Historikertag gehaltenen Vortrag über *Die Bedeutung des Protestantismus für die Entstehung der modernen Welt* gezeigt. Der Text findet sich nun in: Ernst Troeltsch, Kritische Gesamtausgabe, Band 8: Schriften zur Entstehung der modernen Welt (1906–1913), hg. von Trutz Rendtorff in Zusammenarbeit mit Stefan Pautler, Berlin / New York 2001, 199–316.

2 Thomas Großbölting, Der verlorene Himmel. Glaube in Deutschland seit 1945, Göttingen 2013, 56.

3 Vgl. Gerhard Stapelfeldt, Kritik der ökonomischen Rationalität. Zweiter Band: Wirtschaft und Gesellschaft der Bundesrepublik Deutschland, Münster 1998, 50.

4 Thomas Großbölting, Der verlorene Himmel, 185.

IV. Europäische Sonderwege

1 Theodora Antoniou, Das Verhältnis zwischen Staat und Kirche in Griechenland, in: Burkhard Kämper / Hans-Werner Thönnes (Hg.), Essener Gespräche zum Thema Staat und Kirche, Band 40 (2007), 157–171, 158.

2 So jedoch: Antonis Manitakis (Hg.), The Relation between State and Church, or «Canonical» and Legal Order and between Religious and National Identity in Greece, in: S. Julia Iliopoulos-Strangas, Constitution and Religion. A.D.I.C. Round Table – Athens, 22.–26. Mai 2002, 159.

3 Theodora Antoniou, Das Verhältnis zwischen Staat und Kirche in Griechenland, in: Burkhard Kämper / Hans-Werner Thönnes (Hg.), Essener Gespräche zum Thema Staat und Kirche, Band 40 (2007), 157–171, hier 161.

4 Dimitris A. Antoniou, Muslim Immigrants in Greece: Religious Organization and Local Responses, in: Ahmed Al-Shahi / Richard Lawless (Hg.), Middle East and North African Immigrants in Europe, London / New York 2005, 57–76.

5 Dazu siehe: Alexis Alexandris, The Greek Minority of Istanbul and Greek-Turk-ish Relations 1918–19, Athen 1992, 315.

6 Im Mai 2013 wurden die «Alevi», die Islamisch Alevitische Glaubensgemeinschaft in Österreich, durch Entscheidung des Verfassungsgerichtshofs staatlicherseits als selbständige und den christlichen Kirchen gleichberechtigte Glaubensgemein-schaft anerkannt.

V. Religiöse Globalisierung

1 «Ökumene ist wie Wiener Walzer». Kardinal Kurt Koch über die Päpste Franzis-kus und Benedikt, Martin Luther und die Lust an mehr Farbfernsehen, in: Bischof Gregor Maria Hanke, Peter Seewald (Hg.), credo. Ein Magazin zum Jahr des Glaubens. In Kooperation mit L'Osservatore Romano. Eine Beilage für FAZ, Zeit und Süddeutsche Zeitung, Juni 2013, 41.

2 Dipesh Chakrabarty, Provincializing Europe. Postcolonial Perspectives and His-torical Differences, Princeton 2008.

3 Als Einführung siehe: Allan Anderson, An Introduction to Pentecostalism. Glo-bal Charismatic Christianity, Cambridge 2004.

4 Zur Biographie siehe nun: Gastón Espinosa, William J. Seymour and the Ori-gins of Global Pentecostalism. A Biography and Documentary History, Prince-ton 2013.

5 Als Einführung siehe: Sanneh Lamin / Joel A. Carpenter (Hg.), The Changing Face of Christianity. Africa, the West, and the World, Oxford 2005.

6 Zum Thema wichtig: Birgit Meyer, Translating the Devil. Religion and Moder-nity among the Ewe in Ghana, Edinburgh 2010.

7 Dazu wichtig: Paul Gifford, Ghana's New Christianity. Pentecostalism in a Glo-balising African Economy, London 2003. Siehe weiterhin: Emanuel Kingsley Larbi, Pentecostalism. The Eddies of Ghanaian Christianity, Dansoman / Accra 2001; J. Kwabena Asamoah-Gyado: African Charismatics. Current Develop-ments within Independent Indigenous Pentecostalism in Ghana, Leiden 2004.

8 Dazu siehe: Paul Gifford, African Christianity. Its Public Role, London 1998; ders. (Hg.), The Christian Churches and the Democratization of Africa, Laden 1995.

9 Simon Coleman, The Globalisation of Charismatic Christianity. Spreading the Gospel of Prosperity, Cambridge 2000.

10 Siehe dazu: Lamin Sanneh, Piety and Power. Muslims and Christians in West Africa, Maryknoll, NY 1996.

VI. Die kreationistische Internationale

1 Zur Biographie siehe: Harold Willard Clark, Crusader for Creation. The Life and Writings of George McCready Price, Oakland (CA) 1966.

2 Zur Biographie siehe: Robert W. Cherny, A Righteous Cause: The Life of Wil-liam Jennings Bryan, Oklahoma 1994; Michael Kazin, A Godly Hero. The Life of William Jennings Bryan, New York 2006; Gerald Leinwand, William Jen-nings Bryan. An Uncertain Trumpet, Lanham (MD) 2006.

3 Vernon Lyman Kellog, Headquarter Nights, Aurora (CO) 2009, 28.

4 Zum gut erforschten Scopes Trial siehe: Edward J. Larson, Summer for the Gods: The Scopes Trial and America's Continuing Debate over Science and Religion, New York 1997; Paul K. Conkin, When All the Gods Trembled: Darwinism, Scopes, and American Intellectuals, Lanham 1998; Jeffrey P. Moran, The Scopes Trial: A Brief History with Documents, Boston 2002; Donald McRae, The Great Trials of Clarence Darrow. The Landmark Cases of Leopold and Loeb, John T. Scopes, and Ossian Sweet, New York 2010.

5 Michael Hochgeschwender, Kreationismus und Intelligent Design im Kontext des amerikanischen Wissenschaftsverständnisses, in: Helwig Schmidt-Glintzer (2012), 54–84, 69.

6 Zit. nach Ronald L. Numbers, The Creationists. From Scientific Creationism to Intelligent Design, expanded Edition, Cambridge (MA) / London 2006, 399.

7 Zu den Übersetzungen und zahlreichen Auflagen speziell im Türkischen siehe: Ekmelledin İhsanoğlu, Modern Islam, in: John Hedley Brooke / Ronald L. Numbers, Science and Religion, New York / Oxford 2011, 148–174, hier 165 f.

8 Ebd., 171.

9 Dazu siehe: Bernadette C. Barton, Pray the Gay Away, 151–172, bes. 169.

10 Christoph Kardinal Schönborn, Vorwort, in: Stephan Otto Horn / Siegfried Wiedenhofer (Hg. im Auftrag des Schülerkreises von Papst Benedikt XVI.), Schöpfung und Evolution. Eine Tagung mit Papst Benedikt XVI. in Castel Gandolfo, Augsburg 2007, 7–22, hier 16.

11 Joseph Kardinal Ratzinger, Im Anfang schuf Gott. Vier Predigten über Schöpfung und Fall, 2. erweiterte Auflage, Einsiedeln 1996, 9.

12 Christoph Kardinal Schönborn, Vorwort, 16.

13 Joseph Kardinal Ratzinger, Im Anfang schuf Gott, 9.

14 Robert Spaemann / Reinhard Löw, Die Frage Wozu? Geschichte und Wiederentdeckung des teleologischen Denkens, München 1981.

15 Der Text findet sich in: Heinrich Meier (Hg.), Die Herausforderung der Evolutionsbiologie, München 1988, 53–78.

16 Jürgen Habermas, Nachmetaphysisches Denken II, Aufsätze und Repliken, Berlin 2012.

VII. Heilige Kriege

1 Daniel Bell, The Return of the Sacred? The Argument on the Future of Religion, in: British Journal of Sociology 28 (4), 1977, 419–449.

2 Aus der Fülle der neueren Literatur zur Religionsgewalt sei hier nur genannt: Hans G. Kippenberg, Gewalt als Gottesdienst. Religionskriege im Zeitalter der Globalisierung, München 2008 (mit ausführlicher Bibliographie).

3 Moussa Afschar, Der Heilige Krieg: Die Belagerung Europas von Innen. Der Westen im Würgegriff Allahs, Stuttgart ²2004; Udo Ulfkotte, Heiliger Krieg in Europa. Wie die radikale Muslimbruderschaft unsere Gesellschaft bedroht, Frankfurt a. M. 2007.

4 Vgl. Bassam Tibi, Der Neue Totalitarismus. «Heiliger Krieg» und westliche Sicherheit, Darmstadt 2004.

5 Peter L. Bergen, Holy War, Inc. Inside the Secret World of Osama Bin Laden, London 2001, dt.: Heiliger Krieg Inc. Osama Bin Ladens Terrornetz, Berlin 2001; aktualisierte Neuausgabe Berlin 2003; Johannes von Dohnanyi / Germana von Dohnanyi, Schmutzige Geschäfte und heiliger Krieg. Al-Qaida in Europa, Zürich 2002.

6 Benjamin R. Barber / Günter Seib, Coca Cola und Heiliger Krieg. Wie Kapitalismus und Fundamentalismus Freiheit und Demokratie abschaffen, Bern 1996, erw. Neuauflage: Coca Cola und Heiliger Krieg (Jihad vs. McWorld). Der grundlegende Konflikt unserer Zeit, Bern 2001.

7 Teuku Ibrahim Alfian, Aceh and the Holy War (Prang Sabil), in: Anthony Reid (Hg.), Verandah of Violence. The Background to the Aceh Problem, Singapore 2006, 109–120.

8 Kurt Lohbeck, Holy War, Unholy Victory. Eyewitness to the CIA's Secret War in Afghanistan, Washington D.C., 1993; Olivier Roy, Afghanistan. From Holy War to Civil War, Princeton 1995; Ahmed Rashid, Heiliger Krieg am Hindukusch. Der Kampf um Macht und Glauben in Zentralasien, München 2002; Michael Griffin, Reaping the Whirlwind. Afghanistan, Al-Qa'ida and the Holy War, London 2003.

9 Marcus Tanner, Ireland's Holy Wars. The Struggle for a Nation's Soul, 1500–2000, New Haven ²2003.

10 Peter Sloterdijk, Gottes Eifer. Vom Kampf der drei Monotheismen, Frankfurt a. M. / Leipzig 2007, 52 f., 77, 82, 86 u. ö.

11 James Turner Johnson, The Holy War Idea in Western and Islamic Traditions, University Park 1997; Peter Partner, God of Battles. Holy Wars of Christianity and Islam, London 1997, ²1998; Jacques G. Ruelland, Holy War. History of an Idea, Lewiston 2007.

12 Carsten Colpe, Der «Heilige Krieg». Benennung und Wirklichkeit, Begründung und Widerstreit, Bodenheim 1994.

13 Vgl. dazu C. T. Robert Hayward / Andrew Louth, Art. Sanctus, in: Theologische Realenzyklopädie, Band 30, Berlin, New York 1999, 20–29; sowie v. a. Otto Procksch / Karl Georg Kuhn, Art. agios ktl., in: Theologisches Wörterbuch zum Neuen Testament, Band 1, Stuttgart 1933, 87–116.

14 Zur Forschungsgeschichte instruktiv: Carsten Colpe (Hg.), Die Diskussion um das «Heilige», Darmstadt 1977; Thomas A. Idinopulos / Edward A. Yonan (Hg.), The Sacred and its Scholars, Leiden u. a. 1996. Als prägnante Übersicht: William E. Paden, Art. Heilig und profan. I. Religionswissenschaftlich, in: RGG⁴, Band 3, Tübingen 2000, 1528–1530.

15 Vgl. Berndt Hamm / Klaus Herbers / Heidrun Stein-Kecks, Vorwort, in: diess. (Hg.), Sakralität zwischen Antike und Neuzeit, Stuttgart 2007, 7–12, hier 10.

16 Vgl. Berndt Hamm, Heiligkeit im Mittelalter, in: Nine Miedema / Rudolf Suntrup (Hg.), Literatur – Geschichte – Literaturgeschichte. Festschrift für Volker Honemann, Frankfurt a. M. 2003, 627–645, hier 635.

17 Roger Caillois, L'Homme et le Sacré, Paris ³1963; Mircea Eliade, Das Heilige und das Profane. Vom Wesen des Religiösen, Hamburg 1957; Martin Diwold, Mys-

terium tremendum et fascinosum des Todes. Ein Versuch anhand von Elias
Canetti, Diss. Linz 1996.

18 Siehe dazu auch: Wolfgang Gantke, Der umstrittene Begriff des Heiligen. Eine
problemorientierte religionswissenschaftliche Untersuchung, Marburg 1998; sowie Hans Joas, Säkulare Heiligkeit. Wie aktuell ist Rudolf Otto?, in: Rudolf
Otto, Das Heilige, Neuausgabe, München 2014.

19 William E. Paden, Art. Heilig und profan. I. Religionswissenschaftlich, in:
RGG⁴, Band 3, Tübingen 2000, 1528–1530, 1530.

20 Georg Baudler, Art. Frieden/Krieg, in: Wörterbuch der Religionssoziologie, hg.
von Siegfried Rudolf Dunde, Gütersloh 1994, 83–91, hier 83.

21 Ebd., 83.

22 Zur Entwicklung der bellum iustum-Lehre siehe die eindrucksvolle Studie von
Ernst-Dieter Hehl, Kirche und Krieg im 12. Jahrhundert. Studien zu kanonischem Recht und politischer Wirklichkeit, Stuttgart 1980. Zur theoriegeschicht-
lichen Kontextualisierung: Herfried Münkler, Über den Krieg. Stationen der
Kriegsgeschichte im Spiegel ihrer theoretischen Reflexion, Weilerswist 2002.

23 Zu solcher Viktorial-Assistenz siehe: Klaus Schreiner, Märtyrer, Schlachtenhelfer, Friedensstifter. Krieg und Frieden im Spiegel mittelalterlicher und frühneuzeitlicher Heiligenverehrung (Otto-von-Freising-Vorlesungen der Katholischen
Universität Eichstätt, Band 18), Opladen 2000.

24 Zu den Spezifika von Kriegserfahrungen und zum analytischen Konzept grundlegend: Gerhard Hirschfeld / Gerd Krumeich / Dieter Langewiesche / Hans-Peter
Ullmann (Hg.), Kriegserfahrungen. Studien zur Sozial- und Mentalitätsgeschichte des Ersten Weltkriegs, Essen 1997.

25 Dazu siehe die Beiträge in: Gottfried Korff (Hg.), Alliierte im Himmel. Populare
Religiosität und Kriegserfahrung, Tübingen 2006.

26 Dietrich Beyrau (Hg.), Der Krieg in religiösen und nationalen Deutungen der
Neuzeit, Tübingen 2001; Nikolaus Buschmann / Dieter Langewiesche (Hg.),
Der Krieg in den Gründungsmythen europäischer Nationen und der USA,
Frankfurt a. M., New York 2003.

27 Konrad Repgen, Was ist ein Religionskrieg?, in: Zeitschrift für Kirchengeschichte
97 (1986), 334–349, hier 343.

28 Ebd., 337.

29 Ebd., 342.

30 Zu Krugs religionstheoretischem Programm siehe: Friedrich Wilhelm Graf, Theonomie. Fallstudien zum Integrationsanspruch neuzeitlicher Theologie, Gütersloh
1987, 39–76.

31 Art. Krieg, in: Allgemeines Handwörterbuch der philosophischen Wissenschaf-
ten, nebst ihrer Literatur und Geschichte. Nach dem heutigen Standpuncte der
Wissenschaft bearbeitet und hg. von Wilhelm Traugott Krug, Zweiter Band:
F bis M, Leipzig 1827, 560–562, hier 562.

32 Aus der Fülle neuerer Kreuzzugsliteratur seien nur genannt: Geoffrey Regan,
First Crusader. Byzantium's Holy Wars, New York ²2003; Jonathan Riley-Smith,
Wozu Heilige Kriege? Anlässe und Motive der Kreuzzüge, Berlin ²2005; Amin

Maalouf, Der Heilige Krieg der Barbaren. Die Kreuzzüge aus der Sicht der Araber, München ³2001. Rechtshistorisch sehr instruktiv: James A. Brundage, The Crusades, Holy War, and Canon Law, Aldershot 1991. Mit entschieden religionspolitischer Akzentuierung: Karen Armstrong, Holy War. The Crusades and Their Impact on Today's World, New York ²2001.

33 Classicum Belli Sacri sive Heldus redivivus. Hoc est: Ad Carolum V. Imperatorem Augustum Suasoria De Christiani Caesaris erga Principes Ecclesiae rebelles officio, deque veris compescendorum Haereticorum, Ecclesiaeque in pace collocandae rationibus, Pavia (Ticini) 1619.

34 John Bunyan, The holy war, made by Shaddai upon Diabolus, for the regaining of the metropolis of the world. Or, The losing and taking again of the town of Mansoul, London 1682. Weitere bibliographische Nachweise bei Richard L. Greaves, An Annotated Bibliography of John Bunyan Studies, Pittsburgh 1972.

35 Der heilige Krieg, wie derselbe geführet wird von Christo Jesu, dem ewigen und allmächtigen König, wider den Teuffel, den Fürsten der Finsternüß, umb und über die menschliche Seele/Vormahls in engl. Sprache gestellet durch Johannes Bunian. Nunmehro aber allen, die lieber unter Christo ein seliges, als unter dem Satan ein unseliges Leben führen wollen, ins Hochteutsche übers. von J. L. M. C., Hamburg 1694.

36 Vgl. John Bunyan, Der Heilige Krieg, geführt von Schaddai gegen Diabolus. Verlust und Wiedergewinnung der Stadt Menschen-Seele, Lahr 1981 – und zahlreiche weitere Auflagen, zuletzt: Lahr ⁶2005.

37 Hans-Richard Reuter, Art. Heiliger Krieg, III. Ethisch, in: RGG⁴, Band 3, Tübingen 2000, 1564–1565, hier 1565.

38 Carsten Colpe, Der «Heilige Krieg», 14.

39 Friedrich Schiller, Universalhistorische Uebersicht der merkwürdigsten Staatsbegebenheiten zu den Zeiten Kaiser Friedrichs, in: Schillers Sämmtliche Werke, Band 4, Stuttgart 1879, 297–316, hier 312.

40 Friedrich Daniel Ernst Schleiermacher, Ueber die Religion. Reden an die Gebildeten unter ihren Verächtern, in: ders., Schriften aus der Berliner Zeit 1796–1799, hg. von Günter Meckenstock (Friedrich Daniel Ernst Schleiermacher, Kritische Gesamtausgabe. Erste Abteilung: Schriften und Entwürfe, Band 2), Berlin, New York 1984, 185–326, hier 319.

41 Körners Werke in zwei Teilen, hg. von Augusta Steinberg, Berlin 1910, 25 («Aufruf», 2. Strophe).

42 Friedrich Ludwig Jahn, Deutsches Volksthum, Leipzig 1813, ND Hildesheim 1980, 44.

43 Ernst Moritz Arndt, Gedichte, hg. von Heinrich Meisner, Teil 2 (Ausgewählte Werke in sechzehn Bänden, Band 3/II), Leipzig 1908, 110–114, hier 111.

44 Vgl. Friedrich Wilhelm Benicken, Art. Heilige Krieg (der), in: Allgemeine Encyklopädie der Wissenschaften und Künste, hg. von Johann Samuel Ersch, Johann Gottfried Gruber, Zweite Section H–N, 4. Theil, Leipzig 1828, 145–147.

45 Rudolf Rüetschi, Art. Krieg und Kriegsheer bei den Hebräern, in: Real-Encyklopädie für protestantische Theologie und Kirche², Band 8, Leipzig 1881, 287–292.

46 Vgl. dazu Alf Özen / Matthias Wolfes, Register zum Handwörterbuch «Die Religion in Geschichte und Gegenwart» 1. Auflage 1908–1914, Frankfurt a. M., Bern u. a. 2001.

47 Manfred Weippert / Josef van Ess / Hans-Richard Reuter, Art. Heiliger Krieg, in: RGG⁴, Band 3, Tübingen 2000, 1562–1565.

48 Gerhard von Rad, Der Heilige Krieg im alten Israel, Göttingen [1952] ⁵1969; engl. Übers.: Holy War in Ancient Israel, Grand Rapids 1991.

49 Dazu siehe: Thomas Römer, Dark God. Cruelty, Sex and Violance in the Old Testament, Mahwah 2013.

50 Josef van Ess, Art. Heiliger Krieg, II. Islam, in: RGG⁴, Band 3, Tübingen 2000, 1563–1564, hier 1563; Josef van Ess, Dschihad gestern und heute, Berlin / New York 2012.

51 Majid Khadduri, War and Peace in the Law of Islam, Baltimore 1955; Nachdruck Clark 2006; Michael Bonner, Jihad in Islamic History. Doctrines and Practice, Princeton 2006; David Cook, Martyrdom in Islam, Cambridge 2007.

52 Dazu viele spannende Belege bei: Rudolph Peters, Islam and Colonialism: The Doctrine of Jihad in Modern History, Hague 1979; als Zusammenfassung: ders., Art. Jihad, in: John L. Esposito (Hg.), Oxford Encyclopedia of the Modern Islamic World, Volume 2, Oxford 1995, 369–373.

53 Zit. nach Hans Süssmuth, «Heiliger Krieg» – Barriere des Friedens, in: Saeculum 22 (1971), 387–401, hier 392.

54 So aber noch Hans Süssmuth, «Heiliger Krieg», 387.

55 Zit. nach Modris Eksteins, Tanz über Gräben. Die Geburt der Moderne und der Erste Weltkrieg, Reinbek 1990, 147.

56 Werner Mittenzwei, Das Leben des Bertolt Brecht oder Der Umgang mit Welträtseln, Band 1, Berlin, Weimar 1997.

57 Wilhelm Laible (Hg.), Deutsche Theologen über den Krieg. Stimmen aus schwerer Zeit, Leipzig 1915, 17. Viele weitere Belege bietet Wilhelm Pressel, Die Kriegspredigt 1914–1918 in der evangelischen Kirche Deutschlands, Göttingen 1967.

58 Weitere Belege zum «holy war» bei Ian Hazlett, War and Peace in Christianity, in: Perry Schmidt-Leukel (Ed.), War and Peace in World Religions, London 2004, 99–147, der Hinweis auf Adams: 101.

59 Mao Tse-Tung, Ausgewählte Werke, Band 2, Peking 1958, 174.

60 Ho-Tschi Minh, Gegen die amerikanische Aggression. Reden, Aufsätze, Interviews, München 1968, 56 f.

61 Zit. nach Hans Süssmuth, «Heiliger Krieg», 389.

62 Dazu siehe: Rüdiger Lohlker (Hg.), New Approaches to the Analysis of Jihadism. Online and Offline (Studying Jihadism, Volume 1), Göttingen 2012.

63 Carsten Colpe, Der «Heilige Krieg», 8.

64 Robert J. Lifton, Terror für die Unsterblichkeit. Erlösungssekten proben den Weltuntergang, München / Wien 2000; Ian Reader, Religious Violence in Contemporary Japan: The Case of Aum Shinrikyo, Honolulu 2000.

65 Stephen Philip Cohen, The Idea of Pakistan, Washington D.C. 2004; Jochen

Hippler, Das gefährlichste Land der Welt? Pakistan zwischen Militärherrschaft, Extremismus und Demokratie, Köln 2008; Oliver Thränert / Christian Wagner, Atommacht Pakistan. Nukleare Risiken, regionale Konflikte und die dominante Rolle des Militärs, Berlin 2009.

66 Thomas K. Gugler, Pakistan nach den Islamisten: Transformationsprozesse innerislamischer Rivalität und Populärislamismus, in: Asien 117 (2010), S. 58–78, hier 62.

67 Yohanan Friedmann, Prophecy Continuous. Aspects of Ahmadi Religious Thought and Its Medieval Background, New Dehli ²2003; Antonio Gualtieri, The Ahmadis. Community, Gender, and Politics, Montreal 2004; Simon Ross Valentine, Islam and the Ahmaddiya Jama'at. History, Belief, Practice, New York 2008.

68 Zur Tradition siehe: Salo Aizenberg, Hatemail. Anti-Semitism on Picture Postcards, Lincoln, NE 2013.

Epilog

1 Dazu siehe: Larry Diamond / Marc F. Plattner / Philip J. Costopoulos (Hg.), World Religions and Democracy, Baltimore / London 2005.

2 Thomas Banchoff (Hg.), Democracy and the New Religious Pluralism, Oxford / New York 2007, 3.

3 Gunnar Folke Schuppert, When Governance meets Religion. Governancestrukturen und Governanceakteure im Bereich des Religiösen (Schriften des Münchner Zentrums für Governance-Forschung, Band 6), Baden-Baden 2012.

4 Dazu siehe: Robin Bush, Nahdlatul Ulama and the Struggle for Power within Islam and Politics in Indonesia, Singapur 2009.

Literatur

Religiöse Landschaften

a) Europa

Abbas, Tahir (Hg.): Muslim Britain. Communities under Pressure, London / New York 2005.

Allievi, Stefano / Nielsen, Jørgen S. (Hg.): Muslim Networks and Transnational Communities in and across Europe, Leiden / Boston 2003.

Antoniou, Dimitris A.: Muslim Immigrants in Greece: Religious Organization and Local Responses, in: Al-Shahi, Ahmed / Lawless, Richard (Hg.): Middle East and North African Immigrants in Europe, London / New York 2005, 57–76.

Baubérot, Jean: Histoire de la laïcité en France, Paris 2006.

Brown, Callum G.: The Death of Christian Britain, London 2000.

Bruce, Steve: Paisley. Religion and Politics in Northern Ireland, Oxford 2007.

Buruma, Ian: Murder in Amsterdam. The Death of Theo van Gogh and the Limits of Tolerance, New York 2006.

Byrnes, Timothy A. / Katzenstein, Peter J. (Hg.): Religion in an Expanding Europe, Cambridge 2006.

Cabantous, Alain: Histoire du blasphème en Occident, Paris 1998 (dt.: Geschichte der Blasphemie, Weimar 1999).

Casanova, José: Europas Angst vor der Religion, Berlin 2009.

Chakrabarty, Dipesh: Provincializing Europe. Postcolonial Perspectives and Historical Differences, Princeton 2008.

Clark, Henry: The Church under Thatcher, London 1993.

Davie, Grace: Religion in Britain since 1945. Believing without Belonging, Oxford 1994.

Davie, Grace: Religion in Modern Europe. A Memory Mutates, Oxford 2000.

Dubach, Alfred / Campiche, Roland J. (Hg.): Jede(r) ein Sonderfall? Religion in der Schweiz. Ergebnisse einer Repräsentativbefragung, Zürich, Basel 1993.

Dunn, Dennis J. (Hg.): Religion and Nationalism in Eastern Europe and the Soviet Union, Boulder 1987.

Eijnatten, Joris van / Yates, Paula: The Dynamics of Religious Reform in Northern Europe, 1780–1920, The Churches, Leuven 2010.

Fetzer, Joel S. / Soper, J. Christopher (Hg.): Muslims and the State in Britain, France, and Germany, Cambridge 2005.

Goody, Jack: Islam in Europe, Cambridge / Malden (MA) 2004.

Greeley, Andrew M.: Religion in Europe at the End of the Second Millenium, New Brunswick (NJ) 2003.

Großbölting, Thomas: Der verlorene Himmel. Glaube in Deutschland seit 1945, Göttingen 2013.

Grübel, Nils / Rademacher, Stefan: Religion in Berlin. Ein Handbuch, Berlin 2003.

Hart, Laurie Kain: Time, Religion, and Social Experience in Rural Greece, Lanham (MD) 1992.

Hero, Markus / Krech, Volkhard / Zander, Helmut (Hg.): Religiöse Vielfalt in Nordrhein-Westfalen. Empirische Befunde und Perspektiven der Globalisierung vor Ort, Paderborn 2008.

Hosking, Geoffrey A. (Hg.): Church, Nation and State in Russia and Ukraine, New York 1991.

Humbert, Claude-Alain: Religionsführer Zürich. 370 Kirchen, religiös-spirituelle Gruppierungen, Zentren und weltanschauliche Bewegungen der Stadt Zürich, Zürich 2004.

Hunter, Shireen T. (Hg.): Islam. Europe's Second Religion, Westport (CT) 2002.

Jenkins, Philip: God's Continent. Christianity, Islam and Europe's Religious Crisis, Oxford / New York 2007.

Lehmann, Hartmut (Hg.): Multireligiosität im vereinten Europa. Historische und juristische Aspekte, Göttingen 2003.

Lexikon der Hamburger Religionsgemeinschaften, hg. von Wolfgang Grünberg, Dennis L. Slabaugh, Ralf Meister-Karanikas, Hamburg ²1995.

Machin, George I. T.: Churches and Social Issues in Twentieth Century Britain, Oxford 1995.

Madeley, John T. S. / Enyedi, Zsolt (Hg.): Church and State in Contemporary Europe, London 2003.

Maréchal, Brigitte / Allievi, Stefano / Dassetto, Felice / Nielsen, Jørgen (Hg.): Muslims in the Enlarged Europe, Leiden 2003.

McLeod, Hugh / Ustorf, Werner (Hg.): The Decline of Christendom in Western Europe, 1750–2000, Cambridge 2003.

McRoy, Anthony: From Rushdie to 7/7. The Radicalisation of Islam in Britain, London 2005.

Merdjanova, Ina: Rediscovering the Umma. Muslims in the Balkans between Nationalism and Transnationalism, Oxford 2013.

Merdjanova, Ina (Hg.): Religion, Nationalism and Civil Society in Eastern Europe. The Postcommunist Palimpsest, Lewiston 2002.

Nielsen, Jørgen: Muslims in Western Europe, Edinburgh 2004.

Nökel, Sigrid / Tezcan, Levant (Hg.): Islam and the New Europe. Continuities, Changes, Confrontations, Bielefeld 2005.

Norris, Harry T.: Popular Sufism of Eastern Europe, London 2006.

Oeldemann, Johannes: Die Kirchen des christlichen Ostens. Orthodoxe, orientalische und mit Rom unierte Ostkirchen, Regensburg ²2008.

Parsons, Gerald / Wolffe, John (Hg.): The Growth of Religious Diversity in Britain from 1945, 3 Bände, Manchester 1994.

Pickel, Gerd / Sammet, Kornelia (Hg.): Transformations of Religiosity. Religion and Religiosity in Eastern Europe 1989–2010, Wiesbaden 2012.

Pilkington, Hilary / Yemelianova, Galina (Hg.): Islam in Post-Soviet Russia, New York 2003.

Pöhlmann, Matthias / Koch, Oliver / Meinhard, Mark / Schofer, Michael: Sehnsucht nach Heil. Neben den Kirchen: Neue Religiosität, Esoterik, Sekten und Psychogruppen in Erlangen, Erlangen ⁵1999.

Reetz, Dietrich (Hg.): Islam in Europa. Religiöses Leben heute, Münster 2010.

Reeves, Minou: Muhammad in Europe. A Thousand Years in Western Myth-Making, New York 2001.

Roald, Anne-Sofie: New Muslims in the European Context, Leiden 2004.

Robbins, Keith (Hg.): The Dynamics of Religious Reform in Church, State and Society in Northern Europe, 1780–1920, Political and Legal Perspectives, Leuven 2010.

Schiffauer, Werner: Nach dem Islamismus. Die islamische Gemeinschaft Milli Görüş. Eine Ethnographie, Frankfurt a. M. 2010.

Steinberg, Mark D. (Hg.): Religion, Morality, and Community in post-Soviet Societies, Washington D.C. 2009.

Tiesler, Nina Clara: Muslime in Europa, Religion und Identitätspolitiken unter veränderten gesellschaftlichen Verhältnissen, Münster 2006.

Veer, Peter van der (Hg.): Nation and Religion. Perspectives on Europe and Asia, Princeton 1999.

Yilmaz, Hakan / Aykaç, Çagla E. (Hg.): Perceptions of Islam in Europe: Culture, Identity and the Muslim ‹Other›, London / New York 2012.

b) Nord- und Südamerika

Brekus, Catherine A. / Gilpin, W. Clark: American Christianities. A History of Dominance and Diversity, Chapel Hill (NC) 2011.

Chen, Carolyn / Jeung, Russell (Hg.): Sustaining Faith Traditions. Race, Ethnicity, and Religion among the Latino and Asian American Second Generation, New York 2012.

Dorman, Jacob S.: Chosen People. The Rise of American Black Israelite Religions, Oxford / New York 2012.

Eck, Diana L. / Pierce, Elinor J.: World Religions in Boston. A Guide to Communities and Resources, Cambridge (MA) 1994.

Finke, Roger / Stark, Rodney: The Churching of America, 1776–1990. Winners and Losers in Our Religious Economy, New Brunswick 1992.

Hochgeschwender, Michael: Amerikanische Religion. Evangelikalismus, Pfingstlertum und Fundamentalismus, Frankfurt a. M. 2007.

Lantzer, Jason S.: Mainline Christianity. The Past and Future of America's Majority Faith, New York 2012.

Lambert, Frank: Religion in American Politics, Princeton 2008.

Linker, Damon: The Theocons. Secular America under Siege, New York 2007.

McGirr, Lisa: Suburban Warriors. The Origins of the New American Right, Princeton 2001.

Moore, R. Laurence: Selling God. American Religion in the Marketplace of Culture, New York 1994.

Moreton, Bethany: To serve God and Wal-Mart. The Making of Christian Free-Enterprise, Harvard 2009.

Shelton, Jason E. / Emerson, Michael O.: Blacks and Whites in Christian America: How Racial Discrimination Shapes Religious Convictions, New York 2012.

Wuthnow, Robert: Boundless Faith. The Global Outreach of American Churches, Berkeley / Los Angeles 2009.

c) Asien

Abbas, Semeem Burney: Pakistan's Blasphemy Laws. From Islamic Empires to the Taliban, Oxford 2013.

Alfian, Teuku Ibrahim: Aceh and the Holy War (Prang Sabil), in: Anthony Reid (Hg.): Verandah of Violence. The Background to the Aceh Problem, Singapore 2006, 109–120.

Amelung, Ivo / Schreijäck, Thomas (Hg.): Religionen und gesellschaftlicher Wandel in China, München 2012.

Bush, Robin: Nahdlatul Ulama and the Struggle for Power within Islam and Politics in Indonesia, Singapur 2009.

Carnegie, Paul J.: The Road from Authoritarianism to Democratization in Indonesia, Houndmills 2010.

Dadi, Iftikhar: Modernism and the Art of Muslim South Asia, Chapel Hill (NC) 2010.

Devji, Faisal: Muslim Zion. Pakistan as a Political Idea, Harvard 2013.

Fair, C. Christine / Chalk, Peter: Fortifying Pakistan. The Role of U. S. Internal Security Assistance, Washington D. C. 2006.

Fair, C. Christine: The Madrassah Challenge. Militancy and Religious Education in Pakistan, Washington D. C. 2008.

Feuchtwang, Stephen: The Anthropology of Religion, Charisma and Ghosts. Chinese Lessons for Adequate Theory, Berlin 2010.

Ganguly, Sumi / Hagerty, David T.: Fearful Symmetry. India-Pakistan Crisis in the Shadow of Nuclear Weapons, Seattle 2005.

Gayer, Laurent / Jaffrelot, Christophe (Hg.): Muslims in Indian Cities. Trajectories of Marginalisation, London 2012.

Gould, Harold A.: The South Asia Story. The First Sixty Years of US Relations with India and Pakistan, Thousand Oaks (CA) 2010.

Gugler, Thomas K.: Pakistan nach den Islamisten: Transformationsprozesse innerislamischer Rivalität und Populärislamismus, in: Asien 117 (2010), S. 58–78.

Gugler, Thomas K.: Mission Medina. Da'wat-e Islami und Tabligi Gama'at, Würzburg 2011.

Harel-Shalev, Ayelet: The Challenge of Sustaining Democracy in Deeply Divided Societies. Citizenship, Rights, and Ethnic Conflicts in India and Israel, Lanham (MD) 2010.

Herbert, Wolfgang: Foreign Workers and Law Enforcement in Japan, London 2010.

International Crisis Group: Pakistan. Karachi's Madrasas and Violent Extremism, Asia Report No. 130, Brüssel / Islamabad 2007.

Kent, Eliza F.: Sacred Groves and Local Gods. Religion and Environmentalism in South India, Oxford 2013.

Kumar, Anand/Tiwari, Manish (Hg.): Quest for Participatory Democracy. Towards Understanding the Approach of Gandhi and Jayaprakash Narayan, Jaipur 2010.

Kursawe, Janet/Brenner, Verena (Hg.): Konfliktfaktor Religion? Die Rolle von Religionen in den Konflikten Südasiens, Baden-Baden 2013.

Lu, Yunfeng: The Transformation of Yiguan Dao in Taiwan. Adapting to a Changing Religious Economy, Lanham 2008.

Mahajan, Gurpreet/Surinder, S. Jodhka (Hg.): Religion, Community and Development. Changing Contours of Politics and Policy in India, London 2010.

McGuire, James W.: Wealth, Health, and Democracy in East Asia and Latin America, Cambridge 2010.

Metcalf, Barbara D.: Islamic Revival in British India. Deoband 1869–1900, New Delhi 2002.

Neddermann, Hauke: Sozialismus in Xinjiang. Das Produktions- und Aufbaukorps in den 1950er Jahren, Berlin 2010.

Osman, Sulastri: Jemaah, Islamiyah, of kin and kind, in: Journal of Current Southeast Asian Affairs, 29 (2010) 2, 157–176.

Rahman, Tariq: Madrasas. The Potential for Violence in Pakistan?, in: Malik, Jamal (Hg.): Madrasas in South Asia. Teaching Terror?, London 2008, 61–84.

Rashid, Ahmed: Sturz ins Chaos. Afghanistan, Pakistan und die Rückkehr der Taliban, Düsseldorf 2010.

Robbins, Joel: Becoming Sinners. Christianity and Moral Torment in a Papua New Guinea Society, Berkeley (CA) 2004.

Ruffle, Karen G.: Gender, Sainthood and Everyday Practice in South Asian Shi'ism, Chapel Hill (NC) 2011.

Sarkar, Sutpa Chatterjee: The Sunderbands. Folk Deities, Monsters and Mortals, New Delhi 2010.

Schofield, Victoria: Kashmir in Conflict. India, Pakistan and the Unending War, London 2003.

Schworck, Andreas: Ursachen und Konturen eines Hindu-Fundamentalismus in Indien aus modernisierungstheoretischer Sicht, Berlin 1997.

Seneviratne, H. L.: The Work of Kings. The New Buddhism in Sri Lanka, Chicago 1999.

Shafqat, Saeed: From Official Islam to Islamism. The Rise of Dawat-ul-Irshad and Lashkar-e-Taiba, in: Jaffrelot, Christophe (Hg.): Pakistan. Nationalism without a Nation?, London 2002, 131–147.

Shahani, Parmesh: Gay Bombay: Globalization, Love and (Be)Longing in Contemporary India, New Delhi 2008.

Tiedemann, R. Gary (Hg.): Handbook of Christianity in China. Volume II: 1800 – present, Leiden/Boston 2010.

Ufen, Andreas: Ethnizität, Islam, Reformasi. Die Evolution der Konfliktlinien im Parteiensystem Malaysias, Wiesbaden 2011.

Valentine, Simon Ross: Islam and the Ahmaddiya Jama'at. History, Belief, Practice, New York 2008.

Verkaaik, Oskar: Migrants and Militants. Fun and Urban Violence in Pakistan, Princeton 2004.

Williams, Paul / Ladwig, Patrice (Hg.): Buddhist Funeral Cultures of Southeast Asia and China, Cambridge 2012.

Winthrop, Rebecca / Graff, Corinne: Beyond Madrasas. Assessing the Links between Education and Militancy in Pakistan, Washington D. C. 2010.

Woodward, Mark: Java, Indonesia and Islam, Dordrecht 2010.

Zahab, Mariam Abou / Roy, Olivier: Islamist Networks. The Afghan-Pakistan Connection, New York 2004.

Zahab, Mariam Abou: Secretarianism as a Substitute Identity, in: Ali, Imran Anwar (Hg.): Pakistan. The Contours of State and Society, Karachi 2002, 77–95.

Zaman, Muhammad Qasim: Sectarianism in Pakistan. The Radicalisation of Shiʾi and Sunni Identities, in: Modern Asian Studies 1998, 32, 3, 689–716.

d) Afrika und Naher Osten

Adogame, Afe / Weisskoeppel, Cordula (Hg.): Religion in the Context of African Migration, Bayreuth 2005.

Alexandris, Alexis: The Greek Minority of Istanbul and Greek-Turkish Relations 1918–19, Athen 1992.

Al-Shahi, Ahmed / Lawless, Richard (Hg.): Middle East and North African Immigrants in Europe, Abingdon / New York 2005.

Ansari, Ali M.: Modern Iran Since 1921, London 2007.

Arjomand, Said Amir: After Khomeini. Iran Under His Successors, New York 2009.

Baer, Mark David: The Dönme. Jewish Converts, Muslim Revolutionaries, and Secular Turks, Stanford 2009.

Baran, Zeyno: Torn Country. Turkey between Secularism and Islamism, Stanford 2010.

Ben-Porat, Guy: Between State and Synagogue. The Secularization of Contemporary Israel, Cambridge 2013.

Deeb, Lara / Harb, Monara: Leisurely Islam. Negotiating Geography and Morality in Shiʾite South Beirut, Princeton 2013.

Eligur, Banu: The Mobilization of Political Islam in Turkey, New York 2010.

Fluehr-Lobba, Carolyn: Shariʾa and Islamism in Sudan. Conflict, Law and Social Transformation, Oxford 2012.

Gifford, Paul: African Christianity. Its Public Role, London 1998.

Gifford, Paul (Hg.): The Christian Churches and the Democratization of Africa, Leiden 1995.

Goldman, Shalom L.: Zeal for Zion. Christians, Jews, and the Idea of the Promised Land, Chapel Hill (NC) 2010.

Greenfield, Sidney M. / Droogers, André (Hg.): Reinventing Religions. Syncretism and Transformation in Africa and the Americas, Lanham (MD), 2001.

Haddad, Fawwaz: Das Land des Paulus verliert seine Christen. In Syrien wird noch das Aramäische, die Sprache Jesu, gesprochen, doch fürchten jetzt viele syrische Christen, von der politischen Krise zerrieben zu werden. Ein Appell zum Dableiben, in: Frankfurter Allgemeine Zeitung, Nr. 259, Donnerstag, 7. November 2013, 28.

Kepel, Gilles: The Prophet and the Pharaoh. Muslim Extremism in Egypt, Los Angeles 1985.

Kuruvilla, Samuel J.: Radical Christianity in Palestine and Israel. Liberation and Theology in the Middle East, London / New York 2013.

McIntosh, Janet: The Edge of Islam. Power, Personhood, and Ethnoreligious Boundaries on the Kenya Coast, Durham 2009.

Meyer, Birgit: Translating the Devil. Religion and Modernity Among the Ewe in Ghana, Edinburgh 1999.

Ramadan, Tariq: Islam and the Arab Awakening, Oxford 2012.

Roy, Olivier / Marzouki, Nadia: Religious Conversions in the Meditterranean World, Hampshire 2013.

Sanneh, Lamin: Piety and Power. Muslims and Christians in West Africa, Maryknoll (NY) 1996.

Thielmann, Jörn: Naṣr Ḥāmid Abū Zaid und die wiedererfundene ḥisba. Šarīʿa und Qānūn im heutigen Ägypten (Kultur, Recht und Politik in muslimischen Gesellschaften, Band 3), Würzburg 2003.

Wilson, Jeff: Dixie Dharma. Inside a Buddhist Temple in the African South, Chapel Hill (NC) 2012.

Religiöse Bewegungen
a) Evangelikale und Pfingstkirchen

Anderson, Allan: An Introduction to Pentecostalism. Global Charismatic Christianity, Cambridge 2004.

Bivins, Jason C.: Religion of Fear. The Politics of Horror in Conservative Evangelicalism, New York / Oxford 2008.

Coleman, Simon: The Globalisation of Charismatic Christianity. Spreading the Gospel of Prosperity, Cambridge 2000.

Diamond, Sara: Spiritual Warfare: The Politics of the Christian Right, Boston 1989.

Diamond, Sara: Not by Politics Alone. The Enduring Influence of the Christian Right, New York 1998.

Espinosa, Gastón: William J. Seymour and the Origins of Global Pentecostalism. A Biography and Documentary History, Princeton 2013.

Gifford, Paul: Ghana's New Christianity. Pentecostalism in a Globalizing African Economy, London 2003.

Hammarberg, Melvyn: The Mormon Quest for Glory. The Religious World of the Latter-day-Saints, Oxford 2013.

Kwabena Asamoah-Gyado, J.: African Charismatics. Current Developments within Independent Indigenous Pentecostalism in Ghana, Leiden 2004.

Larbi, Emanuel Kingsley: Pentecostalism. The Eddies of Ghanaian Christianity, Dansoman / Accra 2001.

Marshall, Ruth: Political Spiritualities. The Pentecostal revolution in Nigeria, Chicago 2009.

Smilde, David: Reason to Believe: Cultural Agency in Latin American Evangelicalism, Berkeley 2007.

Stowe, David W.: No Sympathy for the Devil. Christian Pop Music and the Transformation of American Evangelicalism, Chapel Hill (NC) 2013.

Warikobo, Nimi: The Pentecostal Principle. Ethical Methodology in the New Spirit, Grand Rapids 2011.

Wilcox, Clyde: Onward Christian Soldiers? The Religious Right in American Politics, Boulder 1996.

Williams, Joseph W.: Spirit Cure. A History of Pentecostal Healing, Oxford 2013.

Zimmerling, Peter: Die charismatischen Bewegungen, Göttingen 2001.

b) Kreationismus

Cherny, Robert W.: A Righteous Cause: The Life of William Jennings Bryan, Oklahoma 1994.

Clark, Harold Willard: Crusader for Creation. The Life and Writings of George McCready Price, Oakland (CA) 1966.

Conkin, Paul K.: When All the Gods Trembled: Darwinism, Scopes, and American Intellectuals, Lanham 1998.

Dawkins, Richard: Auf welche Einheiten richtet sich die natürliche Selektion?, in: Heinrich Meier (Hg.): Die Herausforderung der Evolutionsbiologie, München 1988, 53–78.

Hemminger, Hansjörg: Und Gott schuf Darwins Welt. Der Streit um Kreationismus, Evolution und Intelligent Design, Gießen 2009.

Hochgeschwender, Michael: Kreationismus und Intelligent Design im Kontext des amerikanischen Wissenschaftsverständnisses, in: Helwig Schmidt-Glintzer (2012), 54–84.

Kellog, Vernon Lyman: Headquarter Nights, Aurora (CO) 2009.

Larson, Edward J.: Trial and Error. The American Controversy over Creation and Evolution, New York ³1999.

McGrath, Alister: The Dawkins Delusion? Atheist Fundamentalism and the Denial of the Divine, London 2007.

McRae, Donald: The Great Trials of Clarence Darrow. The Landmark Cases of Leopold and Loeb, John T. Scopes, and Ossian Sweet, New York 2010.

Moran, Jeffrey P.: The Scopes Trial: A Brief History with Documents, Boston 2002.

Numbers, Ronald L.: The Creationists. From Scientific Creationism to Intelligent Design, expanded Edition, Cambridge (MA) / London 2006.

Ratzinger, Joseph Kardinal: Im Anfang schuf Gott. Vier Predigten über Schöpfung und Fall, 2. erweiterte Auflage, Einsiedeln 1996.

Ruse, Michael: The Evolution – Creation Struggle, Cambridge (MA) 2005.

Schönborn, Christoph Kardinal: Ziel oder Zufall. Schöpfung und Evolution aus der Sicht eines vernünftigen Gläubigen, Freiburg i. Br. 2007.

Slack, Gordy: The Battle over the Meaning of Everything. Evolution, Intelligent Design, and a School Board in Dover, PA, San Francisco 2007.

Turner, Frank M.: Between Science and Religion: The Reaction to Scientific Naturalism in Late Victorian England, New Haven 1974.

Turner, Frank M.: Contesting Cultural Activity: Essays in Victorian Intellectual Life, Cambridge 1993.

Religionswissenschaft, Theologie, Religionsphilosophie
a) Allgemeines

Adogame, Afe / Shankar, Shobana (Hg.): Religion on the Move! New Dynamics of Religious Expansion in a Globalizing World, Leiden /Boston 2013.

Aizenberg, Salo: Hatemail. Anti-Semitism on Picture Postcards, Lincoln (NE) 2013.

Armour, Rollin S.: Islam, Christianity, and the West, New York 2002.

Assmann, Jan: Die Mosaische Unterscheidung oder Der Preis des Monotheismus, München 2003.

Assmann, Jan: Moses der Ägypter. Entzifferung einer Gedächtnisspur, München 1998.

Barrett, David B. / Kurian, George T. / Johnson, Todd M. (Hg.): World Christian Encyclopedia. A Comparative Survey of Churches and Religions in the Modern World. Second edition, Volume 1: The World by Countries: Religionists, Churches, Ministries, Oxford / New York 2001.

Bauer, Thomas: Die Kultur der Ambiguität. Eine andere Geschichte des Islams, Berlin 2011.

Bauman, Zygmunt: Consuming Life, Cambridge 2007.

Berger, Peter L.: A Market Model for the Analysis of Ecumenicity, in: Social Research 30 (1963), 77–93.

Brooke, John Hedley / Numbers, Ronald L.: Science and Religion around the World, Oxford / New York 2011.

Browers, Michaelle / Kurzmann, Charles (Hg.): Liberal Islam. A Sourcebook, Oxford / New York 1998.

Campiche, Roland J.: Die zwei Gesichter der Religion. Faszination und Entzauberung, Zürich 2004.

Casanova, José: Public Religions in the Modern World, Chicago 1994.

Clooney, Francis X.: His Hiding Place is Darkness. A Hindu-Catholic Theopoetics of Divine Absence, Stanford 2013.

Cooke, Miriam / Lawrence, Bruce B.: Muslim Networks from Hajj to Hip Hop, Chapel Hill (NC) 2005.

Curtis IV, Edward E.: Black Muslim Religion in the Nation of Islam, 1960–1975, Chapel Hill (NC) 2006.

Diwold, Martin: Mysterium tremendum et fascinosum des Todes. Ein Versuch anhand von Elias Canetti, Diss. Linz 1996.

Eilinghoff, Christian.: Ökonomische Analyse der Religion. Theoretische Konzepte und rechtspolitische Empfehlungen, Frankfurt a. M. 2004.

Eksteins, Modris: Tanz über Gräben. Die Geburt der Moderne und der Erste Weltkrieg, Reinbek 1990.

Evans, Curtis J.: The Burden of Black Religion, New York 2008.

Geraci, Robert M.: Apocalyptic AI. Visions of Heaven in Robotics, Artificial Intelligence, and Virtual Reality, Oxford / New York 2010.

Ghanea, Nazila (Hg.): The Challenge of Religious Discrimination at the Dawn of the New Millenium, Leiden / Boston 2003.

Gladigow, Burkhard: Religionsökonomie, eine Subdisziplin der Religionswissenschaft, in: Kippenberg, Hans G. / Luchesi, Brigitte (Hg.): Lokale Religionsgeschichte, Marburg 1995, 253–258.

Graf, Friedrich Wilhelm: Annihilatio historiae? Theologische Geschichtsdiskurse in der Weimarer Republik, in: Jahrbuch des Historischen Kollegs 2004, München 2005, 49–81.

Groody, Daniel G. / Gutiérrez, Gustavo (Hg.): The Preferential Option for the Poor beyond Theology, Notre Dame (IN) 2013.

Habermas, Jürgen: Nachmetaphysisches Denken II. Aufsätze und Repliken, Berlin 2012.

Haj, Samira: Reconfiguring Islamic Tradition, Stanford 2008.

Hammer-Schenk, Harold / Schwarz, Hans-Peter: Die Architektur der Synagoge, Stuttgart 1988.

Hasan, Mushirul (Hg.): Islam in a Globalized World. Negotiating Faultlines, Gurgaon (Haryana) 2010.

Heelas, Paul / Woodhead, Linda / Seel, Benjamin / Szerszynski, Bronislaw / Tusting, Karen: The Spiritual Revolution. Why Religion Is Giving Way To Spirituality, Oxford 2004.

Hermkens, Anna-Karina / Jansen, Willy / Notermans, Catrien (Hg.): Moved by Mary. The Power of Pilgrimage in the Modern World, Surrey / Burlington 2009.

Hertzke, Allen D.: The Future of Religious Freedom. Global Challenges, Oxford / New York 2013.

Hitzler, Ronald: Individualisierung des Glaubens. Zur religiösen Dimension der Bastelexistenz, in: Anne Honer / Ronald Kurt / Jo Reichertz (Hg.): Diesseitsreligion. Zur Deutung der modernen Kultur, Konstanz 1999, 351–368.

Hünermann, Peter (Hg.): Das II. Vatikanum – christlicher Glaube im Horizont globaler Modernisierung. Einleitungsfragen, Paderborn u. a. 1998.

Hüwelmeier, Gertrud / Krause, Kristine (Hg.): Traveling Spirits. Migrants, Markets and Mobilities, London 2010.

Iannaccone, Laurence R.: Introduction to the Economics of Religion, in: Journal of Economic Literature 36 (1998), 1465–1495.

Jenkins, Philip: The Next Christendom. The Coming of Global Christianity, Oxford / New York 2002.

Jenkins, Philip: The New Faces of Christianity. Believing the Bible in the Global South, Oxford / New York 2006.

Joas, Hans: Braucht der Mensch Religion? Über Erfahrungen der Selbsttranszendenz, Freiburg i. Br. 2004.

Jödicke, Ansgar: Konfigurationen religiöser Symbolsysteme bei Chemikern. Eine semiotische Morphologie, Konstanz 1999.

Johnson, Todd M. / Ross, Kenneth R. (Hg.): Atlas of Global Christianity, Edinburgh 2009.

Johnson, Todd M. / Grim, Brian J. / Bellofatto, Gina A. (Hg.): The World's Religions in Figures. An Introduction to International Religious Demography, Chichester 2013.

King, Russell / et al.: The Atlas of Human Migration. Global Patterns of People on the Move, London 2010.

Masud, Muhammad Khalid (Hg.): Travellers in Faith. Studies of the Tablīghī Jamāʿat as a Transnational Islamic Movement for Faith Renewal, Leiden 2000.

McCutcheon, Russell T.: The Insider/Outsider Problem in the Study of Religion, London / New York 1999.

Meyer, Birgit / Moors, Annelies (Hg.): Religion, Media, and the Public Sphere, Bloomington (IN) 2006.

Mittenzwei, Werner: Das Leben des Bertolt Brecht oder der Umgang mit Welträtseln, Band 1, Berlin / Weimar 1997.

Nadler, Marco: Fußball & Religion. Eine dokumentarische Bestandsaufnahme, München 2008.

Nissanke, Machiko / Thorbecke Erik (Hg.): The Poor under Globalisation in Asia, Latin America, and Africa, Oxford 2010.

Norris, Pippa / Inglehart, Ronald: Sacred and Secular. Religion and Politics Worldwide, Cambridge ²2011.

Numbers, Ronald L. / Brooke, John Hedley (Hg.): Science and Religion around the World, New York 2010.

Orsi, Robert: Between Heaven and Earth. The Religious Worlds People Make and the Scholars Who Study Them, Princeton (NJ) 2005.

Pew Research Center / Pew Forum on Religion and Public Life: Global Christianity. A Report on the Size and Distribution of the World's Christian Population, Washington D.C. 2011.

Pew Research Center: The Future of the Global Muslim Population. Projections for 2010–2030, Washington D.C. 2011.

Phan, Peter / Padilla, Elaine (Hg.): Migration and Church in World Christianity, Basingstoke (Hampshire) 2012.

Procksch, Otto / Kuhn, Karl Georg: Art. agios ktl., in: Theologisches Wörterbuch zum Neuen Testament, Band 1, Stuttgart 1933, 87–116.

Ramadan, Tariq: Radical Reform. Islamic Ethics and Liberation, Oxford 2009.

Römer, Thomas: Dark God. Cruelty, Sex and Violence in the Old Testament, Mahwah 2013.

Sanneh, Lamin / Carpenter, Joel A. (Hg.): The Changing Face of Christianity. Africa, the West, and the World, Oxford / New York 2005.

Schäfer, Peter: The Jewish Jesus. How Judaism and Christianity Shaped Each Other, Princeton / Oxford 2012.

Schmidt-Glintzer, Helwig (Hg.): Weist der Fundamentalismus die Wissenschaft in die Schranken? Bibel, Koran und Veda als letzter Maßstab der Erkenntnis. Zukunftsfragen der Gesellschaft. Vorträge des Symposiums vom 24. Februar 2012 (Akademie der Wissenschaften und der Literatur, Mainz, Abhandlungen der Geistes- und sozialwissenschaftlichen Klasse Jahrgang 2012, Nr. 5), Stuttgart 2012.

Schütte, Christian: Matchwinner und Pechvögel. Ergebniserklärung in der Fußballberichterstattung in Hörfunk, Internet, Fernsehen und Printmedien (Sportpublizistik, Band 4), Hamburg / Münster 2006.

Shortt, Rupert: Christianophobia. A Faith Under Attack, London 2012.

Sloterdijk, Peter: Gottes Eifer. Vom Kampf der drei Monotheismen, Frankfurt a. M., Leipzig 2007.

Spaemann, Robert / Löw, Reinhard: Die Frage Wozu? Geschichte und Wiederentdeckung des teleologischen Denkens, München 1981.

Stapelfeldt, Gerhard: Kritik der ökonomischen Rationalität. Zweiter Band: Wirtschaft und Gesellschaft der Bundesrepublik Deutschland, Münster 1998.

Steinberg, Jonah: Isma'ili Modern. Globalization and Identity in a Muslim Community, Chapel Hill (NC) 2011.

Sun, Anna: Confucianism as a World Religion. Contested Histories and Contemporary Realities, Princeton 2013.

Urban, Hugh B.: The Church of Scientology. A History of a New Religion, Princeton 2011.

Walter, Tony: Funerals and How to Improve Them, London 1990.

Walter, Tony (Hg.): The Mourning for Diana, Oxford 1999.

b) Der Begriff des Heiligen

Bell, Daniel: The Return of the Sacred? The Argument on the Future of Religion, in: British Journal of Sociology 28 (1977), 419–449.

Caillois, Roger: L'Homme et le Sacré, Paris ³1963.

Colpe, Carsten (Hg.): Die Diskussion um das «Heilige», Darmstadt 1977.

Eliade, Mircea: Das Heilige und das Profane. Vom Wesen des Religiösen, Hamburg 1957.

Engelke, Matthew / Robbins, Joel (Hg.): Global Christianity, Global Critique, Durham (NC) 2010.

Gantke, Wolfgang: Der umstrittene Begriff des Heiligen. Eine problemorientierte religionswissenschaftliche Untersuchung, Marburg 1998.

Hamm, Berndt: Heiligkeit im Mittelalter, in: Nine Miedema / Rudolf Suntrup (Hg.): Literatur – Geschichte – Literaturgeschichte. Festschrift für Volker Honemann, Frankfurt a. M. 2003, 627–645.

Hamm, Berndt / Herbers, Klaus / Stein-Kecks, Heidrun: Vorwort, in: dies. (Hg.): Sakralität zwischen Antike und Neuzeit, Stuttgart 2007, 7–12.

Hayward, C. T. Robert / Louth, Andrew: Art. Sanctus, in: Theologische Realenzyklopädie, Band 30, Berlin, New York 1999, 20–29.

Idinopulos, Thomas A. / Yonan, Edward A. (Hg.): The Sacred and its Scholars, Leiden u. a. 1996.

Joas, Hans: Säkulare Heiligkeit. Wie aktuell ist Rudolf Otto?, in: Rudolf Otto: Das Heilige, Neuausgabe, München 2014.

Nadeau, Robert: Rebirth of the Sacred. Science, Religion, and the New Environmental Ethos, Oxford 2012.

Paden, William E.: Art. Heilig und profan. I. Religionswissenschaftlich, in: RGG⁴, Band 3, Tübingen 2000, 1528–1530.

Steinberg, Mark D. (Hg.): Sacred Stories. Religion and Spirituality in modern Russia, Bloomington 2007.

Religion und Politik

Antoniou, Theodora: Das Verhältnis zwischen Staat und Kirche in Griechenland, in: Burkhard Kämper/Hans-Werner Thönnes (Hg.): Essener Gespräche zum Thema Staat und Kirche, Band 40 (2007), 157–171.

Banchoff, Thomas (Hg.): Democracy and the New Religious Pluralism, Oxford/New York 2007.

Baumann, Martin/Neubert, Frank (Hg.): Religionspolitik – Öffentlichkeit – Wissenschaft. Studien zur Neuformierung von Religion in der Gegenwart, Zürich 2010.

Buruma, Ian: Taming the Gods. Religion and Democracy on Three Continents, Princeton/Oxford 2010.

Dekker-van Bijsterveld, Sophie Christine den: Neue Religionsgemeinschaften und das (Staatskirchen-)Recht in der Europäischen Union, in: Österreichisches Archiv für Kirchenrecht 45 (1998), 172–184.

Diamond, Larry/Plattner, Marc F./Costopoulos, Philip J. (Hg.): World Religions and Democracy, Baltimore/London 2005.

Dreier, Horst: Säkularisierung und Sakralität. Zum Selbstverständnis des modernen Verfassungsstaates, Tübingen 2013.

Eder, Klaus: Europäische Säkularisierung – ein Sonderweg in die postsäkulare Gesellschaft? Eine theoretische Anmerkung, in: Berliner Journal für Soziologie 12 (2002), 331–343.

Fischer, Karsten: Die Zukunft einer Provokation. Religion im liberalen Staat, Berlin 2009.

Graf, Friedrich Wilhelm: Theonomie. Fallstudien zum Integrationsanspruch neuzeitlicher Theologie, Gütersloh 1987, 39–76.

Heinig, Hans Michael/Walter, Christian (Hg.): Staatskirchenrecht oder Religionsverfassungsrecht? Ein begriffspolitischer Grundsatzstreit, Tübingen 2007.

Katznelson, Ira/Jones, G. Stedman (Hg.): Religion and the Political Imagination, Cambridge 2010.

Kippenberg, Hans G./Schuppert, Gunnar Folke (Hg.): Die verrechtlichte Religion. Der Öffentlichkeitsstatus von Religionsgemeinschaften, Tübingen 2005.

Kisoudis, Dimitrios: Politische Theologie in der griechisch-orthodoxen Kirche, Marburg 2007.

Kostjuk, Konstantin: Der Begriff des Politischen in der russisch-orthodoxen Tradition. Zum Verhältnis von Kirche, Staat und Gesellschaft in Rußland, Paderborn 2005.

Kreß, Hartmut (Hg.): Religionsfreiheit als Leitbild. Staatskirchenrecht in Deutschland und Europa im Prozeß der Reform, Münster 2004.

Lilla, Mark: Der totgeglaubte Gott. Politik im Machtfeld der Religion, München 2013.

Manitakis, Antonis (Hg.): The Relation between State and Church, or «Canonical» and Legal Order and between Religious and National Identity in Greece, in: S. Julia Iliopoulos-Strangas: Constitution and Religion. A.D.I.C. Round Table – Athens, 22.–26. Mai 2002, 159.

Minkenberg, Michael / Willems, Ulrich (Hg.): Politik und Religion, Wiesbaden 2003.

Roßteutscher, Sigrid: Religion, Konfession, Demokratie, Baden-Baden 2008.

Roudometov, Victor / Makrides, Vasikios (Hg.): Orthodox Christianity in 21st century Greece. The Role of Religion in Culture, Ethnicity, and Politics, Ashgate 2010.

Roy, Arundhati: Aus der Werkstatt der Demokratie, Frankfurt a. M. 2010.

Roy, Olivier: The Failure of Political Islam, Cambridge (MA) 2001.

Schuppert, Gunnar Folke: When Governance meets Religion. Governancestrukturen und Governanceakteure im Bereich des Religiösen (Schriften des Münchner Zentrums für Governance-Forschung, Band 6), Baden-Baden 2012.

Scott, Joan Wallach: The Politics of the Veil, Princeton 2007.

Sekretariat der Deutschen Bischofskonferenz / Kirchenamt der Evangelischen Kirche in Deutschland (EKD) (Hg.): Ökumenischer Bericht zur Religionsfreiheit von Christen weltweit 2013. Das Recht auf Religions- und Weltanschauungsfreiheit: Bedrohungen – Einschränkungen – Verletzungen, Bonn / Hannover 2013.

Stan, Lavinia / Turcescu, Lucian: Religion, politics and sexuality, in: dies. (Hg.): Religion and Politics in Post-Communist Romania, Oxford 2007, 171–198.

Toth, James: Sayyid Qutb. The Life and Legacy of a Radical Islamic Intellectual, Oxford 2013.

Trampedach, Kai / Pečar, Andreas: Theokratie und theokratischer Diskurs. Die Rede von der Gottherrschaft und ihre politisch-sozialen Auswirkungen im interkulturellen Vergleich, Tübingen 2013.

Walther, Manfred (Hg.): Religion und Politik. Zur Theorie und Praxis des theologisch-politischen Komplexes, Baden-Baden 2004.

Walzer, Michael: The Revolution of the Saints. A Study in the Origins of Radical Politics, Cambridge (MA) 1965.

Religion und Gender, Sexualität

Asghar Ali, Azra: The Emergence of Feminism Among Indian Muslim Women 1920–1947, Pakistan 2000.

Barton, Bernadette C.: Pray the Gay Away. The Extraordinary Lives of Bible Belt Gays, New York / London 2012.

Børresen, Kari Elisabeth / Cabibbo, Sara / Specht, Edith (Hg.): Gender and Religion, Roma 2001.

Brown, Callum G.: Religion and the Demographic Revolution. Women and Secularisation in Canada, Ireland, UK and USA since the 1960s, London 2012.

Cornwall, Susannah: Controversies in Queer Theology, Norwich 2011.

Gualtieri, Antonio: The Ahmadis. Community, Gender, and Politics, Montreal 2004.

Heller, Birgit: Gender and Religion, in: Kari Elisabeth Børresen / Sara Cabibbo / Edith Specht (Hg.): Gender and Religion / Genre et Religion. European Studies / Etudes Europeennes, Roma 2001, 351–360.

Klein-Hessling, Ruth / Nökel, Sigrid / Werner, Karin (Hg.): Der neue Islam der Frauen. Weibliche Lebenspraxis in der globalisierten Moderne. Fallstudien aus Afrika, Asien und Europa, Bielefeld 1999.

Lukatis, Ingrid / Sommer, Regina / Wolf, Christof (Hg.): Religion und Geschlechterverhältnisse, Opladen 2000.

Mahmood, Saba: Politics of Piety: The Islamic Revival and the Feminist Subject, Princeton 2005.

Masquelier, Adeline: Women and Islamic Revival in a West African Town, Bloomington 2009.

Mayblin, Maya: Gender, Catholicism, and Morality in Brazil. Virtuous Husbands, Powerful Wives, New York 2010.

Mir, Shabana: Muslim American Women on Campus. Undergraduate Social Life and Identity, Chapel Hill 2014.

Rasmussen, Anne K.: Women, the Recited Qu'ran and Islamic Music in Indonesia, Berkeley (CA) 2010.

Sharify-Funk, Meena: Encountering the Transnational. Women, Islam and the Politics of Reinterpretation, Aldershot 2008.

Synek, Eva (Hg.): Frauenrollen und Frauenrechte in der europäischen Orthodoxie, Egling 2005.

Vanita, Ruth: Love's Rite. Same-Sex Marriage in India and the West, New York 2005.

Wen-Shan, Yang / Chia-Wen Lu, Melody (Hg.): Asian Cross-Border Marriage Migration. Demographic Patterns and Social Issues, Amsterdam 2010.

Young, Katherine K.: Introduction, in: Arvind Sharma (Hg.): Women in World Religions, Albany (NY) 1987, 10–36.

Kriege und Terrorismus

a) Zum Begriff des Heiligen Krieges

Baudler, Georg: Art. Frieden/Krieg, in: Wörterbuch der Religionssoziologie, hg. von Siegfried Rudolf Dunde, Gütersloh 1994, 83–91.

Beyrau, Dietrich (Hg.): Der Krieg in religiösen und nationalen Deutungen der Neuzeit, Tübingen 2001.

Bostom, Andrew G. (Hg.): The Legacy of Jihad. Islamic Holy War and the Fate of Non-Muslims, Amherst (NY) 2005.

Brundage, James A.: The Crusades, Holy War, and Canon Law, Aldershot 1991.

Buschmann, Nikolaus / Langewiesche, Dieter (Hg.): Der Krieg in den Gründungsmythen europäischer Nationen und der USA, Frankfurt a. M. / New York 2003.

Colpe, Carsten: Der «Heilige Krieg». Benennung und Wirklichkeit, Begründung und Widerstreit, Bodenheim 1994.

Cook, David: Understanding Jihad, Berkeley / Los Angeles / London 2005.

Cook, David: Martyrdom in Islam, Cambridge 2007.

Ess, Josef van: Art. Heiliger Krieg, II. Islam, in: RGG⁴, Band 3, Tübingen 2000, 1563–1564.

Firestone, Reuven: Holy War in Judaism. The Fall and Rise of a Controversial Idea, Oxford / New York 2012.

Greaves, Richard L.: An Annotated Bibliography of John Bunyan Studies, Pittsburgh 1972.

Hashmi, Sohail H. (Hg.): Just Wars, Holy Wars & Jihads. Christian, Jewish, and Muslim Encounters and Exchanges, Oxford / New York 2012.

Horsch-Al Saad, Silvia: Tod im Kampf. Figurationen des Märtyrers in frühen sunnitischen Schriften, Würzburg 2011.

Johnson, James Turner: The Holy War Idea in Western and Islamic Traditions, University Park 1997.

Juergensmeyer, Mark / Kitts, Margo / Jerryson, Michael (Hg.): The Oxford Handbook of Religion and Violence, Oxford / New York 2013.

Khadduri, Majid: War and Peace in the Law of Islam, Baltimore 1955; Nachdruck Clark 2006.

Lohlker, Rüdiger (Hg.): New Approaches to the Analysis of Jihadism. Online and Offline (Studying Jihadism, Volume 1), Göttingen 2012.

Partner, Peter: God of Battles. Holy Wars of Christianity and Islam, London 1997, ²1998.

Peters, Rudolph: Islam and Colonialism. The Doctrine of Jihad in Modern History, Hague 1979.

Peters, Rudolph: Art. Jihad, in: John L. Esposito (Hg.): Oxford Encyclopedia of the Modern Islamic World, Band 2, Oxford 1995, 369–373.

Puschnerat, Tania: Islamismus und Verfassungsschutz. Begriffsdefinitionen, Kategorisierungen und Diagnosen, in: Oebbecke, Janbernd et al. (Hg.): Islam und Verfassungsschutz, Frankfurt a. M. 2007, 57–62.

Rad, Gerhard von: Der Heilige Krieg im alten Israel, Göttingen [1952] ⁵1969; engl. Übers.: Holy War in Ancient Israel, Grand Rapids 1991.

Rao, Aparna / Bollig, Michael / Böck, Monika (Hg.): The Practice of War. Production, Reproduction and Communication of Armed Violence, New York / Oxford 2007.

Repgen, Konrad: Was ist ein Religionskrieg?, in: Zeitschrift für Kirchengeschichte 97 (1986), 334–349.

Reuter, Hans-Richard: Art. Heiliger Krieg, III. Ethisch, in: RGG⁴, Band 3, Tübingen 2000, 1564–1565.

Riley-Smith, Jonathan: Wozu Heilige Kriege? Anlässe und Motive der Kreuzzüge, Berlin ²2005.

Ruelland, Jacques G.: Holy War. History of an Idea, Lewiston 2007.

Schreiner, Klaus: Märtyrer, Schlachtenhelfer, Friedensstifter. Krieg und Frieden im Spiegel mittelalterlicher und frühneuzeitlicher Heiligenverehrung (Otto-von-Freising-Vorlesungen der Katholischen Universität Eichstätt, Band 18), Opladen 2000.

Süssmuth, Hans: «Heiliger Krieg» – Barriere des Friedens, in: Saeculum 22 (1971), 387–401.

Weippert, Manfred / Ess, Josef van / Reuter, Hans-Richard: Art. Heiliger Krieg, in: RGG⁴, Band 3, Tübingen 2000, 1562–1565.

b) Religionskriege in der Geschichte

Bonner, Michael: Jihad in Islamic History. Doctrines and Practices, Princeton 2006.

Ess, Josef van: Dschihad gestern und heute, Berlin / New York 2012.

Hazlett, Ian: War and Peace in Christianity, in: Perry Schmidt-Leukel (Hg.): War and Peace in World Religions, London 2004, 99–147.

Hehl, Ernst-Dieter: Kirche und Krieg im 12. Jahrhundert. Studien zu kanonischem Recht und politischer Wirklichkeit, Stuttgart 1980.

Hirschfeld, Gerhard / Krumeich, Gerd / Langewiesche, Dieter / Ullmann, Hans-Peter (Hg.): Kriegserfahrungen. Studien zur Sozial- und Mentalitätsgeschichte des Ersten Weltkriegs, Essen 1997.

Korff, Gottfried (Hg.): Alliierte im Himmel. Populare Religiosität und Kriegserfahrung, Tübingen 2006.

Maalouf, Amin: Der Heilige Krieg der Barbaren. Die Kreuzzüge aus der Sicht der Araber, München ³2001.

Münkler, Herfried: Über den Krieg. Stationen der Kriegsgeschichte im Spiegel ihrer theoretischen Reflexion, Weilerswist 2002.

Pressel, Wilhelm: Die Kriegspredigt 1914–1918 in der evangelischen Kirche Deutschlands, Göttingen 1967.

Regan, Geoffrey: First Crusader. Byzantium's Holy Wars, New York ²2003.

Tanner, Marcus: Ireland's Holy Wars. The Struggle for a Nation's Soul, 1500–2000, New Haven ²2003.

c) Religiöser Terrorismus in der Gegenwart

Armstrong, Karen: Holy War. The Crusades and Their Impact on Today's World, New York ²2001.

Barber, Benjamin R. / Seib, Günter: Coca Cola und Heiliger Krieg. Wie Kapitalismus und Fundamentalismus Freiheit und Demokratie abschaffen, Bern 1996, erw. Neuauflage: Coca Cola und Heiliger Krieg (Jihad vs. McWorld). Der grundlegende Konflikt unserer Zeit, Bern 2001.

Bergen, Peter L.: Holy War, Inc. Inside the Secret World of Osama Bin Laden, London 2001, dt.: Heiliger Krieg Inc. Osama Bin Ladens Terrornetz, Berlin 2001; aktualisierte Neuausgabe Berlin 2003.

Beyer, Anna Cornelia: Counterterrorism and International Power Relations. The EU, ASEAN and Hegemonic Global Governance, London 2010.

Black, Crispin: 7–7. The London Bombings, London 2006.

Burr, J. Millard / Collins, Robert O.: Alms for Jihad, Cambridge 2006.

Cooley, John L.: Unholy Wars, Afghanistan, America and International Terrorism, London 2000.

Devji, Faisal: Landscapes of the Jihad. Militancy, Morality, Modernity, Ithaca (NY) 2007.

Devji, Faisal: The Terrorist in Search of Humanity. Militant Islam and Global Politics, New York 2008.

Dohnanyi, Johannes von / Dohnanyi, Germana von: Schmutzige Geschäfte und heiliger Krieg. Al-Qaida in Europa, Zürich 2002.

Esposito, John L.: Unholy War. Terror in the Name of Islam, Oxford 2002.

Griffin, Michael: Reaping the Whirlwind. Afghanistan, Al-Qa'ida and the Holy War, London 2003.

Grim, Brain / Finke, Roger (Hg.): The Price of Freedom Denied. Religious Persecution and Conflict in the 21st Century, Cambridge 2011.

Gutman, Roy: How We Missed the Story. Osama bin Laden, the Taliban, and the Hijacking of Afghanistan, Washington D. C. 2008.

Hegghammer, Thomas: Jihad in Saudi Arabia. Violence and Pan-Islamism since 1979, Cambridge 2010.

Holmes, Stephen: The Matador's Cape. America's Reckless Response to Terror, Cambridge 2007.

International Crisis Group: Pakistan. The Militant Jihadi Challenge, Asia Report No. 164, Brüssel / Islamabad 2009.

Jalal, Ayesha: Partisans of Allah. Jihad in South Asia, Cambridge 2008.

Juergensmeyer, Mark: The New Cold War? Religious Nationalism Confronts the Secular State, Berkeley 1993.

Kippenberg, Hans G.: Gewalt als Gottesdienst. Religionskriege im Zeitalter der Globalisierung, München 2008.

Kippenberg, Hans G. / Seidensticker, Tilmann (Hg.): Terror im Dienste Gottes. Die «Geistliche Anleitung» der Attentäter des 11. September 2001, Frankfurt a. M. / New York 2004.

Lifton, Robert J.: Terror für die Unsterblichkeit. Erlösungssekten proben den Weltuntergang, München / Wien 2000.

Lohbeck, Kurt: Holy War, Unholy Victory. Eyewitness to the CIA's Secret War in Afghanistan, Washington D.C. 1993.

Malik, Iftikhar: Pakistan. Democracy, Terrorism, and the Building of a Nation, New York 2010.

Malik, Jamal: Colonization of Islam. Dissolution of Traditional Institutions in Pakistan, New Delhi 1996.

Malik, Jamal: Madrasas in South Asia. Teaching Terror?, London 2008.

Metcalf, Barbara D.: Jihad in the Way of God. A Tablighi Jama'at account of a mission in India, in: Metcalf, Barbara D. (Hg.): Islam in South Asia in Practice, Princeton 2009, 240–249.

Qureshi, Emran / Sells, Michael A. (Hg.): The New Crusades, New York 2003.

Rana, Mohammad Amir: Gateway to Terrorism, London 2003.

Rashid, Ahmed: Heiliger Krieg am Hindukusch. Der Kampf um Macht und Glauben in Zentralasien, München 2002.

Rashid, Ahmed: Taliban. Afghanistans Gotteskämpfer und der neue Krieg am Hindukusch, München 2010, ²2011.

Reader, Ian: Religious Violence in Contemporary Japan. The Case of Aum Shinrikyo, Honolulu 2000.

Riedel, Bruce: The Search for Al Qaeda. Its Leadership, Ideology, and Future, Washington D. C. 2008.

Roy, Olivier: Afghanistan. From Holy War to Civil War, Princeton 1995.

Roy, Olivier: Der falsche Krieg. Islamisten, Terroristen und die Irrtümer des Westens, München 2008.

Sagemann, Marc: Leaderless Jihad. Terror Networks in the Twenty-First Century, Philadelphia 2008.

Sagemann, Marc: Understanding Terror Networks, Philadelphia 2004.

Scheuer, Michael: Marching Toward Hell. America and Islam After Iraq, New York 2009.

Scheuer, Michael: Imperial Hubris. Why the West Is Losing the War on Terror, Washington D. C. 2005.

Stern, Jessica: Pakistan's Jihad Culture, in: Foreign Affairs 2000, 79, 6, 115–126.

Swami, Praveen: India, Pakistan and the Secret Jihad. The Covert War in Kashmir. 1947–2004, London 2007.

Tellis, Ashley J.: Bad Company – Lashkar e-Tayyiba and the Growing Ambition of Islamist Militancy in Pakistan, Washington D. C. 2010.

Tibi, Bassam: Der Neue Totalitarismus. «Heiliger Krieg» und westliche Sicherheit, Darmstadt 2004.